民国时期国立大学学术休假制度研究

李红惠 著

2017年·北京

图书在版编目（CIP）数据

民国时期国立大学学术休假制度研究 / 李红惠著. —北京：商务印书馆，2017
 ISBN 978-7-100-15327-0

Ⅰ.①民… Ⅱ.①李… Ⅲ.①高等学校-学术工作-科研管理-教育制度-研究-中国-民国 Ⅳ.①G649.29

中国版本图书馆CIP数据核字（2017）第226628号

权利保留，侵权必究。

民国时期国立大学学术休假制度研究
李红惠 著

商 务 印 书 馆 出 版
（北京王府井大街36号 邮政编码100710）
商 务 印 书 馆 发 行
北 京 冠 中 印 刷 厂 印 刷
ISBN 978-7-100-15327-0

2017年12月第1版　　开本880×1230　1/32
2017年12月北京第1次印刷　印张12½
定价：45.00元

本书为广西人文社会科学发展研究中心"科学研究工程·重大科研成果培育基金项目"成果（合同编号：ZD201703）

序

随着高等教育规模的扩大和国际高等教育竞争的加剧，提高高等教育质量成为高等教育的核心任务，而高校教师队伍的素质和水平直接影响高等教育质量，这已经成为高等教育界的共识。在这样的背景下，促进高校教师发展遂成为当前高等教育领域的一个重要话题。为了提高大学教师的从业素质和职业满意度，克服大学教师工作时间碎片化和学术心态浮躁的不良影响，我国提出了多项促进高校教师发展的制度化措施，其中之一就是建立学术休假制度。遗憾的是，目前我国很多高校仍然持观望态度，少数已经建立学术休假制度的高校也面临实施难的问题。

当前我国高校实施学术休假制度之所以困难重重，一个重要的原因就是缺乏正确的学术休假观，对学术休假制度的性质、作用机理和功能、实现条件等缺乏深入认识。历史学家卡尔曾说过："我们只有根据现在，才能理解过去；我们也只有借助于过去，才能理解现在。"要理解当前我国高校学术休假制度实施难的问题，有必要从教育史的角度检视高校实行学术休假制度的历史经验和教训。学术休假制度是一种发端于美国哈佛大学和盛行于世界诸多高校的教师发展制度，国外很多学者对学术休假制度做过比较全面而深入的研究。难能可贵的是，李红惠博士独辟蹊径，直接研究民国时期国立大学的学术休假制度。

民国时期，大学校长深谙教师学术水平关系大学的生存和发展，大学教师深知学术水平关系个人身份的建构和认同。北京大学蔡元培校长提出："人类之职业，没有比教师再为重要的。"清华大学梅贻琦校长曾言："所谓大学者，非谓有大楼之谓也，有大师之谓也。"浙江大学竺可桢校长强调："教授是大学的灵魂。"南开大学张伯苓校长亦指出："大学最要者即良师。"中央大学校长罗家伦更是坦言："聘人是我最留心、最慎重的一件事。"为了壮大良师队伍，大学校长不仅重视教师的引进，而且重视教师的培植。随着民族危机的加深和科举制度的废除，中国近代高等教育逐渐转型，知识分子开始寻求新的角色和身份，不少怀有"教育救国"、"科学救国"、"学术救国"愿望的知识分子依靠学术在大学安身立命，试图通过发展学术提升自身社会声望和促使国家转危为安。正因为认识到学术的重要价值，所以民国时期大学校长和大学教师在共同的利益诉求中建立了学术休假制度。

中国真正意义上的大学是近代移植西方的产物，民国时期西方大学制度如聘任制度、薪俸制度、学术评议会制度、教授会制度、招生考试制度、董事会制度、学科制度、学术休假制度等在中国悉数登场，很多学者对学术制度的兴衰更替做过深入研究，但鲜有人系统研究民国时期国立大学的学术休假制度。之所以这方面的研究成果极其少见,既因为过去我国高等教育领域的学者不太重视高校教师发展问题的研究,也因为民国时期大学学术休假制度的史料散逸难以收集。

自从2011年秋李红惠考入南京大学教育研究院攻读博士学位以后,就对大学教师发展这一主题产生强烈的研究兴趣,并且积极钻研史学理论,大量阅读民国学人的日记和传记。在我开展的师生学术沙龙会上,李红惠多次向老师和同学请教史料的收集和整理问题,提出高校教师发展史研究的课题,最后她不畏困难,以饱满的热情研究民国时期的学术休假制度,其毕业论文《民国时期国立大学学术休假制度》给我印象特别深的有以下几点:

一是取材广泛,主题集中。傅斯年曾说:"史学即史料学。"虽然这个观点有失偏颇,但足见史料在历史研究中的重要价值。研究民国时期的学术休假制度,首先面临的困难就是难以收集相关史料。值得赞许的是,李红惠克服种种困难紧紧围绕民国时期国立大学学术休假制度这一主题多方收集史料,并且将分散的史料串联成一件件完整的故事,丰富而完整的故事突出了文章的研究主题。

二是梳理清晰,叙述立体。文章从宏观角度描述了国立大学学术休假制度从引入到制定再到实施的完整运行过程,从微观角度剖析了北京大学和清华大学学术休假制度的历史沿革、运行环境、生成过程和运用结果;从纵向角度勾勒了国立大学学术休假制度的来龙去脉,从横向角度分析了国立大学学术休假制度的基本内容。文章思路清晰,宏观研究与微观研究既相互关照又相互印证，纵向研究与横向研究既自成一体又相互补充，流畅的叙述中嵌入准确的数据，使得文章的叙述具有立体感。

三是史论结合，观点鲜明。历史学科中教育史研究的风格偏好是以史带论，教育领域中教育史研究的惯常做法是以论带史，此文章摒弃了历史学科和教育领域的传统做法，采用史论结合的方式研究学术休假制度。在篇幅有限和史料难以搜尽的情况下，史论结合做法的好处在于，既避免了考证的繁琐与复杂，又避免了观点的武断与臆测。文章从证据的一致性和论点的重现中归纳结论，这样得出的观点自然鲜明，具有水到渠成之感。

"板凳甘坐十年冷"，李红惠在三年的时间内顺利完成博士论文，并且获得了中国高等教育学会优秀博士论文奖，正是凭她这种潜心学问和追求完美的精神。作为其博士生导师，我甚感欣慰，希望她继续努力，深化研究内容，拓展研究领域，不断奉献出高质量的研究成果。

教育家陈东原先生曾说过："历史不会重复，但会重演。"在改革的时代主旋律下，为了推进教育改革的顺利开展和实现预期效果，避免教育改革重蹈覆辙，希望同仁们重视教育史的研究。

王运来

2017 年 6 月 1 日

目　录

前　言 / 1

第一章　国立大学学术休假制度的引入 / 11

第一节　大学学术休假制度的早期历史 / 11
一、学术休假制度溯源 / 11
二、国外大学学术休假制度的早期状况 / 14

第二节　学术休假制度引入国立大学的背景 / 19
一、学术休假制度引入国立大学的思想前提 / 19
二、学术休假制度引入国立大学的制度基础 / 23
三、学术休假制度引入国立大学的中间桥梁 / 27
四、国立大学实行学术休假制度的内在需要 / 35

第三节　国立大学学术休假制度之始末 / 43
一、国立大学的数量统计 / 43

二、国立大学学术休假制度之肇始 / 52

三、国立大学学术休假制度之赓续 / 60

第二章　国立大学学术休假制度的制定 / 69

第一节　学术休假制度的制定目的 / 69

第二节　学术休假制度的制定主体 / 75

一、评议会 / 75

二、校务会议 / 85

第三节　学术休假制度的文本形态 / 90

一、外在形态 / 92

二、内部结构 / 94

第四节　学术休假制度的基本内容 / 97

一、活动目标 / 98

二、申请对象 / 102

三、先期服务年限 / 105

四、时间限度 / 109

五、补偿标准 / 112

六、返校服务要求 / 117

七、计划与报告要求 / 120

八、人数限额 / 123

第五节　学术休假申请核准程序 / 127

一、申请 / 128

二、受理 / 130

三、批准 / 132

四、评价 / 134

第三章　国立大学学术休假制度的实施 / 137

第一节　国立大学学术休假制度的运行环境 / 138

一、政治环境 / 138

二、经济环境 / 143

三、涉外环境 / 152

四、教育环境 / 154

第二节　国立大学学术休假制度的实践概况 / 166

一、国立大学出资的学术休假 / 166

二、国外组织资助的学术休假 / 171

三、中央政府资助的学术休假 / 182

第四章　国立大学学术休假制度案例管窥 / 199

第一节　北京大学的学术休假制度 / 199

一、北京大学的历史使命与组织环境 / 199

二、北京大学学术休假制度的历史沿革 / 214

三、教师、校长与学术休假制度的生成 / 223

四、北京大学学术休假制度的运用 / 230

第二节　清华大学的学术休假制度 / 246

一、清华大学的历史使命与组织环境 / 246

二、清华大学学术休假制度的历史沿革 / 258

三、教师、校长与学术休假制度的生成 / 269

四、清华大学学术休假制度的运用 / 276

第五章　国立大学学术休假制度的历史审思 / 301

第一节　学术休假制度建立的动因 / 301

一、学术本位的理念驱使 / 301

二、教师主导的联合推动 / 303

三、富有远见的校长支持 / 305

四、大学相关制度的激发 / 307

第二节　学术休假制度功能实现的要件 / 309

一、安全和平的社会环境 / 310

二、充裕稳定的办学经费 / 311

三、高薪以养学的年薪制 / 313

四、合理设计的休假制度 / 313

五、教师合理流动的机制 / 316

六、自由开放的学术环境 / 317

第三节　学术休假制度的认同机理 / 319

一、学术本位为价值导向 / 320

二、利益契合为逻辑基础 / 324

三、充电释放为作用机理 / 327

结　语 / 333

第一节　结论 / 333

一、学术休假制度的产生是学术专业化和学术为尊的结果 / 333

二、学术休假制度是一种激励教师流动的教师发展制度 / 336

三、学术休假制度的实施以经费可承受与不影响课业为基本原则 / 337

四、学术休假制度功能的实现需要多种条件的支持 / 338

第二节　讨论 / 339

一、学术休假的性质：福利还是投资？ / 340

二、学术休假的方式：充电还是释放？ / 342

三、学术休假的地点：国内还是国外？ / 346

四、学术休假的任务：教学还是科研？ / 349

参考文献 / 353

　一、原始档案 / 353

　二、报刊 / 353

　三、资料集、著作 / 361

　四、研究论文 / 371

　五、外文资料 / 377

　六、网络资料 / 380

后　记 / 383

前　言

近些年来，随着我国"人才强国"战略的提出和高校教师发展问题的凸显，"建立学术休假制度"作为一个重要的举措屡被提及，学术休假制度也逐渐成为高等教育界的一个重要议题，许多大学开始酝酿制定教师学术休假制度，少数已经制定教师学术休假制度的大学面临实施困境。人们常说，以史为鉴。现实的改革需要从历史中汲取经验教训，学术休假制度当然也不例外，笔者因此把研究的目光锁定在学术休假制度的历史上。

选择研究民国时期国立大学学术休假制度，是因为民国时期国立大学积累了实践学术休假制度的丰富经验和独特教训。学术休假制度首创于哈佛大学，当时受德国古典大学观的影响，埃利奥特校长推崇学术研究，重视研究生教育，视研究为大学之魂，1880年哈佛大学始将定期的学术休假作为招揽名师和发展教师的重要办法，之后学术休假制度以迅猛之势在美推行，因此美国大学在实践学术休假制度方面必定积累了相当丰富的历史经验和教训。民国时期国立大学学术休假制度是移植西方的产物，我国自行制定的学术休假制度始于1917年北洋政府颁发的《国立大学职员任用及薪俸规程》中的学术休假规定，学术休假制度在国立大学的施行始于北京大学，之后学术休假制度在国立大学得到广泛的推广。尽管国立大学晚于美国大学实行学术休假制度，但笔者并不打算专门研究美国大学的学术休假制度，因为国立大学学术休假制度的实践根植于中国的文化土壤，国立大学在实施学术休假制度的过程中面临诸多难以预料的困境，国立大学实践学术休假制度的本土化经验和教训是美国大学无法取代的。

选择研究民国时期国立大学学术休假制度，也因为美国大学学术休假制度的历史研究成果相当丰富，而我国大学教师学术休假制度的历史研究成果却寥寥无几。1913年门罗《教育百科全书》（Cyclopedia Education）就有学术休假的定义，1931年库柏撰写了题为《美国高校教师学术休假》（Sabbatical Leave for College Teachers）的博士学位论文，至今专门研究美国大学学术休假制度历史和现状的论文与著作数量已经非常可观，他们的研究主题比较多样、研究方法比较成熟，研究重心偏于学术休假制度的价值取向和实施成效，形成了历史学、管理学、语言学和法学等多学科视野下的丰硕研究成果，笔者再去研究美国大学学术休假制度恐难有创新。

反观国内，就笔者所掌握的资料，系统研究民国时期国立大学学术休假制度的成果至今付诸阙如，目前专题性的研究仅见1942年朱师逖发表在《高等教育季刊》的文章《三年来国立各校院教授休假进修概况》和2012年中山大学中国近现代史专业张凤平撰写的硕士学位论文《民国时期清华大学（学校）学术休假制度初探》，前者偏于政府资助前提下高校学术休假制度实施情况的介绍和罗列，后者注重清华大学学术休假制度过程的流变、史实的考订和细节的呈现，两者均考察了我国国立大学学术休假制度的发端，但都缺乏国立大学学术休假历史全貌的描述、学术休假内容全面的量化分析和学术休假制度运行机理的深入研究。其他用较大篇幅介绍民国时期国立大学学术休假制度的研究成果主要有张友仁的文章《十年来专科以上学校教职员之待遇》、苏云峰的专著《从清华学堂到清华大学（1928—1937）：近代中国高等教育研究》、孙宏云的专著《中国现代政治学的展开：清华政治学系的早期发展（1926—1937）》、吴民祥的专著《流动与求索——中国近代大学教师流动研究（1898—1949）》、肖玮萍的博士学位论文《中国近代大学外语专业人才培养研究》，这些学者均如实呈现学术休假的历史，认为学术休假是提高师资学术水平的重要措施，其中苏云峰、孙宏云和肖玮萍比较重视清华大学及其个别学科专业范围内学术休假制度的实施状况，肯定了学术休假的作用，孙宏云和肖玮萍还分别考察了浦薛凤和吴宓等个别教授的学术休假经历；吴民祥粗略统计分析北京大学和清华大学学术休假以及出国留学进修者的名单，表达了学术休假有利于教师流动的观点。由于这些学者研究的重心不在学术休假制度，因此比较容易忽视学术休假制度的生成过程和实施环境，往往脱离具体的场域就制度论制度；研究的范围仅限个别大学或者个别学科专业，往往以少数学者的休假成效衡量或推断一所大学的休假成效，结果就容易形成一些浅显的和以偏概全的研究结论，难以对学术休假制度的实施效果提供有说服力的解释，自然也就难以形成深刻的学术休假制度理论。

本书研究民国时期国立大学学术休假制度的目的主要有二：一是想弄清楚民国时期国立大学学术休假制度设计的初衷。要回答这个问题，就必须研究民国时期国立大学学术休假制度产生的背景，了解推动国立大学建立学术休假制度的力量之源，分析国立大学学术休假制度的具体内容，进而寻找学术休假制度背后的价值取向。二是想明白国民时期国立大学学术休假制度在实践中的作用。要思考这个问题，就得追溯民国时期国立大学学术休假制度的实施情况。中国传统的高等教育具有强烈的政治本位色彩，中国现代意义上的大学是清末民初时期移植西方的产物，制定好的学术休假制度在中国近代大学会不会水土不服？如果学术休假制度产生了重要作用，那么学术休假制度功能实现的条件是什么？其运行背后的逻辑基础和作用机理又是什么？正是为了揭示民国时期国立大学学术休假制度设计的初衷和学术休假制度运行的效果，本书展开了一系列相关问题的思考和研究。

史料是历史研究的基础，历史研究的成功在很大程度上取决于史料特别是原始史料的占有程度。为了拨开民国时期国立大学学术休假制度的迷雾，笔者到清华大学档案馆、北京大学档案馆和上海交通大学档案馆收集到一些未曾公开出版的原始档案资料，特别是在清华大学档案馆收集到 80 份 1932—1936 年的原始休假计划和休假报告以及相关函件，在北京大学档案馆收集到 7 份休假出国进修来往信函。笔者还收集到一些已经集结出版的重要资料，主要有首都师范大学出版社出版的《北京高等教育文献资料选编》、大象出版社出版的影印资料《民国史料丛刊：文教·高等教育》、清华大学出版社出版的《清华大学史料选编》、北京大学出版社出版的《北京大学史料》、中国第二历史档案馆编辑出版的多卷本教育类档案资料《中华民国史档案资料汇编》、云南教育出版社出版的《国立西南联合大学史料》、开明出版社出版的《第一次中国教育年鉴》、商务印书馆出版的《第二次中国教育年鉴》、（台湾）正中书局出版的《第三次中国教育年鉴》以及中华教育文化基金董事会发行的年度报告。民国时期国立大学创办的杂志刊物，如《北京大学日刊》《清华周刊》《国立武汉大学周刊》《国立山东大学周刊》等记录了校园动态和教师休假信息，政府机构主办的教育类杂志刊物《教育部公报》《教育公报》《高等教育季刊》以及社会机构主办的《申报》等报刊杂志也记载着对本书有重要价值的丰富史料。大学校长、教师的书信、日记和回忆录里披露了一些学术休假信息，包括有些鲜为人知的学术休假制度生成和实施的细节，比较重要的有《梅贻琦1937—1940来往函电选》《吴宓日记》《清华园日记·西行日记》和《马叙伦自述》。史料内容的丰富和来源渠道的多样，既有助于全面深入地了解学术休假制度在民国时期国立大学建立和实施的历史，又有助于在某些证据链上达到"三角互证"的效果，从而廓清民国时期学术休假制度的真相。引以为憾的是，中国第二历史档案馆规定教育类资料不对外开放，有些大学因正在进行校史档案信息化的建设工作，有些大学出于信息保密的原因，婉言谢绝了笔者收集资料的请求，这使得本书研究资料的收集遇到一定的困难。

史料浩如烟海，要清晰呈现纷繁复杂的历史面貌，挖掘不为人知的历史细节，找到有说服力的证据，获取有新意的观点，还需要采用合理的方法梳理史料和分析史料。为此，本书遵循宏观研究与微观研究相结合、定性研究与定量研究相结合、静态研究与动态研究相结合的原则，采用文献研究法、历史研究法、内容分析法和案例研究法研究民国时期国立大学学术休假制度，其中文献研究法是历史研究中最常用和本书最主要的研究方法，历史研究法是考察国立大学学术休假制度来龙去脉时使用的宏观研究方法，内容分析法是分析国立大学学术休假制度方案基本内容和判断国立大学学术休假制度方案成熟程度时采用的量化研究方法，案例研究法是深入考察北京大学和清华大学学术休假制度时所采用的微观研究方法。多种研究方法的使用，能够立体透视国立大学学术休假制度运行的历史轨迹，廓清国立大学学术休假制度的历史事实，解释国立大学学术休假制度设计的初衷，评价国立大学学术休假制度的历史贡献，分析国立大学学术休假制度功能实现的学理依据。

逻辑学家金岳霖先生认为："概念明确，是正确思维的首要条件。没有明确的概念，就不会有恰当的判断，就不会有合乎逻辑的推理和论证。"为了产生合乎逻辑的推理和论证，本书对相关的核心概念进行一一澄清。笔者综合相关研究成果后认为，民国时期是指1912年南京临时政府建立至1949年中华人民共和国成立之前的一段时间。具体到某一所国立大学，民国时期又是指该校在1912年南京临时政府建立后以国立大学之名成立至中国共产党军事委员会接管之前的一段时间。至于"学术休假"这一概念，据考察，民国时期"学术"与"休假"两个词语并没有连在一起使用，国立大学比较一致使用的概念是"休假"，但这个概念的使用范围比较广，几乎各行各业都在使用。当时用来表达"学术休假"含义的相关中文概念有"休假研究"、"休假进修"、"休假年"等，英文概念有"Sabbatical Leave"。桑兵先生认为，"一般而言，概念往往后出，研究中很难完全避免用后出外来的概念，因为经过近代的知识转型，不使用这些概念，将不可避免地导致失语。"鉴于民国时期和当前"学术休假"的英文表达常用"Sabbatical Leave"，因此本书用"学术休假"概念指学术职业者制定并得到任职机构许可的以固定的服务年限为间隔形式带薪离职一段时期而进行自我提高的一种计划或安排。在国外，学术休假的主体一般是在高校或科研单位从事学术工作的人，本书中的学术休假者主要指国立大学的专任教师。民国时期清华大学、暨南大学和山西大学等国立大学也曾颁布面向职员的学术休假制度，但由于颁布职员学术休假的国立大学数量少，且职员不以学术为业，因此国立大学职员并非本书所说的学术休假主体。与"学术休假"相联系的重要概念"学术休假制度"，通常指政府、高校或科研机构为激励和约束学术休假者而制定或认可的各种规则。考虑到民国时期政府或外国组织颁布的学术休假制度不是由国立大学自行创建，而国立大学教师可以按照一定条件向政府部门或外国组织申请学术休假，本书就将国立大学的学术休假制度限定为国立大学制定或认可的用以激励或约束学术休假者的各种规则。

"国立大学"也是本书极为重要的一个概念。官方在1912年《学校管理规程令》、1929年《大学组织法》和1948年《大学法》中皆强调国立大学应由教育部管辖和批准设立。民国时期有学者认为，"自狭义言之，则国立所以别于地方立，犹言以中央政府之命令而设立，其经费则由国库支拨而非出自地方库也。"青年学者肖卫兵持相同观点，将中国近代国立大学界定为民国时期由国库支付办学经费、经当时的教育部（或大学院）批准设立的大学，不包括独立设置的学院和高等专科学校。然而，在实际运作中，由于"国立大学"之名可以提升大学声誉、扩大招生范围或获得国库扶持，因此很多大学觊觎"国立大学"这顶帽子，于是积极争取升格为国立大学，东南大学和四川大学的国立化就是非常典型的例子，尽管升格后的国立东南大学和国立四川大学的主要办学经费并非来源于国库。交通大学一直被认为是国立大学，因为交通大学的校长由教育部任命，尽管1938年8月以前交通大学由交通部管辖；1928年清华学校更名为国立清华大学，隶属外交部，1929年经过"专辖废董"运动，清华大学改由教育部管辖。基于此，邓小林博士认为，民国时期国立大学是一个动态的概念，存在"名义"与"实利"的问题，其在考察国立大学的管辖权、招生范围和经费来源后得出这样的结论，凡是符合"主要由教育部管辖和大学校长由政府直接任命、经费由国库支给、面向全国招生"之一者，就可认定为国立大学。相比较而言，邓小林博士兼顾了国立大学的"名"与"实"，肖卫兵博士突出的是国立大学的"实"，同时肖卫兵提及"大学院"这个昙花一现的最高教育行政组织。笔者比较同意邓小林博士的观点，同时也吸取肖卫兵博士将短期存在的大学院纳入国立大学管辖主体的做法，认为凡是符合"主要由教育部（或大学院）管辖和大学校长由政府直接任命、经费由国库支给、面向全国招生"之一者，就认定其为国立大学。这样做，既结合了国立大学的"名"与"实"，又符合官方历年来国立大学的统计口径。需要指出的是，若无特别说明，本书中所说的国立大学就是民国时期我国的国立大学。

本书的写作是沿着学术休假制度产生、移植、制定和实施的历史轨迹梳理文献和呈现史实。本书注重考察学术休假制度产生的社会背景，挖掘影响国立大学引入学术休假制度时大学占主导地位的办学思想，但研究结论并没有拘泥于空洞的思想，而是从思想、制度与环境的互现中去领悟国立大学学术休假制度的本质。本书注重勾勒国立大学学术休假制度历史的全貌，包括动态考察学术休假制度在国立大学的肇始和赓续，梳理国立大学出资、中央政府出资和国外组织出资多种经费来源渠道影响下的学术休假实施状况，但研究结论并没有局限于空泛的描述，而是从宏观和微观两种视角去洞悉国立大学学术休假制度的真实影响。本书力图全面分析学术休假制度的内容，包括学术休假的开放对象、休假人员的先期服务年限、学术休假时间长度、学术休假的活动方式、学术休假的补偿标准、休假后返校服务要求、休假人数、休假计划与休假报告的提交，但研究结论并没有停留在纸上的文字和表面的数据，而是从学术休假制度文本内容和休假教师群体实践取向的一致性中去发现学术休假制度的作用机理。

尽管时空不会逆转，但围绕民国时期国立大学学术休假制度的重要话题与今天大学学术休假制度的话题存在相似之处，有些话题甚至还值得我们深思。为此，笔者结合民国时期和当前的想法与做法，对学术休假性质是福利还是投资、休假方式是充电还是释放、休假地点是国内还是国外、休假任务是教学还是科研等重要话题进行了讨论。

第一章 国立大学学术休假制度的引入

第一节 大学学术休假制度的早期历史

一、学术休假制度溯源

"Sabbatical"这个词源自拉丁语"Sabbtun"、希腊语"Sabbton"或希伯来语"Sabbat",后者是米堤亚一条古老河流"安息河"的名字。在希伯来的传说中,流淌6天的安息河到了第7天就停止流动。"Sabbath"建立在"安息河"的概念基础上,是指一个星期的第7天,这一天要求宗教信徒留下来休息和做礼拜,这一天也就是犹太教所说的"安息日"。[①] 由于与带有神话色彩的词语"安息河"和宗教意义的词语"安息日"词源相同,"Sabbatical"也就被赋予了周期循环休养的思想。"Sabbatical Leave"或"Sabbatical Year"在现实中的最早应用,是出现在农业领域而不是教育领域。根据摩西律法,每到第7年,田野就应该休耕,不

---

① Bai, Kang & Miller T. Michael. 'An Overview of the Sabbatical Leaves in Higher Education: A Synopsis of the Literature Base'. ERIC Document Reproduction Service NO.ED 430 471, 1999:6-7.

在土地上播种,即使土地上自然长出东西也不收割。"Sabbatical Leave"或"Sabbatical Year"这个概念在农业中就被赋予第7年休养或"休假年"的意思。①

19世纪中叶以来,随着美国工业化和世俗化进程的加快,美国高等教育改革的呼声日益高涨。当时德国大学正引领世界高等教育的潮流,一大批美国学子和教育界人士纷纷到德国学习和考察。"从时间上看,1850年前,留德学生之和不足200人;1850年以后,人数逐年递增,到1880年代达到顶点,超过2千人。这些留德人员回国后,大多成为美国高等学校教学与科研的骨干,成为传播德国大学思想的主要力量。"②"志向远大的美国人访问德国,回来时满口都是'科学研究'这个词。"③正是深受德国洪堡高等教育思想和"研究和教学相结合"的办学模式的影响,留德者归国后纷纷要求改造美国的高等教育,不仅发起了学术自由化运动和科学专业化运动,而且提倡"追求知识"是大学的主要目标。1876年约翰·霍普金斯大学的创办标志着德国洪堡大学模式对美国高等教育的重大影响,其首任校长丹尼尔·吉尔曼(Daniel Coit Gilman)就职演讲词"研究的激励和学者的进

---

① Edith Ruebsam. "Sabbatical Leave in Land-Grant Institutions", *Bulletin of the American Association of University Professors(1915-1955)*, 1947, 33(4):717.
② 贺国庆:《近代欧洲对美国教育的影响》,河北大学出版社1999年版,第114页。
③ 〔美〕劳伦斯·维赛著、栾鸾译:《美国现代大学的崛起》,北京大学出版社2011年版,第133页。

步"至今仍是霍普金斯大学的发展目标。① 当时美国的教育学者托斯丹·凡勃伦（Thorstein Veblen）也认为，"大学是一个由成熟的学者和科学家，即'教职员'组成的团体——包括碰巧作为他们工作付诸手段的任何设备和设施。"② 可见，当时研究已经成为美国大学的灵魂。

在研究理念的驱动下，美国的学术研究开始走向制度化的轨道，建立了专门的研究机构，产生了职业化的研究队伍，出现了实验室、讲座和研讨会三种研究型教学方式。"美国真正大学的典型，倒是在美国最早的学府中演进出来的。"③ 1869 年埃利奥特（Charles William Eliot）任哈佛校长后，十分重视科学研究和研究生教育，对哈佛大学进行了大刀阔斧的改革，开始实施选修制和建立研究生院，为此他聘请了"一群学有专精及专职的教师"。为了吸引霍普金斯大学的文献学教授兰曼(Charles Lanman)来校任教，1880 年 5 月哈佛大学决定改变以前授予个别教授的一种不定期的休假，规定休假 1 年支半薪，条件是教授只能在 7 年中休假 1 次。④ 金博尔（Kimball C. Elkins）认为，以前哈佛大学

---

① http://webapps.jhu.edu/jhuniverse/information_about_hopkins/about_jhu/a_brief_history_of_jhu/index.cfm
②〔美〕劳伦斯·维赛著、栾鸾译：《美国现代大学的崛起》，北京大学出版社 2011 年版，第 126 页。
③〔美〕阿特巴赫、伯巴尔、冈普奥特著，杨耕、周作宇主审：《21 世纪美国高等教育：社会、政治、经济的挑战》，北京师范大学出版社 2005 年版，第 53 页。
④ Kenneth J. Zahorski. *The Sabbatical Mentor: A Practical Guide of to Successful Sabbaticals*. Bolton Mass: Anker Publishing, 1994: 5.

"采取的是休假与停薪同步的政策,这招致教授的极端反对。现在的休假政策既满足了大学的利益,也满足了教授的利益。"[1]伊尔斯和霍利斯认为,哈佛大学学术休假制度的建立是埃利奥特校长在1880年的一项教育创新。[2]从当时教授的角度而言,主要是希望通过休假获得"健康、休息、研究深造或做原创的文学或科学工作"[3],而从大学的角度而言,提供教授休假是希望教授利用休假机会发展自己,特别是希望教授利用休假加强学术研究,从而有利于大学的长远发展。很显然,哈佛大学实施的教授"第7年休假"的学术休假制度,其思想源泉就是犹太民族"第7年休养"这种最原始的带有周期性和长时间集中休假的历史遗风。早期哈佛大学的学术休假制度既是哈佛大学给予教师的一种学术福利,也是促进教师发展的一种手段。

二、国外大学学术休假制度的早期状况

哈佛大学设立学术休假制度后,美国其他大学也逐渐仿效这一做法。根据伊尔斯的考察结果,在1920年(不包括1920

---

[1] 转引自 Walter Crosby Eells & Ernest V. Hollis. "Sabbatical Leaves in American Higher Education: Origin, Early History and Current Practices", *Bulletin*, 1962(17): 30.

[2] Walter Crosby Eells & Ernest V. Hollis. "Sabbatical Leaves in American Higher Education: Origin, Early History and Current Practices", *Bulletin*, 1962(17): 1.

[3] Walter Crosby Eells & Ernest V. Hollis. "Sabbatical Leaves in American Higher Education: Origin, Early History and Current Practices", *Bulletin*, 1962(17): 30.

年)以前,美国有 50 所高校设立了学术休假制度,具体情况见表 1-1。

表 1-1　美国率先实行学术休假制度的 50 所高校及其时间

序号	学校	学术休假制度建立时间
1	哈佛大学	1880 年
2	康奈尔大学	1885 年
3	卫斯理学院	1886 年
4	哥伦比亚大学	1890 年
5	布朗大学	1891 年
6	阿莫斯特学院	1898 年
7	达特茅斯学院	1898 年
8	斯坦福大学	1899 年 *
9	加利福尼亚大学	1899 年
10	伊利诺伊大学	1900 年
11	巴纳德学院	1902 年
12	比洛特学院	1902 年
13	欧柏林大学	1903 年
14	兰道尔夫麦肯女子学院	1903 年
15	西储大学	1905 年
16	威廉姆斯学院	1905 年
17	卡尔顿学院	1906 年
18	威尔斯学院	1906 年 *

续表

序号	学校	学术休假制度建立时间
19	密苏里大学	1907 年 *
20	耶鲁大学	1907 年
21	塔夫斯大学	1908 年 *
22	亚利桑那大学	1908 年
23	迈阿密大学	1909 年
24	西蒙斯学院	1909 年
25	布林莫尔学院	1910 年
26	史密斯学院	1910 年
27	普林斯顿大学	1911 年
28	鲍登学院	1912 年
29	俄亥俄威斯里安大学	1913 年 *
30	夏威夷大学	1913 年
31	波士顿大学	1914 年
32	蒙大拿州立学院	1914 年
33	蒙大拿州立大学	1914 年
34	怀俄明大学	1914 年
35	犹他州立大学	1914 年
36	阿尔玛学院	1915 年
37	科罗拉多州立大学	1915 年
38	肯塔基大学	1917 年

续表

序号	学校	学术休假制度建立时间
39	明尼苏达大学	1918 年
40	霍华德大学	1919 年
41	伯利亚学院	1919 年 *
42	格林内尔学院	1919 年 *
43	古斯塔夫阿道尔夫学院	1919 年 *
44	森林湖学院	1919 年 *
45	米德伯理学院	1919 年 *
46	北达科他州立大学	1919 年 *
47	罗切斯特大学	1919 年 *
48	犹他大学	1919 年 *
49	瓦瑟学院	1919 年 *
50	威斯里安大学	1919 年 *

说明：此表中 * 表示"或更早"。

资料来源：Walter Crosby Eells. "The Origin and Early History of Sabbatical Leave", *AAUP Bulletin*, 1962,48(3):254.

关于早期美国大学实行学术休假制度的目的，1907 年哥伦比亚大学董事会在一份报告中这样陈述，"目前大学普遍建立的授予教授周期性休假的制度，不是为了教授本人，而是为了大学教育。……休假者不仅仅在本国流动，而且要在国际流动；不仅要联系其他高校，而且要通过获取与传授知识的方式与其他国家的专家沟通，这不能在暑假期间获得。因为事实上，在任何地方，暑假都是用来休养生息的。对于真正的大学教师而言，学术休假是智力上和实践上的必需。"[1] 可见，20世纪初美国大学的学术休假是一种促进教师流动的机制，是一种旨在提高大学教育质量的教师发展制度。

关于休假资格要求，目前见到的最早的是1904年美国教育委员会的一份简短报告，"许多高校，包括哈佛大学、哥伦比亚大学、布朗大学、伊利诺伊大学、加利福尼亚大学、卫斯理学院和兰道尔夫麦肯女子学院，已经设立了学术休假制度。根据规定，教授有资格每7年休假1年，休假期间通常支半薪。不过加利福尼亚大学支2/3的薪酬。"[2] 可见，20世纪初美国大学学术休假制度的开放对象是教授，先期服务期限通常要求6年，补偿标准一般是休假1年支半薪。

19世纪末20世纪初，许多国家的大学都朝着研究型大学的方向发展。在信息闭塞和交通不畅的情况下，为了与国外学术界保持沟通，了解学术发展前沿和进行学术访问与交流，有些国家的大学也开始设立学术休假制度。如日本的大学就是这样，这可以从一些信息中得到印证。1914年，北京大学校长胡仁源在其拟定的《北京大学计划书》中提倡"拟仿照日本大学办法，于各

---

[1] Walter Crosby Eells. "The Origin and Early History of Sabbatical Leave", *AAUP Bulletin*, 1962,48(3): 253.

[2] Walter Crosby Eells. "The Origin and Early History of Sabbatical Leave", *AAUP Bulletin*, 1962,48(3): 6.

科教员中，每年轮流派遣数人，分赴欧美各国，对于所担任科目，为专门之研究，多则年余，少则数月。在外时仍支原薪，而所有功课，由本科各教员代为分别担任，则于经费毫无出入，而校内人士则与世界最新智识常相接触，不至有望尘莫及之虞。"①青年学者严平和陈怀宇运用哈佛校报《绯红》（*The Crimson*）和《哈佛大学登记手册》等资料，证实19世纪末20世纪初日本早稻田大学和东京高等师范学校就实行了学术休假制度。"来自福井的小林新（Kobayashi Arata），1916年早稻田大学商学士，任早稻田大学讲师，以一年学术休假在哈佛学习经济学。""绵贯哲雄（Watanuki Tetsuo, 1885—1972），来自东京，住在牛津街79号。1915年东京帝国大学文学学士。以东京高等师范学校社会学教授学术休假身份来美。1919年1月24日注册哈佛，经济学专业一年级。"②

第二节 学术休假制度引入国立大学的背景

一、学术休假制度引入国立大学的思想前提

清朝末年，外敌入侵使中华民族遭受了史无前例的重创。面

---

① 王学珍、张万仓编：《北京高等教育文献资料选编（1861—1948）》，首都师范大学出版社2004年版，第342页。
② 严平、陈怀宇：《1919年哈佛中日留学生之比较研究》，《中国人民大学教育学刊》2011年第4期，第156—163页。

对三千年未有之大变局和一再重演的惨痛教训，一些急于改变现状的仁人志士逐渐对中国传统教育产生认同危机。"当民族国家处于衰亡之时，那儿的民族主义者就很难会在与民族富强的需求背道而驰的往昔之民族旋律中去寻求价值。"[1]当时一大批思想敏锐或游学西方的志士仁人，深受西方科学的进步促进民族振兴的启发，发起了学习西方和科学救国的号召。作为中国留美第一人，容闳先生就发表了此类看法："以西方之学术灌输于中国，使中国日趋于文明富强之境。"[2]维新人士康有为指出，"泰西之强，不在军兵炮械之末，而在其士人之学、新法之书。凡一名一器，莫不有学：理则心伦、生物，气则化、光、电、重，蒙则农、工、商、矿，皆以专门之士为之，此其所以开辟地球，横绝宇内也。"[3]张之洞在其《〈劝学篇〉序》中论及，"窃惟古来世运之明晦，人才之盛衰，其表在政，其里在学。"[4]科学救国思想的先驱严复认为，"西学格致，非迂途也，一言救亡，则将舍是而不可。"[5]随着科学认识的加深和社会形势的变化，科学源于研究的观点逐渐为人所强调，以致人们在表达上有一个显著的变化，那就是从提倡科学逐渐转向提倡学术，而且从学术与教育、学术与国家的关系来认

---

[1]〔美〕本杰明·史华兹著、叶凤美译：《寻求富强：严复与西方》，江苏人民出版社1995年版，第18页。

[2] 容闳：《西学东渐记》，湖南人民出版社1981年版，第22—23页。

[3] 康有为：《日本书目志序》，《不忍》1913年第6期，第1—2页。

[4] 张之洞著、李凤仙评注：《劝学篇》，华夏出版社2002年版，第2页。

[5] 严复：《救亡决论》，载《国闻报汇编（上卷）》，广雅书局1903年版，第46页。

识学术。日本学者佐藤慎一认为,"甲午战争以前,翻译成中文的西方著作大部分都是自然科学及技术、国际法方面的文献,几乎没有思想或社会科学领域的著作。并不是禁止翻译这方面的书籍,而是认为没有必要在人文或社会科学方面向西方人学习。甲午战争之后,情况为之一变。作为海军士官具有留学英国的经验的严复于1898年刊行了《天演论》,以此为起点,西方思想如决堤之水开始介绍到中国来。"① "教育之兴,学术须相辅而行,必有教育而后有学术可言,亦必有学术而后有教育可言。如环无端,其间实不能有轻重缓急之别。吾侪于学校事业,一方面固不宜漠视,而于学术,一方面亦拒可淡忘耶。"② 原本主张"教育救国"的蔡元培,在西力东渐和游学德国的过程中,强烈感受到知识的力量和大学的价值,遂转而提倡"学术救国",还指出,"一个民族或国家要在世界上立得住脚,而且要光荣地立住,是要以学术为基础的。"③

政学两界日益重视学术与国家的互动。1912年唐景崇、唐文治、伍廷芳、张謇、严复、李家驹、熊希龄、杨度、袁希涛等诸多政学两界人士发起神州大学,其秉承的理念就是,"国家

---

① 〔日〕佐藤慎一著、刘岳兵译:《近代中国的知识分子与文明》,江苏人民出版社2006年版,第234页。
② 余箴:《教育与学术》,《教育杂志》1912年第4卷第11期,第198—199页。
③ 陈洪捷:《德国古典大学观及其对中国的影响(修订版)》,北京大学出版社2006年版,第124页。

之兴废系乎人才,人才之盛衰系乎学术。"①1915年《科学》杂志的发刊词,"世界强国,其民权国力之发展,必与其学术思想之进步为平行线。"②1915年任鸿隽看到美国通俗科学杂志记者的言论,"各国对于科学进步尽力之多寡,可自其所产科学家人数之多寡判断之……科学家人数之多寡,为其国文化之标识。""取各国科学家之数计之,知无出美国右者。……世界上科学家全数六千二百余人中,无一人产于东方是也",遂生出"可耻"和"急起直追"的心理。③1920年厦门大学的创办人陈嘉庚说,"世治日昌,端赖学术,非多专精人士无以追轶足而挽狂澜。"④1926年同济大学校长阮尚介提出,"立国之道,端赖学术;学术不昌,国乃灭亡。"⑤1926年胡适在多次演讲中发出"学术救国"的号召,"救国不是摇旗呐喊能够行的,是要多少多少的人投身于学术事业,苦心孤诣、实事求是的去努力才行。……无论我们要做甚么,离掉学术是不行的。"⑥顾颉刚甚至提倡"在中国建设一个学术社会"⑦。

正因为一大批有识之士发起科学救国或学术救国的号召,所

---

① 《神州大学缘起》,《申报》1912年3月8日第3版。
② 《发刊词》,《科学》1915年第1卷第1期,第3页。
③ 任鸿隽:《科学家人数与一国文化之关系》,《科学》1915年第1卷第5期,第484—489页。
④ 《筹备厦门大学近讯》,《申报》1920年10月6日第10版。
⑤ 《同济学生填誓约书问题续闻》,《申报》1926年4月1日第7版。
⑥ 耿云志:《胡适年谱(修订本)》,福建教育出版社2012年版,第124页。
⑦ 顾潮编:《顾颉刚年谱》,中国社会科学出版社1993年版,第169页。

以只要是有利于学术发展的制度,就容易被敏锐的知识分子介绍和移植到中华大地。

二、学术休假制度引入国立大学的制度基础

"价值系统自身不会自动地'实现',而要通过有关的控制来维系。在这方面要依靠制度化、社会化和社会控制一连串的全部机制。"[①] 要想在中国真正建立"学术社会"和实现"学术救国",政府机构必须变革传统制度化的儒家教育体系,改"政治本位"为"学术本位"的高等教育制度设计取向。

甲午战争后,清政府开始了一系列重大的自上而下的高等教育改革。1898年京师大学堂的成立,标志着中国近代第一所综合性大学的诞生,学术职业在中国获得萌芽和发展。《大学堂章程》明确了大学堂的办学指导思想,"夫中学,体也,西学,用也。"教师被称为"教习",其选择标准是"品学兼优通晓中外者;不论官阶,不论年齿,务以得人为主"。关于教习的待遇,要"厚其薪俸,使有以自养,然后可责以实心任事",西人教习每月薪水银分二百两和三百两两种,国人教习每月薪水银分五十两和三十两两种。学生要在学完"溥通学"之后学一门或两门"专门学","专门学"包括算学、格致学、政治学、地理学、农学、矿

---

① 〔美〕帕森斯著、梁向阳译:《现代社会的结构与过程》,光明日报出版社1988年版,第141页。

学、工程学、商学、兵学、卫生学10门。①对于读书人而言,冲击较大的则是1904年《奏定学堂章程》的施行和1905年科举制度的废除。虽然《奏定学堂章程》是"中体西用"思想指导下的产物,但它毕竟是中国近代第一个以教育法令形式公布并在全国实行的学制。《奏定大学堂章程》规定,要设立"大学堂"和"通儒院",大学堂以"造就通才为宗旨。大学堂以各项学术艺能之人才足够任用为成效。通儒院以中国学术日有进步,能发明新理以著成书,能制造新器以利民用为成效"②。大学堂要分科而设,所分的学门科目包括经学科、政法科、文学科、医科、格致科、农科、工科和商科八科。"布新"与"除旧"往往是同步进行的。"1905年是新旧中国的分水岭。它标志着一个时代的结束和另一个时代的开始。"③1905年科举制度的废除,在解放了读书人的同时,也割断了读书人与国家和社会的体制性联系,近代知识分子面临前所未有的身份危机。大学堂的兴办,改变了传统高等教育赖以存在的组织基础和知识基础。传统培养"士绅"的"庙堂"逐渐被近代各类培养世俗化专门人才的学堂所替代,传统高等教

---

① 《大学堂章程》,载王学珍、张万仓编:《北京高等教育文献资料选编(1861—1948)》,首都师范大学出版社2004年版,第77—79页。

② 《奏定大学堂章程》,载王学珍、张万仓编:《北京高等教育文献资料选编(1861—1948)》,首都师范大学出版社2004年版,第136页。

③ 〔美〕吉尔伯特·罗兹曼著、国家社会科学基金"比较现代化"课题组译:《中国的现代化》,江苏人民出版社2003年版,第229页。

育的知识基础"四科之学"逐渐被大学的"分科之学"所替代[1],教师身份也从传统的"传道之师"和"教官"逐渐转向"学堂教习"和"大学教员"。[2]

南京临时政府成立后,中国高等教育掀开了新的篇章。教育部通过发布教育政策确定大学的宗旨和学术兴国的指导思想,建立一系列专门有利于促进学术和学术职业发展的制度。1912年颁布的《大学令》第1条就强调,"大学以教授高深学术,养成硕学闳材,应国家需要为宗旨。"[3]为此,《大学令》在法律上确立了分科制度、学位证书制度、研究院制度、评议会制度、教授会制度等学术制度。为了改变政学不分的"旧日恶习",1912年教育总长蔡元培要求改变大学校领导的衙门称呼和大学学长在政府机关兼差的现象,"大学堂总监督改为大学校校长","分科大学监督改称为分科大学学长",[4]指出"法政科大学学长王世澂有总统府兼任职务,农科大学学长叶可梁有外交部兼任职务,商科大学学长吴乃琛有财政部兼任职务",强调"学长于学校职务与官署

---

[1] 肖朗:《中国近代大学学科体系的形成——从"四部之学"到"七科之学"的转型》,《高等教育研究》2001年第6期,第99—103页。

[2] 左玉河:《从传道之师到大学教员:现代学术研究职业化趋向》,《安徽史学》2007年第1期,第47—53页。

[3] 《大学令》,载王学珍、张万仓编:《北京高等教育文献资料选编(1861—1948)》,首都师范大学出版社2004年版,第305页。

[4] 《教育部总长呈荐大学校校长等文》,载王学珍、张万仓编:《北京高等教育文献资料选编(1861—1948)》,首都师范大学出版社2004年版,第291页。

职务之中，何去何从，择任其一"。①

北洋政府时期，教师的薪俸、任用和奖励也逐渐从官僚管理体系中独立出来。1914年颁布的《直辖专门以上学校职员薪俸暂行规程》规定，大学专任教员的薪俸数是"月支一百八十元至两百八十元"②。1914年颁布的《直辖专门以上学校职员任用暂行规程》规定，"直辖学校教员以专门以上学校毕业或于某门学问具有专长者充之"③。为了奖励学问，1914年颁布的《学术评定委员会组织令》规定，选派"富有学识者"和"硕学通儒"校阅"各学科论文著述"，将评定结果与"补学资"、"加奖"和"外国留学"相挂钩，"学问优者……得汇刊发行"。④为了更好地学习外国"学术技艺"，1916年颁布的《选派留学外国学生规程》规定，可以根据研究科目等规定选派"曾任本国大学教授或助教授继续至两年以上者"⑤留学。

随着民国初期一系列高等教育制度的逐步推行，学术职业的

---

① 《教育部咨请转饬凡担任校务者须开去兼差以专责成》，载王学珍、张万仓编：《北京高等教育文献资料选编（1861—1948）》，首都师范大学出版社2004年版，第291—292页。
② 《直辖专门以上学校职员薪俸暂行规程》，载王学珍、张万仓编：《北京高等教育文献资料选编（1861—1948）》，首都师范大学出版社2004年版，第328页。
③ 《直辖专门以上学校职员任用暂行规程》，载王学珍、张万仓编：《北京高等教育文献资料选编（1861—1948）》，首都师范大学出版社2004年版，第329页。
④ 《学术评定委员会组织令》，载王学珍、张万仓编：《北京高等教育文献资料选编（1861—1948）》，首都师范大学出版社2004年版，第330页。
⑤ 《选派留学外国学生规程》，载王学珍、张万仓编：《北京高等教育文献资料选编（1861—1948）》，首都师范大学出版社2004年版，第373页。

发展逐渐有了制度保障，大学教师也逐渐认可和主动建构自己的学术职业身份，他们在教学的同时从事研究，积极创办学术刊物。不过，真正直接为国立大学独立制定学术休假制度提供政策保障，始于 1917 年 5 月 3 日教育部颁发的《国立大学职员任用及薪俸规程》，其第 13 条规定："凡校长、学长、正教授每连续任职五年以上，得赴外国考察一次，以一年为限，除仍支原薪外，并酌支往返川资。"[①] 学术休假制度伴随着我国制度化学术职业的形成而落地生根。

三、学术休假制度引入国立大学的中间桥梁

学术休假制度从外国移植到中国，其主要途径有三种：一是通过留学生群体的介绍与引进，二是外国学者来华任教或讲学的传播与带动，三是教会大学在中国实践所提供的经验借鉴。

[①] 此引文的来源有一处表述不一，即存在"正教授"和"教授"两种表述。经核实，"正教授"表述正确，参见表述中有"正教授"的文献：(1)《国立大学职员任用及俸薪之规定》，《政府公报》1917 年 5 月 5 日第 6 版。(2)《教育部公布国立大学职员任用及俸薪规程》，《教育公报》1917 年第 8 期，第 7 页。(3) 国立大学职员任用及俸薪之规定》，《教育周报（杭州）》1917 年第 163 期，第 14—16 页。这些文献都是原始文献，可信且权威。用"教授"表述的文献有：(1)《国立大学职员任用及薪俸规程》，载王学珍、张万仓编：《北京高等教育文献资料选编（1861—1948）》，首都师范大学出版社 2004 年版，第 388—389 页。(2)《教育部公布国立大学职员任用及俸薪规程》，载中国第二历史档案馆主编：中华民国史档案资料汇编（第五辑第一编·教育一）》，江苏古籍出版社 1994 年版，第 167 页。用"教授"表述的文献由当代学人重新输入，难免出现误录。

近代以来，经过血与火的交锋，中国被迫改变了以往闭关锁国的政策。为了寻求新的救国道路，改变中国每况愈下的局势，中国政府开始派遣学生出洋，这样留学生作为一个新的群体在历史上产生了。近代中国留学生群体中人数最多的两支是留日学生群体和留美学生群体。相比较而言，留学日本盛行于甲午战争后，最高峰是在日俄战争之后。据研究中国留日学生的专家实藤惠秀考察，"1906年留日学生实数约为八千名左右"[1]。庚款以后，特别是1915年亡国的"二十一条"暴露后，留美取代留日成为留学的新热潮。据研究近代留学生的专家李喜所教授考察，"关于近代中国的留美人数，较难有很准确的数字，目前有13000人、18000人、20000人几种不同说法，主要是统计方法有别造成的。……避免多算和少算的误差，15000人或18000人的数字相对接近真实。"[2]

至于留学生毕业后的去向，也是各有不同。留日学生群体回国后，在中国的政治与军事领域发挥了极其重要的作用，"最著者为改订法律与组织陆军；政治革命亦以留日学生之力为多"[3]，也有一些人进入专门学校和高等院校。"进入专门以上学校学习

---

[1]〔日〕实藤惠秀著，谭汝谦、林启彦译：《中国人留学日本史》，北京大学出版社2012年版，第1页。
[2] 李喜所：《留美生在近代中国的文化定位》，《天津社会科学》2003年第3期，第117页。
[3] 胡先骕：《留学问题与吾国高等教育之方针》，《东方杂志》1925年第22卷第9期，第16页。

者，所在的学校有大学、实业学科、师范学校等80多个"[1]，如我们熟知的胡仁源、范源廉、何燏时、杨荫榆、邹鲁、张澜、陈大齐、沈尹默、皮宗石等。关于留美毕业生的流向，"根据1917年对340名留美中国学生所作的调查，他们回国后主要在两个领域就业：教育和政府机构，前者占39%，后者占32%。随后的二十年间仍大致是这种情况。"[2]据汪一驹统计，截至民国二十六年，庚款留美研究生不仅"一半以上获得博士学位"，而且回国后"几乎一半在大学任教"。[3]留美学生回国后的主要就职去向不是政府部门，原因主要有二：一是1905年清政府废除科举制度，这剪断了读书人与政治之间的制度性联系，迫使读书人寻找新的身份；二是清政府从1908年开始改变以往的留学政策，引导学生注重实科，加上留美考试严与门槛高、在美要求严与学习条件好，留美学生所就读的大学都是美国水平比较高的研究型大学，使得留美学生群体整体专业水平高，他们对学术的认同度相对也高。

在学术救国和大学兴起的社会背景下，中国的学术职业产生了，留学生逐渐在安身立命和救亡图存之间找到了平衡点，留学

---

[1] 沈殿成主编：《中国人留学日本百年史（上册）》，辽宁教育出版社1997年版，第228页。

[2] 叶维丽著、周子平译：《为中国寻找现代之路：中国留学生在美国（1900—1927）》，北京大学出版社2012年版，第60页。

[3] 汪一驹著、梅寅生译：《中国知识分子与西方》，(台湾)久大文化股份有限公司1991年版，第73页。

生群体遂成为近代中国教育和文化机构中的新生力量，特别是留美学生群体逐渐发展为中国学术职业中的主导性力量。"学术之提高，不得谓非留美学生之力也。"[①]哈佛大学和哥伦比亚大学是美国早期学术休假制度的典型代表，留美学生群体中有不少人毕业于哥伦比亚大学和哈佛大学，如郭秉文和蒋梦麟分别于1914年和1917年毕业于哥伦比亚大学并获得博士学位，陶行知于1917年毕业于哥伦比亚大学并获得硕士学位，叶达前毕业于哈佛大学。当大批留美生返国后任职于大学，他们就会利用报刊杂志宣传外国大学的教育理念和制度，如叶达前1914年在《中华教育界》杂志撰文《哈佛大学》[②]，郭秉文、蒋梦麟和陶行知回国后任职国立大学多年，他们的宣传和介绍为学术休假制度的引进提供了可能。

由于中国现代意义上的大学是西方的舶来品，因此在办大学之初，师资非常紧缺，不得不聘请外国教习。清末各高等学堂所聘外国教习，以日本为主。民国伊始，中国大学的外国教员以欧美居多。1915年北洋大学校提出教员整顿计划，"本校延聘教员，专聘欧美暨本国名家俾充专任教员，担任科目。"[③]根据苏云峰先生的考察，清华学校时期，有美国教育背景的教员

---

① 胡先骕：《留学问题与吾国高等教育之方针》，《东方杂志》1925年第22卷第9期，第18页。

② 叶达前：《哈佛大学》，《中华教育界》1914年第15期，第51—67页。

③ 《北洋大学校周年概况报告》，载潘懋元、刘海峰主编：《中国近现代教育史资料汇编·高等教育》，上海教育出版社2007年版，第423页。

至少有 64 位，多数任期 1—5 年，赖福斯（LaForce）、罗博登（A. H. Rowbotham）、诗丽（Seely）3 人任教 6—10 年，毕莲（A. M. Bille）、谭唐（G. H. Danton）、谭唐夫人（A. P. Danton）、海宴士（Heinz）、翟孟生（R. D. Jameson）、施美士（E. K. Smith）、史达（Starr）等人任教 11—15 年，麻伦（C. B. Malone）、林美德（M. B. Olive）、温德（R. Winter）3 人任教 15 年以上。其中，施美士毕业于哥伦比亚大学，1911 年来清华；海宴士毕业于哈佛大学，1912 年来清华任教；罗博登毕业于哈佛大学，1913 年来清华任教；谭唐毕业于哥伦比亚大学，曾在哥伦比亚大学和哈佛大学任教，1916 年来清华任教。① 这些美籍教师来清华时，美国有些高校已开始实行学术休假制度，特别是施美士、海宴士、罗博登和谭唐毕业于哈佛大学或哥伦比亚大学，而哈佛大学、哥伦比亚大学分别在 1880 年、1890 年就已经实施学术休假制度。这种经历和阅历使得美籍教师引入学术休假的可能性很大。

除了聘请外籍教师来校任教外，当时不少高校或组织还邀请美国知名教育专家、学者来华讲学或演讲。1912 年青年会邀请学术休假制度的创立者哈佛大学埃利奥特校长演讲，"美国博士爱立斯君，曾任美国哈佛大学堂监学有四十年之久，于教育上颇有经验。此次游历来华，由青年会请其于四月五日即星期五晚八时

---

① 苏云峰：《从清华学堂到清华大学（1911—1929）：近代中国高等教育研究》，生活·读书·新知三联书店 2001 年版，第 128—135 页。

苴会演讲教育原理。"[1]1919年杜威在休假期间访华,"实验主义之哲学大家杜威博士亦经蔡校长聘定为北大文科哲学门教授,为期预定一年。盖博主讲美国某大学,现正值休假之年,故得来游东方。我国得请其专任大学教授一年,传习其实验主义,以改良学者之思想。"[2]1922年,"美国威斯叶大学（Wesleyan）副校长兼历史教授德邱尔博士（Dr. G. M. Dutcher）因本年为该校规定休教之年,特来华考察。"[3]1923年,美国工科专家利诺也是利用休假机会来华讲学。"斐律宾大学工科主任利诺博士乘该校特给休假之便,拟来华游历。东南大学闻此信息,遂驰函请其到校讲学襄助规画工科进行事宜,并调查国内工业情形,以期有所改进。"[4]国立大学不仅利用外籍教育专家或学者学术休假的机会邀其来华讲学,而且外籍教育专家或学者来华可能传播学术休假制度,这本身就表明我国教育界人士对学术休假与教师流动、学术休假与国际学界沟通的关系有所认识。

鸦片战争后,中国的门户被迫打开,外国传教士取得了在中国各通商口岸传教的权利。传教士深知"教育在中国是晋升到上等阶层的最佳途径"[5],因此要使中国基督教化,就必须办教育

---

[1]《美博士演讲教育原理》,《申报》1912年4月5日第7版。
[2]《北京大学之近讯静观》,《申报》1919年8月18日第6版。
[3]《美史家来华讲演》,《史地学报》1922年第1卷第2期,第2页。
[4]《美工科专家利诺博士将来华》,《申报》1923年1月20日第14版。
[5] 王立诚:《美国文化渗透于近代中国教育——沪江大学的历史》,复旦大学出版社2001年版,第18页。

特别是高等教育，其中影响比较大的教会大学有燕京大学、金陵大学、东吴大学、齐鲁大学、福建协和大学、华西协和大学、金陵女子大学、之江大学、沪江大学、圣约翰大学、岭南大学、雅礼大学。当时教会大学一般都实行学术休假制度，不过早期学术休假制度主要对外籍教师开放。1908年，华北协和大学任教数学的美籍教师高厚德（Howard Spilman Galt）工作满5年回国休假，接着进入芝加哥大学从事研究工作，同年底再度来华，并荣任华北协和大学校长，后积极促成协和大学与汇文大学合并而为燕京大学。高厚德一生在华共休假4次，其中多次回国从事研究或攻读学位。[1] 在之江大学英语系工作近30年的教师队克勋（Clarence Burton Day）在其著作《之江大学》中多次提到休假，并且反映之江大学首任校长裘德生（Rev, J. H. Judson）1913年回国休假一事，还强调，"那些常年在此执教的人员在7年末可享受一次带薪假期。"[2] 德本康夫人和蔡路得在其著作《金陵女子大学》中提到，"1919年7月，当金陵女大的校长继续其休假，以便利用在美国的机会同金陵学院委员会的成员接触"，"在科诺拉多州立大学当了8年妇女主任的弗金尼亚·H.科比特（Virginia H. Corbett）小姐利用7年一次的休假年来帮助英语系和历史系开展工作"。而且在注释中说明"休假年"是"英、美等国大学给予教师7年一次的休假，为期一年，英语称作'Sabbatical

---

[1] 田洪都：《高厚德先生在华服务事略》，《燕京新闻》1939年12月8日第2版。
[2]〔美〕队克勋著、刘家峰译：《之江大学》，珠江出版社1999年版，第29页。

Year'"。①

教会大学的休假待遇先是提供给外籍教师的，后来中国籍教师也开始享有学术休假的权利。1928年《金陵大学教职工的职称分类和薪水等级条例》规定，"学校的政策是鼓励教员从事研究工作，为达到这一目的，只要财政状况许可，对于那些在自己从事研究领域中显示着有前途的教员，将给休假年或特殊奖励，以便进一步进行学习研究或旅行访问。但这一政策在学校财政状况许可时才有效。"②1928年《私立岭南大学职教员待遇细则》规定："职员因职责关系，规定常用驻校者，连续在职每十年期，得休息一年，照支全薪。其得学校同意，出外留学，或考察，或带有学校任务者，得酌给川资或旅费。"③1929年《燕大中国教职员待遇细则》规定："教授副教授，及与同等待遇之主任、副主任，继续任职至七年者，得休假一年，休假期内，照支月薪，休假期满仍得复职。"④

正是通过留学生群体的介绍和引进、外国学者来华任教的传播与带动以及教会大学在中国的实践，使得教育界对国外学术休假制度有所认识。1924年常导之翻译介绍，"纽约市公立学校教

---

① 〔美〕德本康夫人、蔡路得著，杨天宏译：《金陵女子大学》，珠江出版社1999年版，第48页。
② 《南大百年实录》编辑组编：《南大百年实录（中卷·金陵大学史料选）》，南京大学出版社2002年版，第193页。
③ 《私立岭南大学职教员待遇细则》，《私立岭南大学校报》1928年第4期，第2—5页。
④ 《燕大中国教职员待遇细则》，《中华基督教教育季刊》1929年第5卷第1期，第115—117页。

师每服务十年后,可得一年休假,照常支给薪金。教师可利用休假年从事读书、休养或旅行。"[1] 从事新闻工作的任白涛先生建议效仿美国的学术休假制度,"在美国,大学教授是不必说了,就是于大都市之中,小学校教员服务经过好几年——大概七年以上——时,必能得着一个年的休假。假期俸给减半。教员得此假期之后,或旅行远方——有住欧洲的,或入大学研究,或专心读书以自修。这也是大可仿效的一种制度。"[2] 而且,当时一些坚持理想主义的知识分子,正在积极用他们的热情、智慧和责任将西方的大学制度大规模地移植到中国,如德国的大学评议会、教授会、讲座制、研究所,美国大学的董事会制度、系科制度、选修制度、学分制度、通识教育模式、学位制度、社会服务组织(如暑期学校),法国的大学院和大学区制,英国的导师制,等等。大学教师是办好大学的基本条件。如何激励大学教师投身于学术和培植优秀的大学教师,是摆在大学校长面前的一个难题。在学习西方办大学的潮流中,借鉴西方国家大学教师发展的制度,成为不可阻挡的潮流。

四、国立大学实行学术休假制度的内在需要

如果说学习西方和学术救国为学术休假制度的引进奠定了思

---

[1] 常导之:《纽约城公立学校教师的休假年》,《教育杂志》1924 年第 16 卷第 4 期,第 33 页。
[2] 任白涛:《研究休假之制》,《教育杂志》1925 年第 17 卷第 2 期,第 16 页。

想基础，学术制度的建立为我国大学学术职业的产生和学术休假制度的移植提供了制度保障，留美学生群体、来华任教外籍教师以及教会大学教师为学术休假制度的引进搭建了中介桥梁，那么国立大学的现实需要则是实行学术休假制度的内在必要条件。当时国立大学的主要使命是研究高深学问或促进学术发展，进而实现学术独立和学术救国的愿望。1921年《国立东南大学大纲》规定，"本大学以研究高深学术培养专门人才为目的。"[1] 1924年《国立广东大学规程》规定，"国立广东大学以灌输及研究高深学理与技术并因应国情力图推广其应用为宗旨。"[2] 1928年《国立清华大学条例》规定，"国立清华大学根据中华民国教育宗旨，以求中华民族在学术上之独立发展，而完成建设新中国之使命为宗旨。"[3] 1930年国立武汉大学制定的经教育部核准的《本大学组织规程》规定，"以阐扬优美文化、研究高深学术、造成专门人才为宗旨。"[4] 然而，当时国立大学的学术水平普遍低下，存在学术基础薄弱、教授稀缺、研究氛围不浓、研究时间有限等问题。

国立大学学术基础薄弱，主要是现代学术基础薄弱。清末民

---

[1]《国立东南大学大纲》，载《南大百年实录》编辑组编：《南大百年实录（上卷·中央大学史料选）》，南京大学出版社2002年版，第127页。

[2]《国立广东大学规程》，《太平洋》1924年第4卷第8期，第1页。

[3] 清华大学校史研究室编：《清华大学史料选编（第2卷·上册）》，清华大学出版社1991年版，第138页。

[4] 张研、孙燕京主编：《民国史料丛刊：文教·高等教育（第1093册）》，大象出版社2009年版，第195页。

初，中国传统学术式微，现代学术得宠，表现为：研究范围突破经学体系，研究对象转向客观实体，实证研究方法受到重视，研究主体有了职业化趋向。[1]梁启超先生认为，"厌倦主观的冥想而倾向于客观的考察"和"排斥理论，提倡实践"成为当时的学术主潮。[2]尽管变化已经发生，但与国外相比，只能说刚刚起步，研究基础尚很薄弱。"全国今日，乃无一人足称专门学者。言算，则微积以上之书，竟不可得；言化学，则分析以上之学几无处可以受学；言物理，则尤凤毛麟角矣；至于植物之学，则名词未一，著译维艰。以吾所闻见，全国之治此学者一二人耳。"[3]不仅学术积累少，而且研究力量薄弱，研究设备缺乏。直到20世纪30年代，北洋工学院"教本之悉用西籍原版"[4]。武汉大学"各院现用课本，除极少数中文本外，大都为西文著作。"[5]甚至直到20世纪40年代，"国内学术设备不完备和指导人员的缺乏，学者继续作高深的研究，在目前仍非去国外不可。"[6]张季信指出，"大学教育之精神重在研究实验，如实验仪器之设备，科学标本之陈列，图书馆之建筑与设备，试验场所之布置与陈列，均属重要之图。吾

---

[1] 汪林茂：《从传统到近代：晚晴浙江学术的转型》，中国社会科学出版社2011年版，第29页。
[2] 梁启超：《中国近三百年学术史》，团结出版社2005年版，第1页。
[3] 胡适：《非留学篇》，《留美学生年报》1914年第3期，第9页。
[4] 王子祜：《国立各大学现用课本调查》，《图书评论》1933年第2卷第1期，第115页。
[5] 周鲤生：《国立各大学现用课本调查》，《图书评论》1933年第1卷第1期，第119页。
[6] 朱师逊：《三年来国立各校院教授休假进修概况》，《高等教育季刊》1942年第2卷第2期，第51—55页。

国对此数者皆感缺憾。"① 长期耕耘于物理学领域的吴大猷先生也感慨,"没有一个适宜的环境可以让他们继续发展。因为大学……没有设备,没有传统……因此他们学术的生命都很短。"② 要想跻身世界学术先进国家之列,在一个以印刷资源为主要传播媒介的社会里,在一个学术基础薄弱的国家,大学教师需要走出国门向外国同行学习。

大学的学术发展端赖教师,为此必须提高教师待遇。国立大学的管理者尤其是校长深谙优良的师资是办好大学的基本条件,而且深知"厚待遇而崇学术"③的道理。1931年梅贻琦就任清华大学校长时说,"所谓大学者,非谓有大楼之谓也,有大师之谓也。"1936年竺可桢就任浙江大学校长后第一次对学生训话时提出,"教授是大学的灵魂,一个大学学风的优劣,全视教授人选为转移。"④ 梅贻琦的"大师论"和竺可桢的"灵魂论",表明大学校长深谙大师或教授对于大学生存和发展的意义。潘光旦先生提出,"择师的最大标准是,他对于某一门学问的造诣。"⑤ 为了能聘请到热心钻研学问的教授,同时为了能留住大学教授长期服务于

---

① 张季信:《我国大学教育之过去与未来》,《大学杂志》1933年第1卷第3期,第12页。
② 吴大猷:《早期中国物理发展的回忆》,《物理》2005年第3期,第168页。
③ 蒋梦麟:《杭州大学意旨书》,载曲世培编:《蒋梦麟教育论著选》,人民教育出版社1995年版,第234页。
④ 竺可桢:《大学教育之主要方针》,《浙大学生》1941年第2期,第3页。
⑤ 《论大学设训导长》,载潘光旦:《潘光旦教育文存》,人民教育出版社2001年版,第347页。

本校，国立大学校长可谓费尽心思，极尽网罗大师之能事和优待教授之办法。对此，梅贻琦先生深有感触地说，"师资为大学之第一要素，吾人知之甚切，故亦图之至亟也。"[①]

然而，在当时聘请优良的大学教师并不是一件容易的事。当时大学数量的急剧增加，造成大学师资紧缺问题日益显露。除此原因之外，大学师资缺乏还与知识分子的流向有关。科举制度废除后，虽然知识分子在理智上转向学术救国，希望成为一个"为学术而学术"的学者，但在情感上还是留恋过去"学而优则仕"的价值取向和生活方式。要实现这种转变，不是一朝一夕之事。据顾颉刚先生回忆，"1913年我考入北大预科时，学校像个衙门，没有多少学术气氛。有的教师不学无术，一心只想当官；有的教师本身就是北洋政府的官僚，学问不大，架子却不小；有的教师死守本分，不容许有新思想；当然也有好的，如教音韵学、文学批评（《文心雕龙》）的黄侃先生，教法律史的程树德先生（他著有《九朝律考》)，但不多见。"[②] 有学者统计，"在1914年，北京大学中国专任教员有18名，兼任教员有9名；至1930年，278名教员中兼任教员高达169名。"[③] 当时在清华学校就读的刘绍禹先生就

[①] 梅贻琦：《国立清华大学二十五周年纪念日致全体校友书》，《清华校友通讯》1936年第3卷第1—5期，第12页。

[②] 顾颉刚：《蔡元培先生与五四运动》，载杨扬：《自叙与印象：蔡元培》，上海三联书店1997年版，第186页。

[③] 商丽浩：《限制兼任教师与民国大学学术职业发展》，《浙江大学学报（人文社会科学版）》2010年第4期，第72页。

听同学抱怨,"我们学校有好些教员,把清华当做栈房看待,暂是在这里息息足,一旦找到了别的事马上捆起包袱就走了。我们去年学《商业要义》,一共换了五六个教习,学完了不知学了什么东西,成绩表上还填的是上等呢咳!"① 根据教育部的统计结果,1931年全国高教专职教员仅占全体教员的 58.61%。② 所以刚刚就任北大校长的蔡元培先生就指出,"现在我国精于政法者,多入政界,专任教授者甚少,故聘请教员,不得不聘请兼职之人,亦属不得已之举。"③ 任国立青岛大学校长之初,杨振声先生就感慨聘任高水平教授之难,"在今日大学多而人材少之中国,每系能请到一二好教授,便是千难万难。"④ 吴大猷先生回忆,"当时国内所谓物理系可能就是一两位先生,或者一个人的一个系。一直到30年代,这种情况才有所改变。"⑤ 大学教师孤军奋战,难以产生互动效应和优势累积效应,相应就难以形成学术共同体。在大学教师不能安心任教和学术共同体难以形成的情况下,大学的研究氛围自然就淡薄。

一方面,教师尤其是造诣深的教授稀缺,导致大学正常的教学秩序易受影响;另一方面,聘不来高水平的教师,也极易遭

---

① 刘绍禹:《一个长久之计——聘请教员问题》,《清华周刊》1921 年第 209 期,第 7—8 页。
② 中华民国教育部:《最近五年度全国专兼任教员之增减》,《全国学术工作咨询处月刊》1936 年第 11 期,第 31—32 页。
③ 蔡元培:《就任北京大学校长之演说》,载高平叔编:《蔡元培全集(第 3 卷)》,中华书局 1984 年版,第 5 页。
④ 杨振声:《校长报告》,《国立青岛大学周刊》1931 年第 1 期,第 1 版。
⑤ 吴大猷:《早期中国物理发展的回忆》,《物理》2005 年第 3 期,第 168 页。

遇学生的强烈反对。民国时期，经历过"五四运动"洗礼的大学生，权利意识觉醒和独立意识高涨，敢于抨击旧权威，质疑新思想，教师讲课稍不留神出点错漏，就会遭到学生的抵制和驱赶。据记载，"北大原国文系主任马裕藻、原史学系主任朱希祖因曾被学生会攻击，均愤而请辞系主任之职。"[1]胡适到北大讲授中国哲学史课程，幸得傅斯年和顾颉刚两位学生的支持，否则"胡先生的课就很难维持下去了"[2]。人称"哈佛三杰"之一的吴宓先生也抱怨，"今之教员对付学生，其苦已甚。苟能另有职业，不执教鞭，计之上者也。"[3]为了聘请学问高的大学教师，提高大学的水平和声望，教育界意识到必须提高教授待遇。"一国学术之进步，必优待教员之地位而其道始尊。"[4]所以，1918年专门以上学校校长会议的事项就包括"培养教授及优待方法案"，而且此案是教育部交议之事项。[5]

当时教师的研究时间非常有限。1914年教育部颁发《直辖专门以上学校职员薪俸暂行规程》，其第4条规定"大学校专任教员每周十小时以上"和"大学预科专任教员每周十二小时以上"才

---

[1] 高平叔：《北京大学的蔡元培时代》，《北京大学学报（哲学社会科学版）》1998年第2期，第53页。

[2] 杨向奎：《五四时代的胡适、傅斯年、顾颉刚三位先生》，《文史哲》1989年第3期，第50页。

[3] 吴宓著、吴学昭整理：《吴宓日记（第4册：1928—1929）》，生活·读书·新知三联书店1998年版，第134页。

[4] 《限制官吏兼充校长教员之办法》，《申报》1915年11月27日第6版。

[5] 《专科以上学校校长会议事项》，载潘懋元、刘海峰主编：《中国近现代教育史资料汇编·高等教育》，上海教育出版社2007年版，第809页。

得支"专任教员之薪俸"。[①]《国立同济大学教职员待遇规则》第7条规定:"本校专任教员每周授课时间自十八小时至二十四小时,但学生实习钟点得包括在内,其授课与实习时间之分配由各教员酌定之。"[②]1935年山东大学规定,"教授每周授课时间以九小时至十二小时为度"[③]。这样的教学工作量安排对于从事教学与研究的大学教师来说,虽然不能说很多,但也不算少。从实际来看,很多大学教师的教学工作量是超负荷的。据吴大猷先生回忆,"教员缺乏,所以不得不多授课,每周至三十多钟点。"[④]张颐年在研究《水经注》的过程中提到,"厦大任课每周十四小时,所有时间全费于预备功课编讲义,此种专题研究只能在暑假时进行。"[⑤]除此之外,有些教师还在校外兼课,教学负荷更是沉重。据马叙伦反映,有些兼课教员"每星期担任时间有至三十以上(甚至有四十八时者):仆仆道途,耗费之时间已多,虽止以一种讲义到处敷衍,而上课时间必占每日之重要部分,更无自己修养之余暇"[⑥]。

[①]《直辖专门以上学校职员薪俸暂行规程》,载王学珍、张万仓编:《北京高等教育文献资料选编(1861—1948)》,首都师范大学出版社2004年版,第327—328页。
[②] 张研、孙燕京主编:《民国史料丛刊:文教·高等教育(第1079册)》,大象出版社2009年版,第94页。
[③]《国立山东大学教员服务及待遇规程》,《国立山东大学周刊》1935年第109期,第1—2页。
[④] 吴大猷:《早期中国物理发展的回忆》,《物理》2005年第3期,第168页。
[⑤] 中华民国教育部:《全国专科以上学校教员研究专题概览》,商务印书馆1937年版,第345页。
[⑥] 马叙伦:《高等教育如何改进》,《周报》1945年第16期,第11页。

学术休假制度是一种发端于美国的大学教师发展制度，它既可以给予大学教师比较长的休闲时间去调整身心或利用国内外的学术资源从事研究，又可以满足教师、大学和国家发展学术的要求。在学术救国思想高涨、学术基础薄弱、教授稀缺、研究氛围不浓、研究时间有限的情况下，学术休假制度能够较好地满足大学和教师乃至国家的需要，因此国立大学引入学术休假制度，不能不说是一件自然而然的事情。

第三节 国立大学学术休假制度之始末

一、国立大学的数量统计

中国近代大学是西学东渐和政治变革的产物，中国大学的生存和发展，受政治因素的影响很大。变幻的政局和当局者认识的变化常常导致高等教育政策变动，有时国立大学设置的门槛降低，导致国立大学数量激增；有时国立大学设置的门槛抬高，导致国立大学数量下降，国立大学的总数因此发生起落变化。民国时期，有的国立大学从一所分离出多所国立大学，有的国立大学运转几年就合并或改组了，有的国立大学成立没几年就撤销了，有的私立大学改为国立大学了；有的国立专科学校或省立大学升格为国立大学了，有的国立大学降格退出国立大学的行列了。因此严格说来，民国时期国立大学是一个动态的概念，国立大学的数量在不断发生变化。

  为了对民国时期国立大学有一个系统的了解，笔者根据大学网站校史信息和民国报刊杂志，并结合《第一次中国教育年鉴》和《第二次中国教育年鉴》中的有关信息，整理出民国时期国立大学的存续时间表（见表1-2）。需要说明的是，不少学者将1918年前的山西大学和北洋大学归入国立大学，其实当时这两所大学的性质是省立大学而非国立大学。据记载，"北洋、山西两大学原系省立，自民国七年度起，经费由国库支给，乃改为国立。"[①] 也就是说，北洋大学和山西大学直到1918年才列为国立大学。历史上有"国立上海大学"一说，该校存于1940—1945年间。不过该大学属于中日两国合办的"伪国立大学"，因此不被计入统计范围。[②] 有些国立大学存在复杂的更迭关系，如1922年始交通部交通大学逐渐分化为交通部南洋大学、交通部唐山大学、北京交通大学，1928—1929年间交通部南洋大学、交通部唐山大学、北京交通大学又陆续合并为国立交通大学；1927年国立北京法政大学、国立北京农业大学、国立北京工业大学、国立北京医科大学、国立北京女子大学合并至北平大学；1931年国立北平女子师范大学合并至国立北平师范大学，1937年北平师范大学和北平大学组合为国立西安临时大学，1938年国立西安临时大学

[①] 中国第二历史档案馆编：《中华民国史档案资料汇编（第三辑·教育）》，江苏古籍出版社1991年版，第176页。

[②] 李迅：《汪伪时期筹办伪"国立上海大学"始末》，《上海大学学报（社会科学版）》2002年第6期，第92—95页。

改名国立西北联合大学;1931年国立成都大学和国立成都师范大学合并为国立四川大学;1926年国立武昌商科大学并入国立武汉大学。

表1-2 民国时期国立大学及其存续时间

序号	校名	存续时间
1	国立北京大学	1912—1948年
2	国立北洋大学	1918—1928年,1946—1949年
3	国立山西大学	1918年,1943—1949年
4	国立中央大学(国立东南大学,国立江苏大学,国立第四中山大学)	1921—1949年
5	交通部交通大学	1921—1922年
6	交通部南洋大学(交通部第一交通大学)	1922—1929年
7	交通部唐山大学(交通部第二交通大学)	1922—1928年
8	北京交通大学(交通部第三交通大学)	1923—1928年
9	国立交通大学	1929—1949年
10	国立西北大学	1923—1927年,1939—1949年
11	国立武汉大学(国立武昌师范大学,国立武昌大学,国立武昌中山大学)	1923—1949年
12	国立武昌商科大学	1924—1926年
13	国立北京法政大学	1923—1927年
14	国立北京农业大学	1923—1927年
15	国立北京工业大学	1923—1927年
16	国立北京医科大学	1924—1927年
17	国立北京师范大学(国立北平师范大学)	1923—1937年

续表

序号	校名	存续时间
18	国立北京女子师范大学	1925—1931 年
19	国立北京女子大学（国立北平女子大学）	1925—1927 年
20	国立北平大学（国立京师大学校，中华大学）	1927—1937 年
21	国立西北联合大学（国立西安临时大学）	1937—1939 年
22	国立河海工科大学	1924—1927 年
23	国立中山大学（国立广东大学）	1924—1949 年
24	国立政治大学	1925—1927 年
25	国立成都大学	1926—1931 年
26	国立成都师范大学	1927—1931 年
27	国立四川大学	1931—1949 年
28	国立同济大学	1927—1948 年
29	国立劳动大学	1927—1932 年
30	国立暨南大学	1927—1949 年
31	国立浙江大学（国立第三中山大学）	1927—1949 年
32	国立清华大学	1928—1948 年
33	国立山东大学（国立青岛大学）	1930—1938 年，1946—1949 年
34	国立厦门大学	1937—1949 年
35	国立湖南大学	1937—1949 年
36	国立东北大学	1937—1948 年
37	国立云南大学	1938—1949 年
38	国立广西大学	1939—1949 年

续表

序号	校名	存续时间
39	国立中正大学	1940—1949 年
40	国立复旦大学	1941—1949 年
41	国立河南大学	1942—1948 年
42	国立重庆大学	1942—1949 年
43	国立贵州大学	1942—1949 年
44	国立英士大学	1943—1949 年
45	国立台湾大学	1945—1949 年
46	国立兰州大学	1946—1949 年
47	国立安徽大学	1946—1949 年
48	国立南开大学	1946—1949 年
49	国立长春大学	1946—1948 年
50	国立政治大学	1946—1949 年

说明：①据河海大学"学校沿革"记载，1924—1927 年的校名为"河海工科大学"，不过《第一次中国教育年鉴》称为"河海工程大学"。
②鉴于国立西南联合大学（1937—1946）的特殊性，本书没有将其编入国立大学，而是将其中的北京大学、清华大学单独列入国立大学统计范围。
③1925—1927 年的国立政治大学与 1946—1949 年的国立政治大学没有历史渊源关系。前者的前身是国立自治学院，校址在江苏吴淞镇，1927 年停办。后者的前身是中央党务学校，校址在江苏南京。

表 1-2 只能明确反映每所国立大学的存续时间，但未能直观反映每年国立大学的总体数量。为了对国立大学的总体数量有一个动态的把握和相对明确的判断，笔者在表 1-2 的基础上，梳理出 1912—1949 年国立大学的数量统计表（见表 1-3）。不难发现，

1917年前国立大学仅1所；1918—1922年间国立大学数量有了小幅增加，总数保持在个位数以内；1923—1927年间国立大学数量显著增加，总数迅速飙升至两位数；1928—1936年间国立大学数量基本保持回落态势；抗日战争后国立大学数量逐渐增加，数量最多的时段是在1946—1948年，这几年国立大学的数量一直控制在31所。

表1-3 1912—1949年国立大学数量统计

时间	1912	1913	1914	1915	1916	1917	1918	1919	1920	1921	1922	1923	1924
大学数	1	1	1	1	1	1	3	2	2	4	5	12	16
时间	1925	1926	1927	1928	1929	1930	1931	1932	1933	1934	1935	1936	1937
大学数	19	19	20	18	15	16	14	14	13	13	13	13	15
时间	1938	1939	1940	1941	1942	1943	1944	1945	1946	1947	1948	1949	
大学数	15	17	16	18	21	23	23	24	31	31	31	25	

注：《第一次中国教育年鉴》在统计"民十四全国大学概况"时，将同济大学和清华大学列入国立大学范畴。见教育部教育年鉴编纂委员会编：《第一次中国教育年鉴·第一册·丙编 教育概况》，开明出版社1934年版，第16—17页。实际上国立同济大学和国立清华大学分别始于1927年和1928年。
由于本表没有将国立西南联合大学作为一所独立的大学，加上本表将终止停办于那一年的国立大学也计算在内，因此与《第三次中国教育年鉴》统计的数据稍有出入，本表所列部分年份的国立大学数量多一两所。见《第三次中国教育年鉴》，（台湾）正中书局1957年版，第446页。

国立大学之数量变化有其原因。抗日战争前，国立大学数量逐渐增加，主要是为了改变当时高校学额过少的状况，进而多办专科以上学校,因此这期间的教育法令放松了大学的设置要求。1917年颁发的《修正大学令》第3条规定:"设二科以上者得称为大学,其但设一科者称为某科大学。"① 由于《修正大学令》对大学设置要求宽松,国立大学数量开始稳中有增。到1921年时,国立大学数量增速明显加快。郭秉文认为,"'大学潮'之继长增高,原因亦有数端:新文化运动后,青年之智识欲骤增,无高深学术之中枢,不足以餍其热望,一也;中学毕业学生渐多,须升学之地,二也;高等教育已有之基础,渐臻稳固,向上之扩张,为自然发展之结果,三也;政略家视学校为扶植特殊势力之机关,储养人才,为政治活动之准备,四也。"②1922年9月,北京高等师范学校校长李建勋在全国学制会议上提出《请改全国国立高等师范为师范大学案》,这一提案顺利通过,③遂在我国教育史上引发了高等师范学校改为大学的"高师改大"现象,这开辟和增加了国立性质的师范大学,进而扩充了国立大学的数量。1922年11月,大总统公布《学校系统令》,其中第21条规定:"大学校设数科或一科均可,其单设一科者,称某科大学校。如医科大学校,法科大学校之类。"④ 不仅如此,1924年教育部公

---

① 《修正大学令》,载王学珍、张万仓编:《北京高等教育文献资料选编(1861—1948)》,首都师范大学出版社2004年版,第395页。

② 郭秉文:《民国十年之教育》,《新教育》1922年第4卷第2期,第228—229页。

③ 《请改全国国立高等师范为师范大学案》,载王学珍、张万仓编:《北京高等教育文献资料选编(1861—1948)》,首都师范大学出版社2004年版,第497—498页。

④ 中国第二历史档案馆编:《中华民国史档案资料汇编(第三辑·教育)》,江苏古籍出版社1991年版,第105页。

布了《国立大学条例》,其第3条同样规定:"国立大学校得设数科或单设一科。"[1]持续宽松的大学设置要求,使得国立大学数量猛增。

由于20世纪20年代初教育部对国立大学的系科数量、师资力量和经费设备等缺乏硬性规定,导致大学数量不切实际的扩张,教育界清醒地认识到其危害。1925年,第十届全国教育会联合会的第一个议决案便是"请教育部严定大学设立标准案"。议案指出,"近年以来,公立私立大学之创设,不下数十余处,其中名与实符者,固属不少,而设备简陋,或有其他作用者,为数实多。若不切实限制,严格考核,妨碍教育前途,贻害青年学子,实非浅鲜。"[2]议案进而提出在基金、设备、师资、标准4个方面严定大学设立标准。南京国民政府成立后,为了扩张中央政府的权力,改变国立大学过于集中"东部城市和沿海省份"[3]的不合理布局,教育部对大学进行了整顿,提高了大学设置的门槛。1929年7月国民政府公布的《大学组织法》第5条规定:"凡具备三学院以上者,始得称为大学。"其第8条规定:"大学得设研究院。"[4]

---

[1]《教育部公布国立大学校条例令》,载中国第二历史档案馆主编:《中华民国史档案资料汇编(第三辑·教育)》,江苏古籍出版社1991年版,第173—174页。

[2]《第十届全国教育会联合会议决案》,邰爽秋等主编:《历届教育会议议决案汇编》,教育编译馆1936年版,第1页。

[3]〔美〕费正清、费维恺编,刘敬坤等译:《剑桥中华民国史(1912—1949年)(下卷)》,中国社会科学出版社1994年版,第386页。

[4]《大学组织法》,载王学珍、张万仓编:《北京高等教育文献资料选编(1861—1948)》,首都师范大学出版社2004年版,第609页。

同年8月教育部公布的《大学规程》第2条规定："大学依《大学组织法》第五条第一项之规定，至少须具备三学院，并遵照中华民国教育宗旨及其实施方针，大学教育注重实用科之原则，必须包含理学院或农、工、商、医各学院之一。"[①]这为大学的整顿提供了教育法律与政策依据，国立大学的数量迅猛缩减。正是因为《大学组织法》和《大学规程》的出台，要求大学必须至少具备3个学院，北洋大学因为只剩下工科，所以国立北洋大学在1929年就改称"国立北洋工学院"[②]。为"提高边地文化、巩固西南国防"，1931年云南省教育厅向教育部提交了"改省立大学为国立大学"的提案，结果教育部的回复是"省所设之省立大学，应视地方财力所能及，力谋充实内容并依据地方需要之缓急，逐渐添置院系，所呈改设国立大学由库款补助，值此中央财政支绌之时，确难照办。"[③]由此可见，教育部的确在控制国立大学的数量。

全面抗战以来，专科以上学校面临调整，导致国立大学的数量逐渐增加。1938年教育部长陈立夫发布训令，"我国之立专科以上学校之设置，过去缺少一定之计划，故各校地域之分布与院系之编制，既未能普遍合理，又未能适合需要。自抗战军兴，各校多迁移后方。师生精神虽能力自振奋，但设备简陋，院系不免

---

① 《大学规程》，载王学珍、张万仓编：《北京高等教育文献资料选编（1861—1948）》，首都师范大学出版社2004年版，第610页。
② 《国立北洋大学改称国立北洋工学院》，《江苏省政府公报》1929年第301期，第10页。
③ 《为教育部呈复该省教育厅拟改省立大学为国立大学案由》，《行政院公报》1931年第309期，第15页。

重复，实有积极改进之必要。"①"期能集中人力与物力"，"俾各校得通力合作，增加教育效能"。②1940年教育部制定了《专科以上学校分布原则》，指出"教育部应就全国政治经济生产建设各方面之需要以及各地文化教育人口面积物产交通风俗习惯等情形，指定重要及适宜地点，设立院系完备与设备充实之国立大学"③。这为国立大学的数量扩充提供了教育政策依据，不少公立专科以上学校改组或合并为国立大学。1946—1948年间国立大学增多，原因在于，"胜利以后，教育部将国立专科以上学校设置地点，作合理之分配，使勿集中于少数之大都市，而令较偏僻之处向隅。"④结果抗战胜利后国立大学数量激增。

二、国立大学学术休假制度之肇始

自从国人在近代创办新式高等教育以来，教师的深造问题逐渐受到重视。张之洞提出，"出洋一年，胜于读西书五年"⑤，指出

---

① 陈立夫:《教育部训令》，载王学珍、张万仓编:《北京高等教育文献资料选编（1861—1948）》，首都师范大学出版社2004年版，第772页。
② 陈立夫:《全国高等教育概况》，教育部高等教育司1939年印行，第9页。
③ 《教育部制定之专科以上学校分布原则》，载第二历史档案馆编:《中华民国史档案资料汇编（第五辑第二编·教育一）》，江苏古籍出版社1997年版，第711—712页。
④ 教育部教育年鉴纂编委员会主编:《第二次中国教育年鉴》，商务印书馆1948年版，第490页。
⑤ 张之洞:《游学》，载陈学恂、田正平主编:《中国近代教育史资料汇编·留学教育》，上海教育出版社2007年版，第46页。

了近代中国大学师生深造的重要去向。1914年公布的《教育部整理教育方案草案》规定:"游学生回国后,经历社会修养有得者,尤宜续送留学,以资深造。"①有了这样的指导思想后,教育部接着制定了将有一定工作年限的高校教师纳入留学生队伍的实施办法。1916年教育部颁发的《选派留学外国学生规程》第1条规定:"教育总长认为必要时,得就下列各项人员中选派留学外国学生,研究必须留学外国之学术技艺:一、曾任本国大学教授或助教授继续至二年以上者。二、曾任本国专门学校、高等师范学校教授继续至二年以上者。"②1917年,教育部通令各国立学校开呈出洋留学教员名单以便分配。③1918年,北京大学教授刘复和朱家骅、北京高等师范学校教授邓萃英、南京高等师范学校教授卢崇恩、北京高等工业学校助教授梁引年、北京女子高等师范教授杨荫榆和沈葆德赴欧美各国留学。此举是"我国教授留学之嚆矢也。"④如此看来,民国初期教员留学是大学教师深造的一种重要制度。

政府之所以越来越重视教员留学,其中一个重要原因,就是当时选拔年龄偏小和学术基础太浅的留学生政策愈来愈遭遇质疑。1915年召开的全国师范学校校长会议议决了由陈宝泉等提议的

---

① 《教育部整理教育方案草案》,载王学珍、张万仓编:《北京高等教育文献资料选编(1861—1948)》,首都师范大学出版社2004年版,第340页。

② 《选派留学外国学生规程》,载王学珍、张万仓编:《北京高等教育文献资料选编(1861—1948)》,首都师范大学出版社2004年版,第373—374页。

③ 《派遣教员出洋之经过情形》,《北京大学日刊》1918年6月6日第2版(第156期)。

④ 王学珍、郭建荣主编:《北京大学史料(第二卷·三:1912—1937)》,北京大学出版社1993年版,第2295页。

"资遣师范学校职教员游学游历也"一案，理由就有："资遣职员游学，教学相长，较之遣派学生，事半功倍。""游学游历之人日多，则内外知识可以相互交换。"①陶履恭认为，我国"所派的学生有两大缺点，一则没有把求学的基础预备好，二则留学的年岁太轻"，造成留学的结果是"利不敌害"。②万兆芝认为"留学政策失败"，原因包括选派的留学生"求学之基础太浅"和"出洋之年龄太小"，遂主张遴选的留学人员应该要么是大学或高等专门学校的毕业生，要么是"奖励留学回国学行最优之教育家与事业家为二度之留学"。③李璜认为，留学生因为年纪轻且"多金在手"导致"习于奢华"，有轻我国"旧学"重西人新学的心理，认为"派人留学最易收效的一种办法"便是"北京大学派教师留学的办法"。④可见相比学生留学，教育界普遍认为教员出洋留学的效果更好。

除了留学一途，教育学界也主张通过教育考察或调查来提高大学的师资水平。清末开始的教育考察或调查之风，到民国时期仍很兴盛。1913年，江苏省教育厅长黄炎培派遣郭秉文与陈容考察欧美教育的同时，还派遣俞子夷考察欧美教育。1914年，庄俞先生在听取了郭秉文和俞子夷归国后的考察报告后，认为："改良教育，不外数种方法。（一）派人前往教育昌明之国，调查其新

---

① 《全国师范学校校长会议决案》，载邰爽秋等主编：《历届教育会议决案汇编》，教育编译馆1936年版，第23—24页。
② 陶履恭：《留学问题》，《新教育》1919年第2卷第2期，第139—142页。
③ 万兆芝：《解决留学问题之方法》，《北京市高师教育丛刊》1920年第4期，第3页。
④ 李璜：《留学平议》，《少年中国》1920年第2卷第6期，第1—4页。

法制、新学理,报告于本国教育家研究而采用之。或特派常驻员遇有所得随时报告。外国近年常有此种办法,虽用费至数十万元在所不恤。教员学生亦有自行组织团体出外调查者。(二)考察本地教育情形。教授如何管理,如何训练,如何以供各地教育家研究改良,或此地派员至彼地,或彼地派员至此地,互相调查互相考究,日久自有新法制新学理发表矣。(三)多用报告。学校常将内容暴之社会,使社会明晰其教育近状,自能信仰益坚。"① 这说明庄俞先生较早就注意到研究、考察和报告的重要价值,而且提出要派人去"教育昌明之国"。至于何时派遣,庄俞先生没有直接说。不过其在1914年曾撰写《休假利用说》一文,强调在休假期间"参观"、"谈话"、"旅行"或"远游",以实现"知识方面之利用"、"情意方面之利用"、"运动方面之利用"。② 这说明庄俞先生已在休假与研究、考察、参观之间建立起联系。

1914年,北京大学校长胡仁源在其拟定的《北京大学计划书》中提倡"养成专门学者","拟仿照日本大学办法,于各科教员中,每年轮流派遣数人,分赴欧美各国,对于所担任科目,为专门之研究,多则年余,少则数月。在外时仍支原薪,而所有功课,由本科各教员代为分别担任,则于经费毫无出入,而校内人士则与世界最新智识常相接触,不至有望尘莫及之虞。"胡仁源之所以强调轮流派遣大学教员赴国外研究,原因在于,"数十

---

① 庄俞:《听考察欧美教育报告感言》,《教育杂志》1914年第6卷第6期,第109页。
② 庄俞:《休假利用说》,《教育杂志》1914年第6卷第5期,第83—88页。

年来，世界学术发达日新月异，我国僻处东方，新知识之输入稍觉迟缓，故研究学问之士，居本国日久，往往情形隔阂，学问日退。"[①] 胡仁源的轮流派遣教员赴欧美专门研究的思想，实际上隐含定期进修的意思。其实就在 1914 年，教育部派遣学长和教员出国考察，并非只是出于制度化的定期考察或研究。当时的教育总长汤化龙有感"全国模范之大学尚多不善之处"，因此希望"极力整顿"，方法之一就是"特派大学分科学长王及教员胡君前往英美诸国考察各该国大学之制度，以便按国情斟酌采用"。[②]

1917 年 5 月 3 日，教育部颁发《国立大学职员任用及薪俸规程》（教育部令第 30 号），其第 13 条规定："凡校长、学长、正教授每连续任职五年以上，得赴外国考察一次，以一年为限，除仍支原薪外，并酌支往返川资。"这是笔者在所查资料中所见到的国人最早建立的制度化学术休假办法，为国立大学独立制定学术休假制度提供了政策保障。朱师逖先生在研究国立各校院教授休假进修概况的时候，曾提出："早在民国六年北京政府公布的国立大学职员任用及薪俸规程便有'凡校长、学长、教师（引者注：原文如此）每连续任职五年以上，得赴外国考察一次，以一年为限，除仍支原薪外并酌支往返公费'的规定。"[③] 这也是朱师

[①]《北京大学计划书》，载王学珍、张万仓编：《北京高等教育文献资料选编（1861—1948）》，首都师范大学出版社 2004 年版，第 342 页。

[②]《派员考察大学制度》，《顺天时报》1914 年 5 月 19 日第 9 版。

[③] 朱师逖：《三年来国立各校院教授休假进修概况》，《高等教育季刊》1942 年第 2 卷第 2 期，第 50—55 页。

遂先生对国立大学学术休假政策的溯源。这里有必要解释"正教授"这一称谓的意思及其话语变迁。1918年,全国专门以上学校校长会议的议决案包括教育部交议的"培养教授及优待方法案",其中"优待教员方法"包括"改定教员名称",改定的教员名称包括正教授、教授、讲师和助教4种。"专任者称教授,兼任者称讲师;大学定特设讲座之法,任此者称正教授;专门各校不设讲座,只用教授讲师助教三种。"① 由此可见,正教授是只有大学才能设置的讲座教授名称,是大学研究所或习明纳的负责人,是大学资深的专任教员。显然,当时设置"正教授"受德国大学讲座制的影响,随着我国高等教育从仿照德国旋即转向学习美国,"正教授"称谓逐渐淡出教育界。正如陈东原先生推断,"惟自民六规定大学设正教授以来,各大迄无此种设置,故正教授仅为法定之名称,事实上并未延用。"②

《国立大学职员任用及薪俸规程》出台后,北京大学积极响应政府指令。1917年12月,理科学长夏元瑮在《北京大学日刊》公布了经评议会议决的《派遣大学教员出洋留学案》,其第1条规定:"在校连续任职五年之教授,得由大学派遣出洋留学。连续任职未满五年之教授,若志愿出洋留学时,可提出研究案于评议会,评议会投票认可时,亦得派往。"在条例外的结语部分,夏

---

① 《全国专门以上学校校长会议议决案》,载邰爽秋等主编:《历届教育会议议决案汇编》,教育编译馆1936年版,第28—29页。
② 陈东原:《论我国大学教员之资格标准与聘任制度》,《高等教育季刊》1941年第1期,第53页。

元瑮谈道:"今年五月三日教育部公布之国立大学职员任用及薪俸规程,本有'正教授、教授若双方同意,得订立长期契约'、'校长、学长、正教授每连续任职五年以上,得赴外国考察一次'等语,此次议案及议决办法虽与部章所云情形微有不同,然大致仍师其意也。"① 这说明国民政府关于学术休假的规定,引起了北京大学的重视和效仿。

北京大学不仅依据《国立大学职员任用及薪俸规程》制定了《派遣大学教员出洋留学案》,而且还拟定了《北京大学校长学长正教授派赴外国考察规程》。1918年10月22日,教育部核准了《北京大学校长学长正教授派赴外国考察规程》。经核实,《北京大学校长学长正教授派赴外国考察规程》与《国立大学职员任用及薪俸规程》在休假主体、休假目标、休假时限、休假条件(连续任职5年以上)、补偿标准5个方面做出的规定高度一致,休假主体都是大学校长、学长和正教授,休假目标都是赴外国考察,休假时长都是1年,休假条件都强调"每连续任职五年以上",补偿标准都涵盖"原薪"和"往返川资"。不同的是,《北京大学校长学长正教授派赴外国考察规程》对学术休假的规定更加具体,要求也更多,如在休假人数方面,要求同时休假人数不得超过2人;在休假报告方面,要求出国前需要拟定研究内容和研究地点并向校评议会做休假计划报告,休假结束后须向校评议会提交休

---

① 夏元瑮:《致理科各教员公函》,《北京大学日刊》1917年12月11日第2版(第22期)。

假成果报告；在补偿标准方面，除了支原薪外，还明确了往返川资、治装费和考察费的具体金额，对赴日本则另做规定；在休假时限方面，1年期后可延长。

《派遣大学教员出洋留学案》和《北京大学校长学长正教授派赴外国考察规程》的相继颁布，表明在教育史上北京大学是我国最早建立学术休假制度的国立大学。关于这一点，刘少雪教授提出《北京大学校长学长正教授派赴外国考察规程》是我国大学首创的学术休假制度。"北京大学已开始实行学术休假制度，'大学校长、学长、正教授每连续任职五年以上，得派赴外国考察一次'，考察时间为一年，但经同意后可以延长；考察人员出国前'应将其所拟研究之事务及所往之各地点作一节略报告于大学评议会'，这是国内各大学中的首创，也是北京大学注重教师培养和提高、注重国际学术交流的重要举措。"她在文章备注中解释道，"当时不是以'学术休假'名义公布的，而是以'职教员出国考察'的名义公布。"[①] 严格来说，从大学内部认可的角度而言，《派遣大学教员出洋留学案》是我国国立大学首创的学术休假制度；从政府认可的角度而言，《北京大学校长学长正教授派赴外国考察规程》是我国国立大学首创的学术休假制度。

---

① 刘少雪编：《中国大学教育史》，山西教育出版社2007年版，第65页。

三、国立大学学术休假制度之赓续

北洋政府时期，教育部在1917年颁布《国立大学职员任用及薪俸规程》之时，国立大学仅北京大学1所。也就是说，《国立大学职员任用及薪俸规程》规定校长、学长、正教授有定期出国考察的权利，在某种意义上是专为北京大学设计的，因此，北京大学积极响应并先后制定《派遣大学教员出洋留学案》和《北京大学校长学长正教授派赴外国考察规程》，也难怪教育部用《国立大学校长学长正教授派赴外国考察规程》作为北京大学的规程名称进行备案①。1918年10月30日，蔡元培在北京专门以上学校校长会议上，提出"培养教员办法"之一是"本校教员于任职若干年后，得由本校资送留学外国"，"优待教员办法"之一是"定期赴欧美研究或游历，仍支原俸"，② 这表明蔡元培校长倡导和支持学术休假制度。不久，国立大学数量扩张，加上当时政局不稳、办学经费支绌和教育总长频繁更替，教育政策的稳定性和连续性难以保证，以致教育部颁布的定期出国考察的学术休假政策，并不是每所国立大学都会施行。王运来教授摘录了国立东南大学的规定："教授任职满5年至少可休假研究1年，休假出国研究者

---

① 《国立大学校长学长正教授派赴外国考察规程》，《北京大学日刊》1918年10月30日第1版（第240期）。

② 《在北京专门以上学校校长会议提出讨论之问题》，载中国蔡元培研究会编：《蔡元培全集（第3卷）》，浙江教育出版社1997年版，第422—423页。

支原薪，并发给往返川资，但回国后至少要在学校服务2年。"①国立东南大学成立于1921年，随后在1927年6月9日改组为第四中山大学，如果王运来教授摘录的信息准确，那么可以断定国立东南大学在北洋政府时期就制定了学术休假制度。遗憾的是，原文并没有提供出处，笔者也是寻而未果。1924年7月26日，国立广东大学筹备委员会通过了《国立广东大学规程》，其第45条规定："国立广东大学教授继续服务满六年者，得依所属分科教授会议之同意，休息一年，照支全薪。"②成都大学在1927年颁布《职教员俸薪规程》，其第6条规定："凡校长、学长、教授每连续任职五年以上，得赴外国考察一次，以一年为限。除仍支原薪外并酌支往返川资。"③

为了促进科学教学和造就良好的科学教师，中华教育文化基金会决定动用美国退还的部分庚款，在物理学、化学、动物学、植物学和教育心理学5个学科领域设立科学教席，这些科学教席设于原北洋政府时期所称的国立六大高等师范学校，即当时的中央大学、北平师范大学、东北大学、武汉大学、中山大学、四川大学。1926年中华教育文化基金会制定《设立科学教席办法》，其第5条第2项规定："继续服务满六年者，休假一年，由会支给全薪一年外，加旅费，但以继续留学或考察者为限，其留学及考

---

① 王运来：《江苏高等教育的早期现代化》，人民出版社2001年版，第264页。
② 《国立广东大学规程》，《太平洋》1924年第4卷第8期，第7页。
③ 张研、孙燕京主编：《民国史料丛刊：文教·高等教育（第1104册）》，大象出版社2009年版，第113—115页。

察之地点，须经干事长赞同。"① 教育文化基金会通过设立科学教席，使部分国立大学参与培养本学科的科学教师，同时提供凡服务年满6年的科学教席学术休假机会，这开辟了在政府和大学以外独立资助学术休假的新途径。

南京国民政府成立后至抗日战争前，教育部于1927年先后制定《大学教员资格条例》和《大学教员薪俸表》，1933年颁布《国外留学规程》，至于教员的其他待遇，"余如保障、进修等项，并未制订规程。"② 不过，这并不等于学术休假制度没有引起政学两界的注意。1932年7月，全国高等教育问题讨论会在上海举行，国立暨南大学提交"国立大学应每年轮派教授出洋研究或调查某种学术研究案"，其提出的理由是，"各国学术进步，日异月新，国内学者，少得机会与之接触，必致固步自封。"主张实施的办法是，"大学教员，凡教授至三年以上而有专门研究或著述者，得由该校长酌派之；期限以一年至二年为度。于原薪外，酌给相当旅费及常用费用。"③ 1933年，山西省政府制定了《山西省资送大学教授暨专科学校专任教员留学考察办法》，其第1条规定："山西大学教授任职满五年以上时，学校认为仍需要继续担任讲座者，由院长开具履历成绩送请校长核转教育厅，呈请省政府

---

① 《教育文化基金会之设科学教席办法》，《申报》1926年2月25日第7版。
② 陈立夫：《全国高等教育概况》，教育部高等教育司1939年印行，第38页。
③ 张研、孙燕京主编：《民国史料丛刊：全国教育会议报告·乙编（第1044册）》，大象出版社2009年版，第446页。

资送国外留学并考察。"①

抗日战争前，虽然南京国民政府没有出台大学教师学术休假的相关政策，但不少国立大学却自下而上建立起学术休假制度。据笔者对大量史料的考察，发现南京国民政府成立后，建立或修改学术休假制度的国立大学逐渐增多。具体来说，在民国伊始到抗日战争前，明确建立（包括修改）学术休假制度的国立大学有同济大学（1927—1935年间就已建立，具体年份不详）、北京大学（1934年）、清华大学（1929年、1930年和1932年）、广东大学（1929年和1932年）、交通大学（1929年）、武汉大学（1930年）、山东大学（1931年和1935年）、暨南大学（1936年）、北平大学（1935年）、四川大学（1935年）10所。结合表1-2和表1-3可知，1929—1937年间的国立大学数量最多的时候有16所，它们是：国立北京大学、国立中央大学、国立交通大学、国立暨南大学、国立北京师范大学②、国立北京女子师范大学③、国立北京女子大学、国立北平大学、国立中山大学、国立成都大学、国立成都师范大学（国立四川大学合并国立成都大学与国立成都师范大学而成）、国立同济大学、国立劳动大学、国立清华大学、国

---

① 山西省政府秘书处编印:《山西省资送大学教授暨专科学校专任教员留学考察办法》，《山西省政府行政报告》1935年4月发行，第14页。
② 1933年该校李顺卿教授在休假期内往美国芝加哥大学研究植物生态学。参见:《国内植物学界新闻》，《中国植物学杂志》1934年第1卷第1期，第99—103页。
③ 国立北京女子师范大学的前身北京女子高等师范学校于1924年制定的《教职员待遇简章》中有专任教员学术休假制度，见《教职员待遇简章》，《北京女子高等师范周刊》1924年第69期，第2页。

立浙江大学、国立山东大学。据此推算，1929—1937年间至少有62.5%的国立大学建立了学术休假制度。从时间和数量两个方面来看，抗日战争前国立大学学术休假制度的发展态势较好。除了学校自己为教授休假出资外，北京大学还利用社会组织的力量为教师休假提供机会。1931年7月19日，中华教育文化基金会与北京大学签订了《北京大学与中华教育文化基金董事会合作研究特款办法》。该办法规定，中基会和北京大学暂定在1931—1935年间双方每年各出国币20万元，作为合作研究特款，"设立北大研究教授"即其用途之一，"研究教授，不得兼任校外教务或事务。研究教授，为学术上的需要，得由北大给假往国外研究一年，除支原薪外，得实支旅费，并得由顾问委员会，依其所在地之需要，酌量津贴其费用。研究教授之名额，暂定三十五名，但不必同时补足。"[1] 多所国立大学实行学术休假制度这一事实引起了教育部的重视。1937年，教育部高等教育司"鉴于近年我国各大学对于教授在校任职至相当年限，而有成绩者，常给假出国研究教育之规定"，乃发函给国立专科以上学校，以"调查本年度往国外各大学休假教授"。[2]

抗日战争期间，清华大学于1937年暂停实施学术休假制度，

---

[1]《北京大学与中华教育文化基金董事会合作研究特款办法》，载王学珍、张万仓编：《北京高等教育文献资料选编（1861—1948）》，首都师范大学出版社2004年版，第642—643页。

[2]《教育部调查各大学教授出国研究情形》，《全国学术工作咨询处月刊》1937年第3卷第2期，第50页。

1939年又恢复学术休假制度。1940年，教育部颁布《大学及独立学院教员聘任待遇暂行规程》，其第15条规定："教授连续在校服务满七年后，成绩卓著者，得离校考察或研究半年或一年。离校期间仍领原薪，但不得担任其他有给职务。"根据此规定，同年教育部紧接着制定的《二十九年度国立专科以上学校教授考察或研究办法要点》规定："国立大学及独立学院之专任教授暨国立专科以上学校专任教员，具有大学教授资格者，迄二十九年度暑假止，已连续在一校任教满七年以上成绩卓著，而未经休假进修者，由原校选送经部核准，得于二十九年度离校考察，或研究一年。"[①] 该办法是对《大学及独立学院教员聘任待遇暂行规程》中学术休假政策的细化，增强了学术休假政策的可操作性。1941年5月8日，教育部颁发第18010号训令，公布了《国立专科以上学校教授休假进修办法》[②]，该办法共有17条，涉及实施目的、实施范围与对象、休假年限、经费资助、遴选考核、休假权利与休假义务等内容。该办法的资助范围限定在国立专科以上学校，占相当比例的国立大学积极申报。在1940—1944年间，教育部共派遣106名国立专科以上学校教授休假进修，其中涉及的国立大学有国立中央大学、国立北京大学、国立清华大学、国立浙江大学、国立武汉大学、国立中山大学、国立交通大学、国立四川

[①]《教育部订定教授离校考察或研究办法》，《教育通讯（周刊）》1940年第3卷第37—38期，第4—6页。

[②] 王学珍、张万仓编：《北京高等教育文献资料选编（1861—1948）》，首都师范大学出版社2004年版，第806—807页。

大学、国立重庆大学、国立东北大学、国立暨南大学、国立西北大学、国立河南大学、国立厦门大学、国立云南大学、国立广西大学、国立湖南大学、国立复旦大学、国立同济大学 19 所。由表 1-2 可知，1940—1944 年间国立大学的数量保持在 16—23 所之间，即 1940—1944 年间至少有 82.6% 的国立大学享受过教育部资助的学术休假。

抗战胜利前不久，教育部暂停资助国立专科以上教授休假进修，国立大学陆续恢复或制定经费校助的学术休假制度，如清华大学、北京大学、交通大学、武汉大学、山东大学、河南大学就是这样。另外美国援华联合会、美国洛氏基金会和中美基金会等社会公共组织援助中国教育或制定中外学术合作办法，资助中国大学教师休假进修就是内容之一，北京大学、中山大学、山西大学、厦门大学等国立大学的部分休假教师就接受过国外政府或社会组织的资助。另外，国立河南大学和国立山西大学新建了学术休假制度，不过山西大学希望由教育部资助教员休假进修。后来国共易政，国民党离开大陆，共产党开始接收和改造国立大学，学术休假制度的历史翻开新的一页。

共产党在接收国立大学之初，学术休假制度并没有戛然而止。例如，1949 年 7 月，清华大学校委会议决："通过法律系教授赵凤喈休假 1 年"[①]，同年 8 月，清华大学校委会议决："通过各系教授下学年休假 1 年名单：中国文学系余冠英、外国语文学系陈定

---

① 清华大学校史研究室编：《清华大学一百年》，清华大学出版社 2011 年版，第 176 页。

民、生物系陈桢、地学系冯景兰、政治学系邵循正、经济学系陈岱孙、土木工程学系王裕光、机械工程学系李楫祥、社会学系陈达。"[1]1950年6月清华大学校委会"讨论教师休假问题，决定在不因教师休假而添聘教师之原则下按照去年办法办理"，同年7月，清华大学校委会"批准王竹溪、徐毓枡、高崇熙、金岳霖、赵访熊、浦江清六教授休假1年（8月7日教育部批准）"。[2]随后全国高校强调"以教学为中心"和"向苏联学习"。抗美援朝战争开始后，全国高校掀起反帝爱国的思想教育，控诉"美帝国主义的文化侵略"。1952年7月22日，由于高校院系调整和师资重新分配，教育部通知，"未经教育部批准，教师离职或调聘，学校不得予以同意，亦不得解聘教师。"[3]1952年12月31日，清华大学新任校长蒋南翔强调，"清华大学当前迫切的任务，就是要深入教育改革，破除英美资产阶级的旧教育传统。"[4]同时，高等教育采取教学与科研相分离的管理体制，"教学是压倒一切的任务"，"把教学当做一种对教师的政治待遇"，高校教师的主要工作是教学，科研无足轻重，科研条件也日渐削弱，以致当时的高校教师普遍"人心思院"，希望到科学院工作。[5]在这样的环境下，大学学术休假制度难以为继。据黄小茹和李真真的说法，"高校

---

[1] 清华大学校史研究室编：《清华大学一百年》，清华大学出版社2011年版，第177页。
[2] 同上书，第185页。
[3] 同上书，第195页。
[4] 同上书，第199页。
[5] 《请高等教育部听听我们的声音》，《光明日报》1957年5月19日第3版。

的学术假制度终止于20世纪50年代。60年代,学术假制度重新得到重视,在中国科学院,学术假曾被作为专业人才培养和发展计划内的一种形式。但之后又一度中断几十年。"[1]

国民党迁台后,因"财政更感支绌",《国立专科以上学校教授休假进修办法》于1950年8月起暂停实施。1954年12月,台湾教育主管部门为奖励专科以上学校教授进修,将《国立专科以上学校教授休假进修办法》予以废止,另订《公立专科以上学校教授休假进修办法》,[2] 政府资助的学术休假制度遂在台湾公立大学得以继续实施。

---

[1] 黄小茹、李真真:《"学术假"制度促进科研创新能力研究》,《科技促进发展》2011年第7期,第72页。
[2]《第三次中国教育年鉴》,(台湾)正中书局1957年版,第476页。

第二章　国立大学学术休假制度的制定

第一节　学术休假制度的制定目的

学术休假制度需要支付休假教师大笔的甚至是额外的费用。为什么民国时期不少国立大学宁愿花这笔钱供教师休假呢？国立大学这样做，是出于学校利益的考虑，还是教师利益的考虑，抑或其他考虑呢？虽然国立大学在学术休假制度文本中并没有直接给出答案，不过我们可以从学术休假的制度范畴与语义表述，以及大学领导者与教师言论的蛛丝马迹中，揭开国立大学制定学术休假制度的真实意图。

民国时期，国立大学基本将学术休假纳入教师待遇的范畴，学术休假条文往往包含在国立大学待遇或俸薪规程中。如成都大学的《职教员俸薪规程》、铁道部直辖交通大学的《教员待遇原则》、清华大学的《教师服务及待遇规程》、武汉大学的《教职员待遇规则》、山东大学的《教员服务及待遇规程》、四川大学的《教职员待遇规则》、广东大学的《国立广东大学规程》，这些国立大学的待遇或俸薪规章里都包含学术休假的内容。1941年教育部颁布的《国立专科以上学校教授休假进修办法》是为"奖励"国立专科以上学校教授之进修而制定的，休假进修是对教授以往工作成绩的一种肯定和报偿，学术休假属于奖励给休假教师的一种额外待遇。正因为这样，所以张友仁先生将教育部所实施的"休假进修"当做教职员的一种待遇。①"待遇"本质上就是一种利益，教师的待遇就是教师的一种利益。

除了将学术休假纳入教师待遇范畴，民国时期国立大学还视大学教师的休假进修为"教师的权利"。清华大学在1932年制定、1934年修订以及1939年再修订的《教师服务及待遇规程》中，除了均将"休假"作为单独一章列入教师待遇范围外，皆5次出现"保留其休假权利"和"享受休假权利"等相关表达；1934年制定的《国立北京大学教授休假研究规程》，4次提到"保留其休假权利"和"享受休假权利"等相关表达；1936年暨南大学制定的《教员休假规程》，5次提到"保留其休假权利"和"享受休假权利"等相关表达；1947年公布的《国立山东大学教员聘任及服务规程》，1次提及"保留其休假权利"。尽管"权利"这一概念在古代中国道德文化中具有不正当性的贬义意蕴，正所谓"君子喻以义，小人喻以利"，不过自从1864年美国传教士丁韪良在其主译的《万国公法》中首次用"权利"概念表达西文法律中"right"一词后，西方的具有个人自主性为正当的褒义概念"权利"逐渐为中国的进步知识分子所接纳。②20世纪20年代，"权

---

① 张友仁：《十年来专科以上学校教职员之待遇》，《教育通讯（半月刊）》1947年第4卷第8期，第21—30页。
② 赵明：《近代中国对"权利"概念的接纳》，《现代法学》2002年第1期，第69—75页。

利仅保持各种利益的方法"的法律学说"日渐盛行,影响权利观念者亦甚大"。获耶鲁大学法学博士学位的燕树棠先生于1922年论述了权利与利益的关系,"法律上之利益与权利之关系可从两方面观之。一方面,权利可以谓为保护利益之手段,一方面,利益可以谓为构成权利之实质。"① 因此规程中所言教师的学术休假属于教师的待遇或权利,所要表达的就是学术休假是教师理所当然应该享受的利益。

民国时期,很多大学教师也认为学术休假是大学教师的一项权利。曾在清华大学外国文学系任教的美国人毕莲教授,在写给系主任王文显的休假申请信中,就3次表达休假进修是教师的"privilege"。② 而王文显本人在写给梅贻琦校长的学术休假申请函中,也提到休假是教师的"privilege"。③ 1936年,同样在清华大学外国文学系的英国人吴可读教授在写给梅贻琦校长的学术休假申请函中,2次提及休假属于"privilege"。④ 除了外国文学系的教师这样认为外,其他学系的教师也有这样认为的,如1933年清华大学体育系一位教师写信给系主任郝更生,请求保留其学术休假这一"privilege"。⑤ 北京大学秦瓒教授在写给校长胡适先生的休假申请函中提到,"值战事爆发学校南迁……荏苒至今,又

---

① 燕树棠:《权利之观念》,《国立北京大学社会科学季刊》1924年第1卷第1期,第71页。
② 清华大学档案资料,案卷编号:1-2:1-126:1-007。
③ 清华大学档案资料,案卷编号:1-2:1-126:1-004。
④ 清华大学档案资料,案卷编号:1-2:1-126:1-063。
⑤ 清华大学档案资料,案卷编号:1-2:1-126:1-069。

经十载流离颠沛，心身交瘁，劳心之馁，亟思小休……学校准予休假一年以资休养"。[1] 历史学家陈寅恪先生在写给梅贻琦校长的信函中言及，"拟于下学年第二学期起至暑假休假半年，藉资调养。"[2] 这些反映了大学教师视学术休假为教师利益的普遍心态。

根据以上证据，可否断定大学制定学术休假制度仅仅是为了教师的利益？事实上并不尽然。如《国立四川大学教职员待遇规则》第12条规定："教授副教授继续任职满五年以上者得由学校斟酌情形给予休假一年以资进修。"[3] 该规定对教师休假期间的活动做出具体安排，指定休假时间必须用于进修。1933年，《申报》记者表达了这样的观点，"清华大学教师按照该校教师服务规程之规定：任教五年，得休假一年，休假期间并可出国研究或考察，学校给与津贴。盖一方以优待教师，鼓励长期服务；一方亦谋教师学术之深造，俾增加教育效率，造成国家专门人才之意。"[4] 1936年，清华大学校长梅贻琦提到："按本校定章，凡教师连续服务满五年以上者，得休假研究一年，此举自教师待遇方面言之，亦应视为义务。历年以来，大凡合于规程标准之教师，以学校经费限度所许，尽量资送，每年约在十人左右。或则远涉重洋，或则投身边鄙，无不尽力于学术之探讨，或实地之观察，

---

[1] 北京大学档案资料，案卷编号：BD1947056。
[2] 清华大学档案资料，案卷编号：1-2:1-126:1-068。
[3] 张研、孙燕京主编：《民国史料丛刊：文教·高等教育（第1103册）》，大象出版社2009年版，第338—342页。
[4] 《清华师大教授出洋》，《申报》1933年7月11日第15版。

或研究之结果，虽不必绳以定程，亦均有所表现也。"[1] 由此可知，清华大学实行学术休假制度，既把学术休假看做教师的待遇，亦看做对学校的义务。显然，前者是出于教师利益的考虑，给予教师学术发展或身心调养的机会；后者则出于学校利益的考虑，希望以此提升学校的科研与教学水平，培养教师忠诚于任教学校的意识和鼓励优秀教师长期服务于任教学校。1933年，时任中山大学校长的邹鲁先生发表类似观点，"实行教员休假规则，俾数年授课，得一年休养，藉以为增进学识及休养身心之机会。"[2]1937年，同济大学秘书长周尚也提出，"凡为大学教授者，除经验学识双全外，对于讲演讨论与批评，应能时时推陈出新，故乘休假之际旅行考察，以继续研究其学问实为应有之举，本校对于专任教授，已订有出国考察规程，凡服务满五年者，得休假一学期出国考察与研究，而教授之日常生活亦当更使安定，俾能专心致力于教务，凡此皆所以谋增进教育之效能也。"[3] 由此观之，国立大学制定学术休假制度，是出于教师和学校双方利益的考虑。

疑问总是接二连三。既然国立大学制定学术休假制度要考虑教师和学校双方的利益，那么到底是以学校利益为主还是教师利益为主呢？朱师辙先生一语道破天机，"它的意义不只是供给久任教授在定期服务后有较长的休养时间而已，主要地还在使他们

---

[1] 梅贻琦：《国立清华大学二十五周年纪念日致全体校友书》，《清华校友通讯》1936年第3卷第1—5期，第13—14页。
[2]《邹鲁发表意见》，《申报》1933年1月8日第4版。
[3] 周尚：《同济大学教育之展望》，《申报》1937年5月20日第17版。

有充分时间离校去实地考察或利用校外学术设备作进一步的研究或著述的整理,其结果教授本人的研究成绩固可继长增高,同时因学术新资料的吸收,教学的内容也可不致流于陈旧。"[1]其实,内容详细的大学学术休假制度,几乎无一例外地强调休假教师有返校服务的义务,这将在后文的学术休假制度内容分析中有所陈述。不难判断,民国时期国立大学实行学术休假制度的目的,是出于教师和学校双方利益的考虑,但主要还是为了学校的利益。不过从高处而言,制定学术休假制度也是为了国家的利益,因为当时"学术救国"和"学术独立"是学术界普遍的心声。1937年抗日战争全面爆发后,清华大学校务会议议决"出国研究教授暂缓出国,在国内研究者,照在校服务教授薪俸成数支薪。"[2]1940年,清华大学49名教授联合致信梅贻琦校长,要求恢复教授休假制度,旨在"学术救国"和"学术独立"。这封信的原文摘录如下:

> 同人等自流离南迁以来,骤失优良环境,重理旧业已费苦心,欲图新造更渐孤陋,长此以往,将有学术退化之惧。同人等为国家计,为学术计,每一念及,惶愧无地,此诚有及早设法补救之必要。学校当局自去年起,已恢复教师国内休假办法,然照以往用意,此仅为与国外学术无深切关系诸

---

[1] 朱师逊:《三年来国立各校院教授休假进修概况》,《高等教育季刊》1942年第2卷第2期,第50页。

[2] 清华大学校史研究室编:《清华大学一百年》,清华大学出版社2011年版,第104页。

科目而设。今我校既奉教育部明令资送出洋学生，则本校教师休假出国研究办法之恢复，其需要当不至为部方、校方所忽视。盖前者不过为应时之需，要求数量之增多，造就合于一般水准之人材急于致用；后者则为垂远之定制，期品质之提高，促学术上已有成就之人材更要求精谐，此于我国学术之独立，我校事业之发展关系极大，无俟同人等之缕述。①

第二节　学术休假制度的制定主体

学术休假制度的制定主体是指依据一定权限和程序对学术休假制度方案进行审查、修改、通过、批准和颁布的组织，也就是学术休假制度的"立法机关"。总体而言，民国时期不同国立大学学术休假制度的制定主体并不完全相同。归类来说，民国时期国立大学学术休假制度的制定主体主要有两种：一种是大学评议会，一种是大学校务会议。下面分述之。

一、评议会

"评议会"这个词语在清末时就已进入我国高等教育领域。

---

① 《金希武等49教授为恢复教授休假制度致校长信》，载清华大学校史研究室编：《清华大学史料选编（第3卷·上册）》，清华大学出版社1994年版，第285—287页。

据考察，1898年江南道监察御史李盛铎在启奏光绪皇帝时就提到："日本大学设有评议会，以各科学长及教授为议员，而大学总长为议长。凡各科废置，规制变更，皆公议而后定，又授学位有须各员评议而后酌量选授者，似宜仿照办理。"①

"评议会"在民国时期政府机构法令中的首次出现，始于首任教育总长蔡元培起草②并于1912年教育部发布的《大学令》。其第16条规定："大学设评议会，以各科学长及各科教授互选若干人为会员，大学校长可随时齐集评议会，自为议长。"第17条规定评议会有审议"各学科之设置及废止、讲座之种类、大学内部规则、审查大学院生成绩及请授学位者之合格与否、教育总长及大学校长咨询事件"的权限。③1917年的《修正大学令》第14条规定："大学设评议会，以各科学长、正教授及教授互选若干人为会员，大学校长随时召集评议会，自为议长，遇必要时得分科议事。"第15条规定评议会有审议"各学科之设立与废止、学科课程、大学内部规则、学生试验事项、学生风纪事项、教育总长及大学校长咨询事件"的职权。④1924年教育部颁布《国立大学

---

① 李盛铎：《江南道监察御史李盛铎奏京师大学堂办法折》，载王学珍、张万仓编：《北京高等教育文献资料选编（1861—1948）》，首都师范大学出版社2004年版，第74页。
② 高平叔：《蔡元培生平概述（上）》，《民国档案》1987年第3期，第87页。
③《大学令》，载王学珍、张万仓编：《北京高等教育文献资料选编（1861—1948）》，首都师范大学出版社2004年版，第305页。
④《修正大学令》，载王学珍、张万仓编：《北京高等教育文献资料选编（1861—1948）》，首都师范大学出版社2004年版，第395页。

条例令》,其第 14 条规定:"国立大学校设评议会,评议学校内部组织及各项章程暨其他重要事项,以校长及正教授、教授互选若干人组织之。"[①]教育部前后颁发的教育法令显示,在北洋政府时期,大学评议会的组成人员包括大学校长、各科学长(即后来所说的系主任或学院院长)和教授代表,审议大学"规制"、"内部规则"或"各项章程"是评议会的一项重要工作,评议会是作为大学最高的立法机构而设计的;教授是评议会的主要成员,评议会是表达教授权力的重要组织。

民国时期,学术休假制度由评议会制定的国立大学有北京大学(1918 年)、中山大学(1929 年)、清华大学、成都大学(1927 年),这可以通过表 2-1 得到确认。学术休假制度作为大学的内部规章之一,从大学的制度设计而言,其制定无疑是大学评议会的一项重要工作。不过,民国时期,大学内部制度和组织常随着国家教育政策的更改、大学办学理念的变化和大学校长的去留而更迭。这可以从北京大学评议会的兴废中得到一定的证明。

表 2-1 由评议会制定学术休假制度的国立大学

大学名称	制度名称	制定年份	依据
北京大学	《校长学长正教授派赴外国考察规程》	1918	《北京大学日刊》1918 年第 219 期第 4 版
中山大学	《国立中山大学规程》	1929	《国立中山大学规程》第 73 条

[①]《国立大学条例令》,载王学珍、张万仓编:《北京高等教育文献资料选编(1861—1948)》,首都师范大学出版社 2004 年版,第 523 页。

续表

大学名称	制度名称	制定年份	依据
清华大学	《教职员休假规程》	1929	1929年7月18日校评议会修正通过，见《清华大学一百年》
	《专任教授休假条例》	1930	1930年6月16日校评议会修正通过，见《清华大学一百年》
	《教师服务及待遇规程》	1932	1932年5月26日校评议会修正通过，见《清华大学一百年》
	《教师服务及待遇规程》	1939	1939年7月12日第二次评议会修正，见《清华大学一百年》
成都大学	《职教员俸薪规程》	1927	《职教员俸薪规程》第8条

北京大学是我国最早设立和最早实践评议会的国立大学，同时也是最早制定学术休假制度的国立大学。据考察，1915年春，胡仁源校长与文科学长夏锡祺、理科学长夏元瑮讨论达成共识，"欲整顿大学，决不应用密室、私谋制度。凡事应共同讨论研究，非有评议会不可。"[1]当年北大就设立了评议会，并且将所选评议会会员名单于1915年11月报教育部备案[2]，但"胡君亦韪其说，然卒未能行。"1916年12月26日，教育部正式任命蔡元培为北京大学校长，1917年1月4日，蔡元培赴任北京大学。为了践行教授治校的办学理念，1917年5月，蔡元培"召集评议会会员

---

[1]《北京大学内部组织记》，《申报》1917年5月3日第6版。
[2]《指令北京大学该校评议会简章及会员履历准备案文》，载王学珍、张万仓编：《北京高等教育文献资料选编（1861—1948）》，首都师范大学出版社2004年版，第390页。

选举会（全体职教员均列席）"，后"公推蔡为会长"。① 当月《大学评议会简章》出台，其第 1 条规定，评议会的组成人员包括校长、各分科预科学长及预科主任教员、各分科及预科中国专任教员（每科二人，由教员互选），第 4 条规定讨论"大学内部规则"是大学评议会的职责之一。②1918 年《国立北京大学评议会规则》正式出台，其第 1 条就规定评议会的组成人员包括"校长、学长和各科教授（每科二人）"，第 4 条也将讨论"大学内部规则"纳入大学评议会的职责范围。③ 评议会在自己的权限范围内议决通过了《派遣大学教员出洋留学案》和《校长学长正教授派赴外国考察规程》，开创了我国国立大学设立学术休假制度的先例。

北京大学评议会是为了实现教授治校和民主办学的教育理念而设计的民主组织。1919 年 12 月 3 日北京大学评议会通过《北京大学内部组织试行章程》，其第 3 章规定评议会是大学的立法机关，"会员由教授互选，额数以五人举一人为率，凡大学立法，均须由评议会通过。"④ 据《少年世界》杂志刊载，制定此章程是为了实现"国立北京大学本'教授管理'之宗旨，共和政体之精神，图行政之便利，办事之效能。"当时评议会和行政会议各负其责，

---

① 《北京大学内部组织记》，《申报》1917 年 5 月 3 日第 6 版。
② 《指令北京大学该校评议会简章及会员履历准备案文》，载王学珍、张万仓编：《北京高等教育文献资料选编（1861—1948）》，首都师范大学出版社 2004 年版，第 390 页。
③ 吴惠龄主编：《北京高等教育史料（第一集 近现代部分）》，北京师范学院出版社 1992 年版，第 22 页。
④ 《国立北京大学内部组织试行章程》，《北京大学日刊》1920 年 3 月 10 日第 2 版（第 562 期）。

"评议会代表教授之公意,辅助校长定全校大政之方针。行政会议本全校之公意,辅助校长执行全校之大政……学术方面采欧洲制,行政及事务方面采美国制。"①1920年2月,上海《申报》报道了北京大学的新组织,称评议会"司立法","评议会、行政会议两者,为北大所首倡。评议会与教务会议之会员,由教授互选,取得模克拉西之义也。行政会议及各委员会之会员,为校长所推荐,经评议会通过,半采得模克拉西主义,半采效能主义。总务长及总务委员为校长所委任,总采效能主义。盖学术重得模克拉西,事务则重效能也。"②马叙伦先生也认为,"评议会是北大首先倡办的,也就是教授治校的计划,凡是学校的大事,都得经过评议会,尤其是聘任教授和预算两项。"③1920年4月,《北京大学评议会规则修正案》通过,其第1条规定评议成员由校长和"教授互选之评议员"组成。第2条规定"评议员额数以教授全数五分之一为准"。第5条规定了评议会的议决事项,其中包括"校内各机关之设立废止及变更"与"各种规则"。④1920年10月,《北京大学章程》通过教育部备案,其第3章专门论述"评议会",提出"评议会以校长及教授互选之评议员组织之,校长为议长",规定"校内各种机关之设立、废止及变更"与"各种规则"等是

---

① 《国立北京大学内部组织试行章程》,《少年世界》1920年第1卷第1期,第36页。
② 《北京大学新组织》,《申报》1920年2月23日第7版。
③ 马叙伦:《马叙伦自述》,中国大百科全书出版社2012年版,第48页。
④ 《北京大学评议会规则修正案》,载王学珍、张万仓编:《北京高等教育文献资料选编(1861—1948)》,首都师范大学出版社2004年版,第466页。

评议会议决的事项范围。① 北京大学之所以强调设立评议会，是因为由教授会和行政会组成的双重行政管理体制，"这种组织形式还不够完善，因为缺乏立法机构。因此又召集所有从事教学的人员选出代表，组成评议会。这就是为许多人称道的北京大学'教授治校'制。"②

北京大学评议会在实践的过程中遭遇大学内部不同利益团体力量的左右，以致成为不同利益派别相互排挤和相互争斗的工具。③ 不仅如此，北京大学评议会还以学校名义对外表达主张和立场。沈尹默曾提到，1917 年以后，"评议会掌握了学校实权，对外行文。"④ 令人意想不到的是，北京大学部分教授甚至利用评议会的平台和力量干预教育部。1918 年发布的《国立北京大学评议会规则》第 4 条规定，评议会有讨论"凡关于高等教育事项将建议于教育总长者"的权力，1920 年修订的《北京大学评议会规则修正案》第 5 条规定，评议会议决的事项包括"凡关于高等教育事项将建议于教育部者"，这在一定程度上为教授向外部伸张权利提供了合法依据。1925 年 1 月，北京女高师学生反对教育部委派

---

① 《北京大学章程》，载王学珍、张万仓编：《北京高等教育文献资料选编（1861—1948）》，首都师范大学出版社 2004 年版，第 476 页。

② 蔡元培：《中国现代大学观念及教育趋向》，载王学珍、张万仓编：《北京高等教育文献资料选编（1861—1948）》，首都师范大学出版社 2004 年版，第 542 页。

③ 于胜刚：《回望与凝思：北京大学评议会制度的历史变迁（1915—1932）》，《高教探索》2013 第 5 期，第 129—130 页。

④ 沈尹默：《我和北大》，载钟叔河、朱纯编：《过去的大学》，长江文艺出版社 2005 年版，第 30 页。

杨荫榆任该校校长，并成立学生自治会发起"驱杨运动"，杨荫榆采取措施镇压学生运动。时任教育总长的章士钊支持杨荫榆的做法，同时借整顿风潮的名义强硬解散与停办女师大，最后宣布将女师大改组为女子大学。为了抗议此事，1925年8月北京大学评议会开会讨论脱离教育部事宜，虽然赞成方与反对方辩论激烈，但评议会的投票结果是通过了赞成方的提议。紧随其后，北京大学评议会以学校名义多次上书教育部，反对章士钊任教育总长，表达北京大学脱离教育部的决议，这就是史说的北京大学"脱离教部"事件。①北京大学部分教授在评议会运行过程中以民主的名义在校内排斥异己和谋取私利，在校外以学校名义发难教育部，使教育部受到评议会强大力量的威胁。结果，北京大学评议会不仅逐渐远离组织设计的初衷，而且为教育部在法令中消除评议会埋下隐患，同时为北大新任校长削弱评议会的权力提供了可能。

南京国民政府成立后，中央集权有所加剧，教育部加紧了对大学的管理，大学自治的空间缩小，大学评议会在政府法令中的消逝就是一个典型的例子。1927年，受张作霖指派任教育总长的刘哲主张合并包括北京大学在内的京师九校，合并后的学校定名为国立京师大学校，同年8月教育部公布《国立京师大学校组织大纲》，大纲中没有评议会，但增加了由校长与学长组织的校务会议。紧接着1927年9月教育部公布了《国立京师大学校校务会议规程》，从规程内容来看，实际上意味着校务会议取代了评

---

① 《致评议会书》，《北京大学日刊》1925年8月22日第1版（第1748期）。

议会。在此次并校过程中,北京大学实际上并不积极,甚至仍然自行其是,以致大学院制废止后不久即从北平大学(京师大学校效仿法国大学制而使用的新校名)中独立出来。不过,这并没有阻止北京大学评议会消逝的命运。1930年12月4日,经蔡元培推荐,蒋梦麟被蒋介石任命为北京大学校长。虽然蒋梦麟在蔡元培掌校期间长期代理北大校长职务,能够秉承蔡元培的办学理念和执行北京大学内部规章制度,但环境的变化和个人理念的差异,蒋梦麟在正式执掌北大校长后并没有完全萧规曹随,他提倡"教授治学"的办学理念和设立校务会议就是明证。1932年蒋梦麟亲自主持起草《国立北京大学组织大纲》,其第14条规定:"本大学设校务会议,以校长、秘书长、课业长、图书馆长、各院院长、各学系主任及全体教授、副教授选出之代表若干人组织之,校长为主席。"其第15条规定校务会议议决的事项包括"大学内部各项规程",[①]而且"评议会"这个词语没有出现在《国立北京大学组织大纲》中,这实际宣告了校务会议代替评议会的事实。1934年北京大学校务会议制定了《教授休假研究规程》,其第11条还规定:"本规程如有未尽事宜,得由本校务会议修订之。"[②]正是由于政治制度环境的改变和大学校长办学理念的差异,导致大学组织设置更替,北京大学学术休假制度的制定主体由评议会转变为

[①]《国立北京大学组织大纲》,载王学珍、张万仓编:《北京高等教育文献资料选编(1861—1948)》,首都师范大学出版社2004年版,第656—657页。

[②]《国立北京大学教授休假研究规程》,载王学珍、张万仓编:《北京高等教育文献资料选编(1861—1948)》,首都师范大学出版社2004年版,第692页。

校务会议。

就收集到的资料来看，民国时期自始至终由评议会制定和修改学术休假制度的国立大学是清华大学。1929年7月18日，清华大学评议会修正通过《教职员休假规程》；1930年6月16日，清华大学评议会议决通过《专任教授休假条例》和《教员助教休假及研究津贴条例》；1932年5月26日清华大学评议会议决通过《国立清华大学教师服务及待遇规程》，其中第7章的主题即"休假"；1934年2月28日清华大学评议会修正通过《教师服务及待遇规程》第57条条文，此条文是第7章"休假"的内容之一；1934年5月23日清华大学评议会修正通过《教师服务及待遇规程》第7章，而第7章的主题仍是"休假"；1939年7月12日第二次评议会修正通过《国立清华大学教师服务及待遇规程》，其中第七章的主题还是"休假"。不过，虽然评议会仍是清华大学学术休假制度的制定主体，但其组成人员在发生变化。[1]1928年9月的《国立清华大学条例》规定，评议会成员"以校长、教务长、秘书长及教授会所互选之评议员四人组织之"。1929年发布的《国立清华大学规程》第14条提出，国立清华大学评议会"以校长、教务长、秘书长、各院长及教授会所互选之评议员七人组织之"，并且将"议决重要章制"纳入评议会的职权范围。[2]

---

[1]《清华学校组织大纲》，载王学珍、张万仓编：《北京高等教育文献资料选编（1861—1948）》，首都师范大学出版社2004年版，第562—563页。

[2]《国立清华大学规程》，载王学珍、张万仓编：《北京高等教育文献资料选编（1861—1948）》，首都师范大学出版社2004年版，第607页。

总体而言，评议会是或曾经是国立大学制定大学学术休假制度和表达教授权利的一种重要组织。

二、校务会议

"校务会议"在民国时期政府法令中的出现，就笔者目力所及，始于1926年颁布的《国民政府对于大学教授资格条例之规定》，规定"大学之校务会议为审查教员资格之机关"。[1] 不过此规定并未明确校务会议的组成人员。1927年8月31日教育部公布《国立京师大学校组织总纲》，其第10条规定："国立京师大学校设校务会议，议定关于全校之重要事务，由校长及学长组织之，开会时以校长为主席。"[2] 1927年9月教育部公布的《国立京师大学校校务会议规程》明确了校务会议的职权，其第2条提出校务会议议定的事项包括"各科部之教育计划、各科部之组织、各科部之预算、各科部之教授之聘任、各科部公共事项、其他有关全校之重要事项"。[3] 1929年国民政府公布《大学组织法》，其第15条提出大学设"以全体教授、副教授所选出之代表若干人，及校长、各学院院长、各学系主任"组织的校务会议，第16条提出

---

[1]《教育界消息》，《教育杂志》1926年第18卷第9期，第8—9页。
[2]《国立京师大学校组织总纲》，载王学珍、张万仓编：《北京高等教育文献资料选编（1861—1948）》，首都师范大学出版社2004年版，第577页。
[3]《国立京师大学校校务会议规程》，载王学珍、张万仓编：《北京高等教育文献资料选编（1861—1948）》，首都师范大学出版社2004年版，第578页。

校务会议的职权包括审议"大学预算、大学学院学系之设立及废止、大学课程、大学内部各种规则、关于学生试验事项、关于学生训育事项、校长交议事项"7个方面，①评议会则没有出现在《大学组织法》中。这表明，在南京国民政府时期，校务会议作为大学内部立法机关以法律形式确定下来，评议会则没有获得法律上的认可。对比1924年教育部《国立大学条例令》规定的评议会职权和1929年国民政府《大学组织法》规定的校务会议职权，两者的内容基本一样，只是校务会议增加了审议"大学预算"这一项，这足以在政府法令上表明，校务会议取代了评议会。1948年国民政府公布的《大学法》仍然延续《大学组织法》的组织要求，没有提及"评议会"组织，而且其第19条规定："大学设校务会议，以校长、教务长、训导长、总务长、各学院院长、各学系主任及教授代表组织之，校长为主席。教授代表之人数，不得超过前项其他人员之一倍，亦不得少于前项其他人员之总数。"第20条规定校务会议有审议"预算、学院学习研究所及附设机构之设立变更与废止、教务训导及总务上之重要事项、大学内部各种重要章则、校长交议及其他重要事项"的权力，校务会议的职权前后基本不变。或许正是由于《大学组织法》的出台，为校务会议组织的建立和以校务会议为代表的大学行政权力的扩张提供了法律保障。因此从政府的政策主张而言，1926年以后，

---

① 《大学组织法》，载王学珍、张万仓编：《北京高等教育文献资料选编（1861—1948）》，首都师范大学出版社2004年版，第609页。

校务会议逐渐取代评议会成为大学最高的立法机构，大学学术休假制度应该由校务会议制定，这或许是北京大学学术休假制度制定主体变更的重要原因。因此除了清华大学以外，南京国民政府时期，绝大部分国立大学的学术休假制度由校务会议制定。

除了1934年北京大学的《教授休假研究规程》由校务会议制定以外，还有广东大学、北平大学、山东大学（1930—1932年称为国立青岛大学）、暨南大学、西北大学、河南大学等国立大学的学术休假制度明确提出由校务会议制定，这可以从表2-2中得到印证。表2-2中所列制度皆关涉学术休假，其中"相关内容"一栏要么强调由校务会议批准通过该规则或规程，要么强调由校务会议修正该规则或规程。实际上，武汉大学《大学教职员待遇规则》是由第八十八次校务会议于1930年9月8日修正通过，[①] 国立山东大学《教员服务及待遇规程》是第三十一次校务会议于1935年1月10日修正通过，[②] 国立山东大学《教员聘任及服务规程》是第九次校务会议于1947年7月11日通过。[③]

[①] 张研、孙燕京主编：《民国史料丛刊：文教·高等教育（第1095册）》，大象出版社2009年版，第206—209页。

[②] 《国立山东大学教员服务及待遇规程》，《国立山东大学周刊》1935年第109期，第1—2页。

[③] 《国立山东大学教员聘任及服务规程》，《国立山东大学校刊》1947年第21期，第6—9页。

表 2-2　由校务会议制定学术休假制度的国立大学

大学名称	制度名称	制定年份	相关内容或依据
广东大学	《国立广东大学规程》	1924	第七十条　本规程由大学校长或全校教授五分之一之提议，经校务会议之议决得修改之。但此项修改与现行大学法令有抵触时须提经政府裁可。
武汉大学	《教职员待遇规则》	1930	第十六条　第十三条至十五条规定之施行细则由校务会议另定之。
北平大学	《教授休假及出国研究规则》	1935	第九条　本规则经校务会议通过后公布施行，如有未尽事宜，得由校长提出校务会议修正之。
北京大学	《教授休假研究规程》	1934	第十一条　本规程如有未尽事宜，得由本校务会议修订之。
山东大学	《教职员待遇规则》	1931	第十六条　本规则如有未尽事宜，由校务会议修改之。
	《教员服务及待遇规程》	1935	第三十三条　本规程如有未尽事宜由校务会议修改之。
	《教员聘任及服务规程》	1947	第四十三条　本规程经校务会议通过并呈奉教育部核准后施行。
暨南大学	《教员休假规程》	1936	第十七条　本规程经校务会议通过后由校长公布施行，如有未尽事宜，得由校长提交该会议修正之。
西北大学	《教员休假进修办法》	1947	《国立西北大学校刊》(1947年复刊29号第2版)记载：本年度本校第一次校务会议通过教员休假进修办法。
河南大学	《专任教员休假办法草案》	1947	第八条　本办法经提交校务会议通过后实行。

从部令条文来看，评议会和校务会议是或者曾经是民国时期国立大学的最高立法机关（清华大学例外，评议会和校务会议共存，但评议会为学校最高立法机关），组成人员都包括校长、学长（院长）和教授。所不同的是，评议会是在"教授治校"理念指导下做出的制度设计，教授在评议会成员中的比例较大；校务会议原是"校长治校"理念下做出的制度选择，但在实际运行中演变成了"共同治理"理念下的制度安排。不过无论是评议会还是校务会议，它们都是一种民主决策制度，教授代表在大学最高立法机构中都占据重要席位，因此在决策中有一定的话语权。

　　需要指出的是，并不是所有国立大学学术休假制定的主体要么是评议会，要么是校务会议，如1948年中山大学的《教授休假办法由行政会议规定》[1]；1948年交通大学第一次教授会全体大会"修正通过教授休假进修案"[2]，此时交通大学的教授会"为本校最高评议机构"，其会员为"凡本校专任教授副教授"。[3]

---

[1]《教授休假办法由行政会议规定》，《国立中山大学校报》1948年第16期，第3页。
[2]《教授会全体大会修正通过教授休假进修案》，《交大周刊》1948年第41期，第1版。
[3]《国立交通大学教授会简章》，载《交通大学校史》撰写组编：《交通大学校史资料选编（第二卷）》，西安交通大学出版社1986年版，第677页。

第三节　学术休假制度的文本形态

　　制度文本是由特定主体用语言和符号创制的具有一定规范作用的书面载体。通过研究制度文本的外在形态和内部结构与内容，可以在一定程度上判断该制度的完备与成熟程度。在分析前，有必要先交代一下已收集到的学术休假制度文本，它们包括：北京大学的《校长学长正教授派赴外国考察规程》[①]和《教授休假研究规程》、清华大学的《专任教授休假条例》[②]和《教师服务及待遇规程》(包括1932年版[③]和1939年修订版[④])、青岛大学的《教职员待遇规则》[⑤]、山东大学的《教员服务及待遇规程》和《教员聘任及服务规程》、北平大学的《教授休假及出国研究规则》[⑥]、暨南大

[①]《北京大学校长学长正教授派赴外国考察规程》，载王学珍、张万仓编：《北京高等教育文献资料选编(1861—1948)》，首都师范大学出版社2004年版，第420页。

[②] 王学珍、张万仓编：《北京高等教育文献资料选编(1861—1948)》，首都师范大学出版社2004年版，第623页。

[③] 同上书，第691页。

[④] 清华大学校史研究室编：《清华大学史料选编(第3卷·上册)》，清华大学出版社1994年版，第274—281页。

[⑤] 张研、孙燕京主编：《民国史料丛刊：文教·高等教育(第1090册)》，大象出版社2009年版，第305—307页。

[⑥] 张研、孙燕京主编：《民国史料丛刊：文教·高等教育(第1064册)》，大象出版社2009年版，第520—521页。

学的《教员休假规程》[1]、中山大学的《国立广东大学规程》[2]、《国立中山大学规程》(1929年[3]和1932年[4])、交通大学的《教员待遇原则》[5]和《教授休假进修办法》[6]、成都大学的《职教员俸薪规程》[7]、武汉大学的《教职员待遇规则》[8]、四川大学的《教职员待遇规则》[9]、山西大学的《教员聘任待遇及服务办法》[10]和河南大学的《专任教员休假办法草案》[11],这些文本材料是分析学术休假制度的主要依据。遗憾的是,虽然西北大学制定了《教授休假进修办法》[12],但笔者没有找到该文本而没有将其纳入文本分析之中。

---

[1]《教员休假规程》,《暨南校刊》1936年第160期,第8—9页。
[2]《国立广东大学规程》,《太平洋》1924年第4卷第8期,第7页。
[3]《国立中山大学规程》,《国立大学联合会月刊》1929年第2卷第3期,第9—16页。
[4]《国立中山大学规程》,《广东省政府公报》1932年第210期,第108页。
[5]《铁道部直辖交通大学教员待遇原则》,《吉长吉敦线铁道局公报》1929年第318期,第19—22页。
[6] 王宗光主编:《上海交通大学史(第四卷)》,上海交通大学出版社2011年版,第385—386页。
[7] 张研、孙燕京主编:《民国史料丛刊:文教·高等教育(第1104册)》,大象出版社2009年版,第113—115页。
[8] 张研、孙燕京主编:《民国史料丛刊:文教·高等教育(第1095册)》,大象出版社2009年版,第206—209页。
[9] 张研、孙燕京主编:《民国史料丛刊:文教·高等教育(第1103册)》,大象出版社2009年版,第338—342页。
[10] 张研、孙燕京主编:《民国史料丛刊:文教·高等教育(第1070册)》,大象出版社2009年版,第256—257页。
[11]《专任教员休假办法草案》,《河南大学校刊》1947年第15期,第2页。
[12]《本校教授休假进修办法遵照部令办理》,《国立西北大学校刊》1947年第29期,第12页。

一、外在形态

学术休假制度文本的外在表现形式主要是指学术休假制度的条款与字数情况。由表2-3可以看出，在21部有关学术休假制度的文本中，有12部学术休假制度文本的条数和款数都超过6，字数都在200个以上，它们是北京大学（1918年和1934年）、清华大学（1929年、1930年、1932年和1939年）、北平大学、山东大学（1935年和1947年）、暨南大学、交通大学（1948年）和河南大学，其中条款数和字数最多的是清华大学，其在1932和1939年所制定的学术休假制度条款数均达到19，而且字数均在1200个以上。总的来说，这些大学的学术休假制度内容比较详细。另外，有8部学术休假制度文本条数和款数都是1，且字数都在两位数以内，他们是广东大学（中山大学前身）、中山大学（1927年和1932年）、武汉大学、青岛大学、成都大学、四川大学、山西大学；1929年交通大学学术休假制度条数和款数是2，用字仅128个。很显然，当时这些大学的学术休假制度内容非常简略。

需要指出的是，1929年交通大学在其学术休假制度《教员待遇原则》条款"教员之优待办法"的后面提出，"关于上项办法之实施细则由学校自行拟定呈部核正"。1930年武汉大学《教职员待遇规则》第16条规定："第十三条至十五条规定之施行细则由校务会议另定之。"可惜笔者多方收集，目前还没有见到其施行细则。从时间维度而言，在20世纪30年代以后，不管从国立大学总体情况来看还是从一所国立大学学术休假制度条文前后的变化来看，国立大学的学术休假制度的条款和字数日益增多，这在一定程度上说明国立大学的学术休假制度开始走向深入。

表2-3 学术休假制度文本的外在形态

序号	大学名称	有关学术休假制度的文本名称	制定年限	条数	款数	字数	条文特征
1	北京大学	《校长学长正教授派赴外国考察规程》	1918	6	6	213	详细
2	广东大学	《国立广东大学规程》	1924	1	1	46	简略
3	成都大学	《职教员俸薪规程》	1927	1	1	51	简略
4	中山大学	《国立中山大学规程》	1929	1	1	74	简略
5	交通大学	《教员待遇原则》	1929	2	2	128	简略
6	清华大学	《教职员休假规程》	1929	8	8	370	详细
7	清华大学	《专任教授休假条例》	1930	7	9	556	详细
8	武汉大学	《教职员待遇规则》	1930	1	1	35	简略
9	青岛大学	《教职员待遇规则》	1931	1	1	34	简略
10	清华大学	《教师服务及待遇规程》	1932	19	19	1281	详细
11	中山大学	《国立中山大学规程》	1932	1	1	65	简略
12	北京大学	《教授休假研究规程》	1934	12	14	483	详细

续表

序号	大学名称	有关学术休假制度的文本名称	制定年限	条数	款数	字数	条文特征
13	北平大学	《教授休假及出国研究规则》	1935	9	10	448	详细
14	山东大学	《教员服务及待遇规程》	1935	8	8	394	详细
15	暨南大学	《教员休假规程》	1936	17	17	841	详细
16	四川大学	《教职员待遇规则》	1937	1	1	79	简略
17	清华大学	《教师服务及待遇规程》	1939	19	19	1329	详细
18	山东大学	《教员聘任及服务规程》	1947	10	10	539	详细
19	山西大学	《教员聘任待遇及服务办法》	1947	1	1	70	简略
20	河南大学	《专任教员休假办法草案》	1947	6	6	269	详细
21	交通大学	《教授休假进修办法》	1948	13	13	539	详细

二、内部结构

学术休假制度的内部结构是指学术休假制度的内容维度。为了全面了解民国时期国立大学学术休假制度内容的主要结构，笔者根据所收集的21部学术休假制度文本，并结合国外学者所提出的学术休假构成要素，做出如下统计，结果如表2-4所示。

第二章 国立大学学术休假制度的制定　95

表 2-4　学术休假制度的内容维度

序号	大学名称	休假目标	开放对象	先期服务年限	时间长度	补偿标准	返校要求	休假计划	休假报告	人数限额	小计	条文特征
1	北京大学	√	√	√	√	√	√	√	√	√	9	详细
2	广东大学	√	√	√	√	√					5	简略
3	成都大学	√	√	√	√	√					5	简略
4	中山大学	√	√	√	√	√				√	6	简略
5	交通大学	√	√	√	√	√			√		6	简略
6	清华大学	√	√	√	√	√	√			√	7	详细
7	清华大学	√	√	√	√	√	√	√		√	8	详细
8	武汉大学	√	√	√	√	√					5	简略
9	青岛大学	√	√	√	√	/	√	/	/	/	5	简略
10	清华大学	√	√	√	√	√	√	√	√	√	9	详细
11	中山大学	√	√	√	√	√				√	6	简略
12	北京大学	√	√	√	√	√	√	√	√	√	8	详细

续表

序号	大学名称	休假目标	开放对象	先期服务年限	时间长度	补偿标准	返校要求	休假计划	休假报告	人数限额	小计	条文特征
13	北平大学	√	√	√	√	√	√	√		√	8	详细
14	山东大学	√	√	√	√	√	√	√		√	8	详细
15	暨南大学	√	√	√	√	√	√	√	√	√	9	详细
16	四川大学	√	√	√	√	√			√		5	简略
17	清华大学	√	√	√	√	√	√	√	√	√	9	详细
18	山东大学	√	√	√	√	√	√	√		√	8	详细
19	山西大学	√	√	√	√	√					5	简略
20	河南大学	√	√	√	√	√	√		√	√	6	详细
21	交通大学	√	√	√	√	√	√	√	√	√	9	详细
	小计	21	21	21	21	20	12	10	6	14		

说明：此表格中的序号与表2-3对应，表格中的"√"表示"内容不详"（此处仅有青岛大学强调"按照契约"，而契约内容不详），"√"表示该主题被提及，空格表示该主题没有被提及。

不难看出，国立大学的学术休假制度无一例外都涉及的内容主题是学术休假的活动目标、学术休假的开放对象、休假人员的先期服务年限、学术休假时间长度，绝大部分的国立大学都明确了学术休假的补偿标准。相比较而言，条文简略的学术休假制度比较忽略休假后返校服务要求、休假人数、提交休假计划和休假报告；条文详细的学术休假制度则比较强调休假后返校服务要求、休假人数、提交休假计划，但同时也比较忽略休假结果的反馈。总体而言，学术休假制度的内容结构主要有学术休假目标、学术休假的开放对象、休假人员的先期服务年限、学术休假时间长度、学术休假的补偿标准、休假后返校服务要求、休假人数、休假计划与休假报告的提交等9个维度。

第四节　学术休假制度的基本内容

　　虽然制度的制定是制度执行的前提和依据，但只有内容明确具体的制度，其操作性才会强。为了全面地了解民国时期国立大学学术休假制度的具体内容，进而理解和解释学术休假制度的多样化实施状况，有必要根据前面所说的学术休假的8个要素维度（在此将休假计划和休假报告合并起来谈），结合相关的学术休假制度条文，对国立大学学术休假制度的具体内容条分缕析。

一、活动目标

大学休假教师有半年或至 1 年的休假时间，在此期间休假教师有"免于教学的义务"。既然如此，大学会不会对休假教师的时间用途有所规定或者干预呢？通过查阅和分析 12 所国立大学先后出台的 21 部学术休假制度文本，发现国立大学学术休假制度中所表述的休假目标有 4 种（见表 2-5）。

表 2-5 国立大学学术休假活动目标的规定

大学名称	活动目标	文本依据	制定年限
北京大学	赴外国考察	《校长学长正教授派赴外国考察规程》	1918
	休假或研究	《教授休假研究规程》	1934
成都大学	赴外国考察	《职教员俸薪规程》	1927
中山大学	休息	《国立广东大学规程》	1924
	休息	《国立中山大学规程》	1929
	考察研究	《国立中山大学规程》	1932
交通大学	研究	《教员待遇原则》	1929
	考察或研究（进修）	《教授休假进修办法》	1948
清华大学	休息或研究	《教职员休假规程》	1929
	休假或研究	《专任教授休假条例》	1930
	休假或研究（调查）	《教师服务及待遇规程》	1932
	休假或研究（调查）	《教师服务及待遇规程》	1939

续表

大学名称	活动目标	文本依据	制定年限
武汉大学	考察或研究	《教职员待遇规则》	1930
山东大学	休假	《教职员待遇规则》	1931
	休假、研究	《教员服务及待遇规程》	1935
	休假、研究或进修	《教员聘任及服务规程》	1947
北平大学	休假或研究	《教授休假及出国研究规则》	1935
暨南大学	休假或研究（调查）	《教员休假规程》	1936
四川大学	研究或进修	《教职员待遇规则》	1937
山西大学	考察或研究	《教员聘任待遇及服务办法》	1947
河南大学	休假	《专任教员休假办法草案》	1947

第一种是休息或休假。有4部学术休假制度直接用"休息"或"休假"来表述学术休假的全部活动目标，有8部将"休假"或"休息"作为大学学术休假的可选择活动目标之一。合起来讲，共有12部学术休假制度条文用"休息"或"休假"表达教师的休假活动目标，这从一个侧面印证学术休假是大学给予教师的一项福利或待遇。

第二种是研究。有15部学术休假制度用"研究"来表述学术休假的部分或全部活动目标，其中清华大学、暨南大学的研究活动包含调查；在1948年交通大学制定的《教授休假进修办法》中，研究属于进修的一种方式。

第三种是考察。有6部学术休假制度用"考察"或"赴外国考察"来表述学术休假的活动目标。之所以这样表述，部分大学可能是受了1917年教育部出台的《国立大学职员任用及薪俸规程》的影响，后者就用"赴外国考察"来表达学术休假的活动目标。

第四种是进修。有3部学术休假制度用"进修"来表述学术休假的活动目标，此时的进修基本等同于考察或研究。之所以如此，交通大学和山东大学可能受1941年教育部出台的《国立专科以上学校教授休假进修办法》的影响，后者就是用进修来表达"考察或研究"，四川大学的学术休假制度创立在教育部《国立专科以上学校教授休假进修办法》之前，但透过条文，可知其中的进修等同于"研究"。

国立大学学术休假的活动目标共有4种，不同大学活动目标的表述不尽相同，有的大学的表述方式仅1种，有的2种或3种。这是否意味着只用"休息"来表述休假活动目标的国立大学，如中山大学（1924年）只提到"休息"，可否说明中山大学视教师的学术休假为纯粹的福利呢？休假教师是否可以因此而将教学事务或研究事项完全搁置起来不闻不问呢？曾在1924年任中山大学校长的邹鲁先生发表了这样的看法，"实行教员休假规则，俾数年授课，得一年休养，藉以为增进学识及休养身心之机会。"[①] 可见，即使学术休假制度中只提"休息"的国立大学，在注重身心休养的同时，依然强调要增进学识，特别在1933

---

① 《邹鲁发表意见》，《申报》1933年1月8日第4版。

年，中山大学重新规定学术休假的目标，将其仅限于"考察研究"。另外，有些大学虽然用的是"休假"，而且没有限定休假时间的用途，但往往提出"若休假"、"欲休假"，就提供研究费、旅费等支持措施，以此激励教师利用休假机会从事"研究、进修或调查"，清华大学、山东大学、北平大学、暨南大学和1934年后的北京大学就是如此。这些大学在视休假为教师一项权利或福利的同时，还间接表达了对休假教师研究或进修的期望。

在12所国立大学先后制定的21部学术休假制度中，有71.4%的国立大学学术休假活动目标的表述中都含有"研究"，而且这种休假目标在4种休假目标中所占比例最大，这进一步说明学术研究是学术休假制度设立的主要目的。此外，北京大学《校长学长正教授派赴外国考察规程》和成都大学《职教员俸薪规程》用"赴外国考察"来表达休假的活动方式，四川大学《教职员待遇规则》仅用"进修"来表达休假的活动方式，武汉大学《教职员待遇规则》和上海交通大学《教授休假进修办法》用"考察或研究"来表达休假的活动方式，铁道部直辖交通大学《教员待遇原则》用"研究"来表达休假的活动方式，这些大学直接要求教师在休假期间从事学术活动。

由此可见，各个大学制定学术休假制度，给予教师休假的机会，但并不是希望休假教师如闲云野鹤般无所事事，而是希望休假教师"休"而"不息"，"闲"而"不辍"，即在休养身心的同时，努力研究高深学问，提高学术水平。这些都验证了前文所述国立大学所设立的学术休假制度，是一种教师和学校双方互惠的教育制度设计。

二、申请对象

要弄清国立大学学术休假制度的申请对象资格要求,就有必要根据国立大学学术休假制度条文,对其申请对象的相关要求进行爬梳和整理。结果发现,在制度设计上,国立大学对享受学术休假的专任教师的职务资格等级进行了限制,所有国立大学学术休假制度的申请对象限于专任教师而不是兼课教师,所有国立大学的学术休假制度都对教授或专任教授开放;少数国立大学如北平大学、暨南大学、四川大学的学术休假对象对副教授开放;暨南大学和1935年后山东大学的学术休假制度还对专任讲师开放,只有交通大学(1929年)和清华大学(1932年和1939年)对校内全体专任教师开放(见表2-6)。需要说明的是,由于本书研究的休假主体主要是教师,因此1929年清华大学《教职员休假规程》中的休假对象"职员"不在研究之列。

表2-6 国立大学学术休假申请对象的规定

大学名称	开放对象	文本依据	制定年限
北京大学	校长、学长、正教授	《校长学长正教授派赴外国考察规程》	1918
	教授	《教授休假研究规程》	1934
成都大学	校长、学长、教授	《职教员俸薪规程》	1927

续表

大学名称	开放对象	文本依据	制定年限
中山大学	专任教授	《国立广东大学规程》	1924
	专任教授	《国立中山大学规程》	1929
	教授	《国立中山大学规程》	1932
交通大学	专任教师	《教员待遇原则》	1929
	专任教授	《教授休假进修办法》	1948
清华大学	教授	《教职员休假规程》	1929
	专任教授	《专任教授休假条例》	1930
	专任教师	《教师服务及待遇规程》	1932
	专任教师	《教师服务及待遇规程》	1939
武汉大学	专任教授	《教职员待遇规则》	1930
山东大学	专任教授	《教职员待遇规则》	1931
	专任教授、专任讲师	《教员服务及待遇规程》	1935
	专任教师	《教员聘任及服务规程》	1947
北平大学	专任教授、专任副教授	《教授休假及出国研究规则》	1935
暨南大学	专任教授副教授或专任讲师	《教员休假规程》	1936
四川大学	专任教授、专任副教授	《教职员待遇规则》	1937
山西大学	教员（实际是教授）	《教员聘任待遇及服务办法》	1947
河南大学	专任教授	《专任教员休假办法草案》	1947

根据上面的观点，不免产生疑问，为什么国立大学享受学术

休假的教师主要限于教授而不是普通教员？细细考量，其主要原因可能有三：

一是办学经费有限。民国时期许多国立大学处在创立阶段，这需要大量经费去扩充和充实基本设施。除此之外，民国时期国立大学的经费状况总体上也不乐观，经常出现东挪西借或入不敷出的困境。在办学经费有限和学术休假制度需要额外费用的情况下，许多大学不得不对学术休假的申请对象做出限制，这导致大学难以将休假进修权利扩大到广大的普通教师。

二是为了增强休假的效能。相比较而言，大学教授的研究意识、研究基础、研究能力和研究资源总体上强于或多于普通教师，即大学教授的学术生产力强于普通教师的学术生产力，大学在相同的投入下，大学教授的学术产出率通常普遍高于普通教师的学术产出率，所以国立大学的学术休假对象主要是教授。正是因为这个缘故，所以即使清华大学的《教师服务及待遇规程》规定全体教员有学术休假的权利，但无论是1932年制定的《教师服务及待遇规程》还是1939年修订的《教师服务及待遇规程》，都对准备申请休假的讲师和助教提出了"成绩优异"和"拟有具体计划"的要求。清华大学助教杨凤岐为了获得出国休假研究的机会和证明自己"成绩优异"，不仅找"孔繁鹭、雷海宗、陈寅恪、刘崇鋐"作为推荐者，而且在申请信中强调过去5年的研究业绩。[①]

[①] 清华大学档案资料，案卷编号：1-2:1-126:1-055。

三是为了优待教授。所有国立大学无一列外地规定休假制度的开放对象是教授，也是出于优待教授的考虑。教授是大学的灵魂，是学术研究的主体群体，是推动大学提升学术水平的主体力量，是大学声誉和生命力的重要保证。大学校长深知学术水平高的教授对大学生存和发展的价值，因此不惜用优厚待遇吸引和留住学术造诣深的知名教授。

三、先期服务年限

我国的学术休假制度是移植西方的产物。最初学术休假的西文"Sabbatical Leave"表达的就是周期循环休养的意思，因此民国时期学术休假制度在学术圈也常被称为"轮休"制度。民国时期大学教师需要工作多少年才有权申请学术休假呢？从所查资料来看，国立大学学术休假的先期服务年限没有统一规定，所有制定了学术休假制度的国立大学都规定大学教师工作5—7年后就有权申请休假（见表2-7）。

表 2-7　国立大学学术休假先期服务年限的规定

大学名称	先期服务年限要求	文本依据	制定年限
北京大学	5 年	《校长学长正教授派赴外国考察规程》	1918
	5 年（第二次须 6 年）	《教授休假研究规程》	1934
成都大学	5 年	《职教员俸薪规程》	1927

续表

大学名称	先期服务年限要求	文本依据	制定年限
中山大学	6 年	《国立广东大学规程》	1924
	5 年	《国立中山大学规程》	1929
	5 年	《国立中山大学规程》	1932
交通大学	7 年	《教员待遇原则》	1929
	7 年	《教授休假进修办法》	1948
清华大学	5 年	《教职员休假规程》	1929
	5 年	《专任教授休假条例》	1930
	5 年	《教师服务及待遇规程》	1932
	6 年（1948 年始首次须 7 年）	《教师服务及待遇规程》	1939
武汉大学	5 年	《教职员待遇规则》	1930
山东大学	5 年	《教职员待遇规则》	1931
	5 年	《教员服务及待遇规程》	1935
	7 年	《教员聘任及服务规程》	1947
北平大学	5 年	《教授休假及出国研究规则》	1935
暨南大学	5 年	《教员休假规程》	1936
四川大学	5 年	《教职员待遇规则》	1937
山西大学	7 年	《教员聘任待遇及服务办法》	1947
河南大学	7 年	《专任教员休假办法草案》	1947

关于国立大学学术休假的先期服务年限，有两点需要注意，

第一点就是我国国立大学提出首次休假的先期服务年限以5年居多（占66.7%）。之所以如此，主要原因可能有二：第一，北洋政府时期学术休假政策的导向作用。1917年《国立大学职员任用及薪俸规程》规定先期服务年限为5年，紧接着北京大学明确指出仿照这一政策制定本校的学术休假制度。这种先期制定的政策和制度对后来者有一定的导向作用，有些国立大学难免会效仿这种制度设计。第二，尽快缩小与西方国家的师资水平差距。我国学术力量薄弱，图书资料匮乏，学术设备落后，尤其是大学师资整体水平与世界先进国家相比有很大的距离。为了更好更快地培植大学教师，就需要大学教师与外界沟通交流，尤其是需要与外国学术界保持频繁联系。在当时交通不便和信息闭塞的环境下，大学制定的先期服务年限要求不长的学术休假制度有利于为教师提供更多机会走出校门和国门与外界交流思想，沟通信息和利用外界资源。马大英在谈到大学教师的培植问题时，指出："现行制度，教师有休假之例，休假的本意在进修，而现时则成为兼差的最好时机，太可惜了。这种制度应该充分有效利用，我认为十年休假一年，时间太长了，应该改成三年休假一年。"[①]这反映了当时人们急切提高大学教师学术水平的一种认识和心态。

第二点需要引起注意的是，抗日战争爆发后，国立大学基本上都延长了学术休假制度的先期服务年限。其中主要原因可能也有二：一是国家投入战争经费增多，国立大学办学经费日益紧张，

---

① 马大英：《如何培植大学教师》，《政衡》1947年第2卷第5期，第135页。

延长休假的先期服务年限可以节约部分教育经费；二是抗日战争和解放战争爆发后，教师流动加剧，导致许多大学难以聘任到教授，保证大学正常的教学秩序就成为令人头疼的问题，因此延长休假的先期服务年限就是一种解决教学问题的办法。1948年，有人以《教授请休假　清华感恐慌》为题，报道清华大学因教授休假而引起的教授稀缺现象，从中可以感受到当时全国大学因内迁而引起的教授数量恐慌问题，其内容摘录如下：

  清华大学本学期申请下学年休假的教授，一共有二十余位，而限定的名额只有十位，所以该校当局，很感到为难。
  在教授恐慌的今天，假使大批教授休假的话，清华必定要患"贫血症"。因此同学们为了这事都很心焦。①

另外，部分国立大学在30年代对已经享受1次学术休假权利者，对其再次休假一般都提出"续加1年"的先期服务年限规定，或者在新修订的学术休假制度中，普遍较之前规定的先期服务年限时间长，这可能是经费限制和教授数量不足的缘故。如1934年清华大学修订的《国立清华大学教师服务及待遇规程》第45条规定："本大学教授如按照本规程连续服务满五年而本大学愿续聘其任教授者，得休假一年，……但曾经休假一次者，须连续服务六年，方得再享休假权利。" 1934年《国立北京大学教授

---

① 《教授请休假　清华感恐慌》，《燕京新闻》1948年3月22日第2版。

休假研究规程》第 1 条规定:"本大学教授连续服务满五年者,得请求休假一年,……曾经休假一次者须连续服务六年方得再请休假。"[1]1935 年《国立山东大学教员服务及待遇规程》第 23 条规定:"本大学教授及专任讲师连续服务满五年者得请求休假一年或半年,……其曾经休假一次者须连续服务六年方得再请休假。"[2]1936 年暨南大学制定的《教员休假规程》第 2 条规定:"本大学教授或副教授在校连续服务满五年者,得休假半年至一年。但曾经休假一次者,须连续服务六年方得再享休假权利。"[3]国立北平大学《教授休假及出国研究规则》第 5 条规定:"曾经休假或出国研究之教授副教授,须返校连续服务六年方得再请休假或出国研究。"[4]

四、时间限度

学术休假制度给予大学教师的休假时间不同于一般节假日的休假时间,这个时间通常比较长。从表 2-8 中可知,民国时期,国立大学的学术休假时间有"1 年"、"1 年或半年"、"半年至 1 年"三种方式。在 12 所国立大学前后制定(包括修订)的 21

---

[1] 王学珍、张万仓编:《北京高等教育文献资料选编(1861—1948)》,首都师范大学出版社 2004 年版,第 692 页。
[2] 《国立山东大学教员服务及待遇规程》,《国立山东大学周刊》1935 年第 109 期,第 1—2 页。
[3] 《教员休假规程》,《暨南校刊》1936 年第 160 期,第 8 页。
[4] 张研、孙燕京主编:《民国史料丛刊:文教·高等教育(第 1064 册)》,大象出版社 2009 年版,第 520—521 页。

部学术休假制度文本中，其中以1年为限的最多，有14部（占66.7%）；有6部规定"1年或半年"；只有暨南大学规定休假时间可以是"半年至1年"。

表2-8 国立大学学术休假时间长度的规定

大学名称	时间长度	文本依据	制定年限
北京大学	1年（但得延长）	《校长学长正教授派赴外国考察规程》	1918
	1年或半年	《教授休假研究规程》	1934
成都大学	1年	《职教员俸薪规程》	1927
中山大学	1年	《国立广东大学规程》	1924
	1年	《国立中山大学规程》	1929
	1年	《国立中山大学规程》	1932
交通大学	1年	《教员待遇原则》	1929
	1年	《教授休假进修办法》	1948
清华大学	1年或半年	《教职员休假规程》	1929
	1年或半年	《专任教授休假条例》	1930
	1年或半年	《教师服务及待遇规程》	1932
	1年或半年	《教师服务及待遇规程》	1939
武汉大学	1年	《教职员待遇规则》	1930
山东大学	1年	《教职员待遇规则》	1931
	1年或半年	《教员服务及待遇规程》	1935
	1年	《教员聘任及服务规程》	1947
北平大学	1年	《教授休假及出国研究规则》	1935

续表

大学名称	时间长度	文本依据	制定年限
暨南大学	半年至1年	《教员休假规程》	1936
四川大学	1年	《教职员待遇规则》	1937
山西大学	1年	《教员聘任待遇及服务办法》	1947
河南大学	1年	《专任教员休假办法草案》	1947

之所以休假时长规定"1年"的最多,主要原因可能是希望教员有相对充裕的时间出国进修或研究,这可以从国立大学的相关学术休假制度条文中窥见一二。1934年《国立北京大学教授休假研究规程》第5条规定:"凡休假教授赴美或日本研究者,其在国外研究期间须在十个月以上。"[①]国立北平大学《教授休假及出国研究规则》第2条规定:"本大学现任教授副教授连续服务至五年以上欲请求出国……研究期间暂定一年,由出国日起至回国日止,至少须满十个月。"[②]1935年《国立山东大学教员服务及待遇规程》第25条规定:"凡休假教授及讲师赴欧美或日本研究者其在国外研究期间须在十个月以上。"[③]1936年暨南大学制定的《教

---

① 王学珍、张万仓编:《北京高等教育文献资料选编(1861—1948)》,首都师范大学出版社2004年版,第692页。

② 张研、孙燕京主编:《民国史料丛刊:文教·高等教育(第1064册)》,大象出版社2009年版,第520—521页。

③ 《国立山东大学教员服务及待遇规程》,《国立山东大学周刊》1935年第109期,第1—2页。

员休假规程》第6条规定:"本大学教授或副教授在休假期内赴欧美或日本研究者,由出国日起至回国日止,须满十个月;赴南洋各国研究调查须满六个月。"①1939年《国立清华大学教师服务及待遇规程》第51条规定:"本大学教授、副教授,在休假期内,赴欧美或日本研究者,由出国日起,至起程回国日止,须满十个月,不满十个月者,其研究费,应按月减发。"②北京大学、北平大学、山东大学、暨南大学和清华大学都要求出国研究者特别是赴欧美研究者必须满10个月,实际上在很大程度上是鼓励出国休假者潜心研究或考察,避免浮光掠影式的研究或考察。

五、补偿标准

教职员在学术休假期间,有的大学规定可以选择休息,也可以选择从事研究,有的大学规定必须从事研究或考察活动。不管做出何种选择,都有这样或那样的疑问需要回答:教职员休息1年和休息半年的补偿标准是否存在差别?如果教职员选择休息,那么其在校外兼事和不兼事的补偿标准是否存在差别?教师赴国外研究和留在国内研究的补偿标准是否存在差别?

---

①《教员休假规程》,《暨南校刊》1936年第160期,第8页。
②清华大学校史研究室编:《清华大学史料选编(第3卷·上册)》,清华大学出版社1994年版,第274—281页。

表 2-9　国立大学学术休假补偿标准的规定

大学名称	文本依据	制定年限	补偿前提	补偿标准
北京大学	《校长蔡元培教授派赴外国考察规程》	1918	外国考察	原薪＋往返川资＋考察费＋治装费
北京大学	《教授休假研究规程》	1934	休息	半薪（不兼事）
北京大学	《教授休假研究规程》	1934	赴欧美研究	全薪＋川资
北京大学	《教授休假研究规程》	1934	赴日本研究	全薪
北京大学	《教授休假研究规程》	1934	赴国内研究	半薪＋旅行＋研究费用
成都大学	《职教员俸薪规程》	1927	外国考察	原薪＋酌支返川资
中山大学	《国立广东大学规程》	1924	休息	全薪
中山大学	《国立中山大学规程》	1929	休息	全薪
中山大学	《国立中山大学规程》	1932	考察研究	全薪
交通大学	《教员待遇原则》	1929	研究	全薪＋旅费
交通大学	《教授休假进修办法》	1948	考察或研究	原薪

续表

大学名称	文本依据	制定年限	补偿前提	补偿标准及其前提	
				补偿标准	补偿标准
清华大学	《教职员休假规程》	1929	国内休息1年	半薪（不兼职）	
			休息半年	全薪（不兼职）	
			国外研究	全薪（无旅费），超1年无薪	
	《专任教授休假条例》	1930	休息1年	半薪（不兼职）	
			休息半年	全薪（不兼职）	
			国外研究	半薪＋月费＋学费＋旅费	
	《教师服务及待遇规程》	1932	休息1年	半薪（不兼事）	
			休息半年	全薪（不兼事）	
			赴外国研究	半薪＋川旅费＋研究经费	
			国内研究	全薪＋旅费（若调查）	
	《教师服务及待遇规程》	1939	休息1年	半薪	
			休息半年	全薪	
			赴外国研究	半薪＋川旅费＋研究经费	
			国内研究	全薪＋旅费（若调查）	

续表

大学名称	文本依据	制定年限	补偿前提	补偿标准
武汉大学	《教职员待遇规则》	1930	考察或研究	原薪
山东大学	《教员服务及待遇规程》	1935	休息	半薪（不兼有给职务）
			赴欧美研究	全薪
			赴日本研究	原薪额的 2/3 + 酌补旅费
	《教员聘任及服务规程》	1947	国内研究	半薪 + 酌量补助费
			休息 1 年	原薪（不兼有给职务）
			研究	原薪 + 补助费
北平大学	《教授休假及出国研究规则》	1935	休息	半薪（不兼事）
			出国研究	原薪 + 酌补旅费
暨南大学	《教员休假规程》	1936	休息 1 年	半薪（不兼事）
			出国研究	原薪 + 酌给来往川资
			国内研究	原薪 + 酌给旅费（考察）
四川大学	《教职员待遇规则》	1937	国内研究	原薪
			国外研究	原薪
山西大学	《教员聘任待遇及服务办法》	1947	考察研究	半薪
河南大学	《专任教员休假办法草案》	1947	休假	原薪（不兼有给职务）

由表2-9可知，每所国立大学的休假教师都有薪俸补偿，但休假期间兼事（山东大学强调兼有给职务）的教职员则无薪俸补偿。在同一大学内，若不申请研究，休假半年比休假1年补偿高（按月计算）；申请研究比不申请研究（如休息）的补偿标准高；赴国外研究比留在国内研究的补偿标准高；赴欧美研究比赴日本研究的补偿标准高。

为什么会出现不同的补偿标准呢？实际上，任何一项制度设计，都必须考虑该制度建立的主旨和用意。如前文所述，学术休假制度是一种有利于实现教师和学校双方互惠互利的制度，但主要是为了校方利益。大学鼓励休假教师休假而不兼事，目的是为了教师能通过完全的休息达到休养身心的效果，从而能以更加忠诚的态度和健康的身体投入学校的工作，相反，如果在校外兼事，那么教师就难有时间和精力休养身心和安心治学，虽然教师个人可能得利，但学校的利益就受损了。大学鼓励不从事研究的教师休养半年而不是1年，就是希望教职员以较短的时间休养身心，这样既能够使教师以饱满的精神重新投入教育与学术事业，又尽可能节约大学的办学经费。赴国外研究的补偿标准之所以高于留国内研究的补偿标准，一方面是因为客观上出国的川资花费高，另一方面是因为在国内的学术水平普遍落后于西方国家的情况下，鼓励休假教师出国交流和学习，有利于提升休假教师自身的学术水平和大学的教学质量与科研水平，从而改善我国学术落后的面貌。实际上，这种分类补偿的做法有利于满足学校的利益。

六、返校服务要求

休假教师有返校服务的要求是衡量和判断学术休假制度价值导向的一个重要方面。通过文本分析（见表2-10）发现，学术休假内容规定详细的国立大学，除了北京大学（1918年）和河南大学外，一般都提出休假教师有"返校服务的义务"（或"经继续聘任者得休假"）。在1929年以前国立大学制定的学术休假制度，内容普遍非常简略，往往就是一句话而已，一般都不规定休假教师返校服务的问题，这可能主要是因为当时国立大学把学术休假制度当做一种设想进行架构，大部分国立大学还没有条件付诸实施。需要指出的是，1929年交通大学的休假规则比较简略，没有直接提及返校服务的问题，但教育部在核准的文件中指出交通大学的休假实施细则由学校自行拟定，而且强调教师在休假期间产出的研究成果"版权归学校所有"。1930年以后，除了新纳入国立大学行列的国立河南大学和国立山西大学以及休假制度简略的国立四川大学外，国立大学一般都明确指出休假教师有返校服务的义务，要求"至少返校服务一年"。类似的情况还有，1930年武汉大学《教职员待遇规则》中仅第13条涉及学术休假制度，而且内容比较简略，没有直接提出返校服务的要求，不过其第16条提出："第十三条至十五条规定之施行细则由校务会议另定之。"1930年武汉大学制定的《资送本校教员出国研究规则》的第4条指出："凡依本规则出国研究者回国后有至少在本校服务三年之义务。不履行前条义务者应即归还本校所给旅费及留学费全部。"[1] 这从侧面说明，武汉大学对休假教师提出了返校服务的要求。

表 2-10　国立大学教职员休假后返校服务的规定

大学名称	文本依据	制定年限	休假条文特征	返校服务要求 有要求	返校服务要求 服务年限
北京大学	《校长学长正教授派赴外国考察规程》	1918	详细		
北京大学	《教授休假研究规程》	1934	详细	√	至少1年
成都大学	《职教员俸薪规程》	1927	简略		
中山大学	《国立广东大学规程》	1924	简略		
中山大学	《国立中山大学规程》	1929	简略		
中山大学	《国立中山大学规程》	1932	简略		
交通大学	《教员待遇原则》	1929	简略		实施细则由学校自行拟定（著作版权归学校所有）
交通大学	《教授休假进修办法》	1948	详细	√	规定不详
清华大学	《教职员休假规程》	1929	详细	√	不续职则无休假权
清华大学	《专任教授休假条例》	1930	详细	√	至少1年
清华大学	《教师服务及待遇规程》	1932	详细	√	至少1年
清华大学	《教师服务及待遇规程》	1939	详细	√	至少1年

---

[1] 张研、孙燕京主编：《民国史料丛刊：文教·高等教育（第1095册）》，大象出版社2009年版，第310页。

续表

大学名称	文本依据	制定年限	休假条文特征	返校服务要求 有要求	返校服务要求 服务年限
武汉大学	《教职员待遇规则》	1930	简略		
山东大学	《教职员待遇规则》	1931	简略	√	继续聘任者
山东大学	《教员服务及待遇规程》	1935	详细	√	规定不详
山东大学	《教员聘任及服务规程》	1947	详细	√	至少1年
北平大学	《教授休假及出国研究规则》	1935	详细	√	规定不详
暨南大学	《教员休假规程》	1936	详细	√	至少1年
四川大学	《教职员待遇规则》	1937	简略		
山西大学	《教员聘任待遇及服务办法》	1947	简略		
河南大学	《专任教员休假办法草案》	1947	详细		

说明：此表中空格表示该校学术休假制度没有规定对应栏目的内容，"√"表示该校学术休假制度提及对应栏目的内容。

根据民国时期国立大学学术休假制度对休假教师返校服务要求的发展趋势，可以判断越来越多的国立大学要求休假教师必须返校服务。大学之所以愿意支付休假教师高额的薪俸，甚至还要出额外的经费资送休假教师从事进修或考察活动，主要原因可能是大学把学术休假当做一种投资活动，休假教师通过休假期间的休养、进修或考察，其健康、知识、能力和资源空间都可以获得不同程度的增值或进步，增值的休假教师通过返校服务促进大学的发展。

七、计划与报告要求

休假教师一般有半年或 1 年的自由支配时间，如何使休假教师在享受自由的同时不忘记自身的责任，是管理者需要考虑的问题。实际上，为了提高休假的效能，要求教师在休假前提交休假计划和在休假后提交休假报告（或者进行口头报告）是常用的管理手段。那么，民国时期的国立大学是否要求教师在休假前提交休假计划和在休假结束后提交休假报告呢？

表 2-11 提交休假计划与休假报告的规定

大学名称	文本依据	制定年限	休假条文特点	休假计划要求	休假报告要求
北京大学	《校长学长正教授派赴外国考察规程》	1918	详细	报告计划	报告
	《教授休假研究规程》	1934	详细	具体计划	
成都大学	《职教员俸薪规程》	1927	简略		
中山大学	《国立广东大学规程》	1924	简略		
	《国立中山大学规程》	1929	简略		
	《国立中山大学规程》	1932	简略		
交通大学	《教员待遇原则》	1929	简略		审查出版
	《教授休假进修办法》	1948	详细	计划	详具报告

续表

大学名称	文本依据	制定年限	休假条文特点	休假计划要求	休假报告要求
清华大学	《教职员休假规程》	1929	详细		
	《专任教授休假条例》	1930	详细	具体计划	
	《教师服务及待遇规程》	1932	详细	具体计划	报告
	《教师服务及待遇规程》	1939	详细	具体计划	报告
武汉大学	《教职员待遇规则》	1930	简略		
山东大学	《教职员待遇规则》	1931	简略		
	《教员服务及待遇规程》	1935	详细	具体计划	
	《教员聘任及服务规程》	1947	详细	具体计划	
北平大学	《教授休假及出国研究规则》	1935	详细	具体计划	
暨南大学	《教员休假规程》	1936	详细	具体计划	详具报告
四川大学	《教职员待遇规则》	1937	简略		
山西大学	《教员聘任待遇及服务办法》	1947	简略		
河南大学	《专任教员休假办法草案》	1947	详细		

说明：此表中空格表示没有规定相对应栏目的要求。

通过相关的文本分析（见表2-11），发现凡是休假条文简略的大学，既没有提交休假计划的要求，也没有提交休假报告的要求，如前文所言，这可能与当时学术休假制度处于草创阶段有关，休假制度还不完善。相反，休假条文详细的大学，一般要么有提交休假计划的要求，要么有提交休假报告（或者进行口头报告）的要求，要么既要求提交休假计划也要求提交休假报告（或者进行口头报告）。① 当然，要求提交休假计划或提交休假报告（包括进行口头报告）的对象，往往是在休假申请函中明确提出从事研究或考察活动的教师。比较休假计划和休假报告提交要求的大学，如果仅考虑学术休假制度内容详细的，就会发现，大学更重视休假计划的拟定，相对忽视休假结果的评价。

国立大学除了要求校方资助的教师提交休假计划或提交休假报告（包括进行口头报告）外，对于教育部资助休假进修的教师，大学也会根据教育部的要求进行管理。1941年教育部颁发《国立专科以上学校教授休假进修办法》，其第6条要求学校上缴"休假进修教授之进修计划"，第9条规定："请予休假进修教授之进修计划，就分列考察或研究之题目、程序、地点、时间、预期结果及备考，并由拟具者签名盖章。"第16条规定："进修教授进修期满两个月内应就考察或研究结果详具报告，呈送教育部备核。"② 国立大学一般会按照教育部的要求敦促休假教师提交休假材料。

---

① 河南大学例外，虽然有比较详细的休假制度，但没有要求提交休假计划和休假报告。
② 王学珍、张万仓编：《北京高等教育文献资料选编（1861—1948）》，首都师范大学出版社2004年版，第806—807页。

八、人数限额

表 2-12 国立大学学术休假的人数限额规定

大学名称	文本依据	制定年份	相关内容
北京大学	《校长学长正教授派赴外国考察规程》	1918	第一条 （全校）同时不得过二人。
北京大学	《教授休假研究规程》	1934	第十一条 本大学教授每年休假人数，每学系不得超过一人。 补充：每年全校休假研究教授总额以七人为限。①
清华大学	《教职员休假规程》	1929	第三条 各学系每年休假人数，以不妨害前项规定之实行为限，但至多不得过二人。
清华大学	《专任教授休假条例》	1930	第六条 各学系每年休假人数，以不妨害前项规定之实行为限，但至多不得过二人。
清华大学	《教师服务及待遇规程》	1932	第五十四条 本大学教授，每年休假人数，每学系教授人数在十一人以下者，不得过二人，满十二人者，至多不得过三人。 第六十条 本大学专任讲师、教员及助教休假者，每年每学系共不得过一人。
清华大学	《教师服务及待遇规程》	1939	第五十六条 本大学教授、副教授，每年休假人数，每学系教授人数在十一人以下者，不得过二人；满十二人者，至多不得过三人。 第六十二条 本大学专任讲师、教员及助教休假者，每年每学系共不得过一人。

① 1935 年 4 月 24 日北京大学校务会议通过教授休假研究规程补充原则，其中包括"每年全校休假研究教授总额以七人为限"。见：王学珍、郭建荣主编：《北京大学史料（第二卷·一：1912—1937）》，北京大学出版社 1993 年版，第 440—441 页。

续表

大学名称	文本依据	制定年份	相关内容
中山大学	《国立中山大学规程》	1932	第十条 每一学系在同一学年中不得有二人以上之教授出外考察研究。
山东大学	《教员服务及待遇规程》	1935	第二十九条 本大学教授及专任讲师每年休假人数每学系不得超过一人。
山东大学	《教员聘任及服务规程》	1947	第四十条 本大学教授、副教授，每年休假人数，每学系最多二人，每年之享受国外研究补助者每系最多一人，其教授副教授人数在十人以上者得增为最多二人。
北平大学	《教授休假及出国研究规则》	1935	第四条 同年度内休假及出国研究之教授副教授，每学院以二人为限。
暨南大学	《教员休假规程》	1936	第十一条 本大学教授、副教授或讲师每年休假人数不得超过六人，每学院总数不得超过二人。
交通大学	《教授休假进修办法》	1948	第四条 教授休假进修，每年每系暂定一人，其教授人数在八人以上者至多二人，总数由学校按照经费情形决定之。
武汉大学	《教授休假申请核准程序》	1948	第二条 一系不得同时有二人休假；一系以不连续两年有人休假为原则。
河南大学	《专任教员休假办法草案》	1947	第三条 休假人数每年暂以二人至四人为度。

表2-12表明，国立大学一般以每年每系或每学院为单位来确定休假人数，大多数国立大学都要求每年每系休假教师人数至多1人，少数国立大学如清华大学和1947年后的山东大学要求

每年每系休假教师至多2人；北平大学、暨南大学等少数国立大学要求每年每学院至多2人。有些大学对全校每年休假教师的总人数也做出具体规定，如北京大学、暨南大学和河南大学就是这样。清华大学、交通大学还根据每学系教授的总数弹性决定休假教师的名额，教授多的学系则相应增加休假教授的名额。另外，山东大学还对出国休假的教师人数做出限制。

为什么国立大学会对学术休假人数做出限定呢？这样限定出于何种考虑？笔者通过细致阅读学术休假制度条文，发现国立大学限定学术休假人数，可能依据两个原则：

一是以不影响正常教学为原则。享受学术休假的教师，一般都会暂时离职，因此休假期间会终止其教学任务。为了不影响正常的教学秩序，国立大学对学术休假人数做出限定。如1935年山东大学《教员服务及待遇规程》第28条规定："本大学因课程关系经校务会决议得延缓休假时间。"第30条规定："本大学各学系不得因教授或专任讲师休假而增聘教授及讲师。"[①]1934年北京大学《教授休假研究规程》第12条规定："本大学各学系不得因教授休假而增聘教授，但于必要时得延聘讲师。"[②]1936年暨南大学《教员休假规程》第12条规定："本大学各学系不得因教授休假而增聘教授，但于必

---

① 《国立山东大学教员服务及待遇规程》，《国立山东大学周刊》1935年第109期，第1—2页。

② 《国立北京大学教授休假研究规程》，载王学珍、张万仓编：《北京高等教育文献资料选编（1861—1948）》，首都师范大学出版社2004年版，第692页。

要时得酌聘兼任教员。"①1947年河南大学的《专任教员休假办法草案》第4条规定,"以不影响院系课程为原则"②。

二是以学校经费可承受为原则。学术休假制度的实施需要昂贵的投资成本,因为实施学术休假制度,不仅要支付休假教师的全薪或半薪,而且有的学校还要支付休假教师来往川资、考察费、研究费甚至治装费。北京大学《校长学长正教授派赴外国考察规程》规定,除支考察员在校原薪全数外,还得支付出国川资600元、治装费300元、回国川资600元、每月与部定欧美留学生学费同等的考察费。③国立成都大学的学术休假制度规定"除仍支原薪外并酌支往返川资"④,国立北平大学《教授休假及出国研究规则》第2条规定:"本大学现任教授副教授连续服务至五年以上欲请求出国研究者应提出研究之具体计划,经各该学院院务会议审定,校长核准后,得支全薪作为研究费,并酌支川资。"⑤暨南大学《教员休假规程》第5条规定:"本大学教授或副教授如欲在休假期内赴国外研究,除支全薪外,由本大学酌给来往川资。"第7条规定:"本大学教授或副教授在休假期内赴国内远地调查者

---

① 《教员休假规程》,《暨南校刊》1936年第160期,第8—9页。
② 《专任教员休假办法草案》,《河南大学校刊》1947年第15期,第2页。
③ 王学珍、张万仓编:《北京高等教育文献资料选编(1861—1948)》,首都师范大学出版社2004年版,第420页。
④ 张研、孙燕京主编:《民国史料丛刊:文教·高等教育(第1104册)》,大象出版社2009年版,第115页。
⑤ 张研、孙燕京主编:《民国史料丛刊:文教·高等教育(第1064册)》,大象出版社2009年版,第521页。

得酌给旅费。"① 正因为需要支付休假教师相当的费用，而大学办学经费也紧张，因此国立大学不得不根据学校的经费情况限定休假人数总额。

一方面不能影响正常教学，另一方面办学经费有限，所以国立大学的学术休假制度条文中屡次这样表述，如果遇到"经费困难情形"或"因教务或课业关系"，则保留"延期休假"的权利，或者强调"不得因休假而增聘教授或教师"。作为培养人才和科学研究的教育机构，国立大学做出这种限制是无可厚非的。

第五节　学术休假申请核准程序

教师不会自动享受学术休假。教师要想真正享受学术休假，就必须通过一定的程序或过程来实现学术休假制度的预期价值，这个过程就是学术休假活动的申请核准程序。从理论上来讲，一个完整的学术休假流程包括申请、受理、批准、执行、评估五个前后衔接的环节，实际上就是学术休假计划实现的完整过程。不过执行学术休假计划是大学教师的一项自主权，大学一般不会对实施过程进行干预，因此在此所说的学术休假申请核准程序，主要是指学术休假计划申请、受理、批准、评估四个环节。

为了全面了解民国时期国立大学学术休假的程序规定，就需

---

①《教员休假规程》，《暨南校刊》1936年第160期，第8页。

要考察内容全面详细的学术休假制度文本，因为学术休假活动运行过程的内容必须具有可操作性，只有内容全面详细的学术休假制度文本才会深入到这一层次。根据前文国立大学学术休假制度的内容规定可知，内容详细的学术休假制度主要有：北京大学的《校长学长正教授派赴外国考察规程》和《教授休假研究规程》、清华大学的《专任教授休假条例》和《教师服务及待遇规程》（包括1932年制定和1939年修订的两版）、山东大学的《教员服务及待遇规程》和《教员聘任及服务规程》、北平大学的《教授休假及出国研究规则》、暨南大学的《教员休假规程》、交通大学的《教授休假进修办法》[1]和河南大学的《专任教员休假办法草案》[2]。另外，有些国立大学在学术休假制度实施过程中所制定的有关条文，如1948年武汉大学制定的《教授休假申请核准程序》[3]，与本内容紧密相关，也一并作为考察和分析的重要文本依据。

一、申请

在申请阶段，从理论上讲，申请者需要了解申请资格要求、清楚申请时间、填写申请材料、明确申请程序。关于申请资格，民国时期国立大学学术休假的对象主要面向教师，而教师群体中

---

[1] 王宗光主编：《上海交通大学史（第四卷）》，上海交通大学出版社2011年版，第385—386页。
[2]《专任教员休假办法草案》，《河南大学校刊》1947年第15期，第2页。
[3]《教授休假申请核准程序》，《国立武汉大学周刊》1948年第377期，第4页。

又主要面向职务层次较高的教授。关于申请时间，1935年4月26日国立北京大学发出布告，要求"休假研究教授应于每年4月10日前提出研究计划"[①]，1948年武汉大学提出"限每年二月底以前"申请，其他大学在条文中都没有提及这一点。关于申请材料，北京大学、清华大学、北平大学、暨南大学、山东大学等都强调要填写详细的研究计划，至于计划的具体内容，除了1918年北京大学要求拟定"研究之事务及所往之各地点"外，一般都没有硬性规定。此外，暨南大学要求写申请书或申请函，清华大学和北京大学要求赴远地考察或旅游者须填写详细的旅费预算。

1940年教育部出台的《二十九年度国立专科以上学校教授考察或研究办法要点》，对申请材料提出了较为具体的要求，其第4条提出申请材料包括"姓名、年龄、籍贯、学历、经历、在校服务年月（自到校服务迄二十九年暑假）、教授科目、实支薪给、服务期间之成绩、研究成绩及著作"[②]等10项内容，不过该办法要点是针对1940年拟参加由教育部资助出国进修的教授而制定的临时性文件。1941年教育部颁布《国立专科以上学校教授休假进修办法》后，申请教育部资助的休假进修教授就需要按照部令要求提交申请材料，即个人履历表和进修计划，其中履历表所涉及的内容与1940年的办法要点内容一样，包括申请者的"姓名、年龄、

[①] 王学珍、王效挺、黄文一、郭建荣主编：《北京大学纪事（1898—1997）》，北京大学出版社2008年版，第216页。

[②] 《教育部订定教授离校考察或研究办法》，《教育通讯（周刊）》1940年第3卷第37—38期，第4—6页。

籍贯、学历、经历、在校服务年月、教授科目、每月实支薪给、研究及著作名称、服务期间成绩等项",进修计划包括"考察或研究之题目、程序、地点、时间、预期结果及备考"等内容。[①] 不过,这些详细要求只是针对教育部所资助休假进修的教授而提出的。

二、受理

在受理阶段,作为申请者,需要清楚受理的主体及其层级;作为受理者,需要明白受理的任务要求,主要包括审查申请者的资格、接收休假计划以及筛选申请者。

关于受理的主体与层级(见表2-13),各个国立大学的做法不尽相同,有的要求直接向校级组织或个人申请,如1918年的北京大学要求向评议会报告考察计划,1948年的武汉大学要求"以书面向学校申请",1947年山东大学要求教授、副教授"详具计划送校";有的要求直接向院或系级组织或个人申请,如1934年的北京大学和1935年的山东大学均要求向"系务会议"申请,1947年的山东大学要求"讲师讲员及助教"向"院长系主任"申请;有的还需要层层申请,如1930年的清华大学规定需要向系主任、院长、校长层层申请,1936年3月清华评议会议决,"本届应行休假教授及教员助教提出的研究计划,由教务长及各学院院

---

① 王学珍、张万仓编:《北京高等教育文献资料选编(1861—1948)》,首都师范大学出版社2004年版,第806—807页。

长组织审查委员会参照以往服务成绩加以审查再行提会讨论"[①]。

表2-13 国立大学学术休假活动运行中的管理主体

大学名称	年限	受理者	批准者	评估者
北京大学	1918	评议会		评议会
	1934	系务会议	校务会议	
清华大学	1930	系主任、院长、校长	评议会	
	1932		评议会	评议会
	1939		评议会	评议会
北平大学	1935	院务会议	校长	
暨南大学	1936		行政会议	不详，但要留存报告
山东大学	1935	系务会议	校务会议	
	1947	校级受理，受理教授副教授的主体不详	校务会议	
		院长、系主任是讲师讲员及助教的受理主体		
河南大学	1947		校长行政谈话会	
交通大学	1948	系科（受理主体不详）	聘任委员会	不详，但要求详具报告
武汉大学	1948	校级受理（受理主体不详）		

说明：此表格中空格表示该栏目内容"不详"或"不明确"。

---

① 清华大学校史研究室编：《清华大学一百年》，清华大学出版社2011年版，第94页。

关于受理者的任务，从相关的学术制度条文中可知主要有四：一是判断审查申请者的资格，包括审查申请对象的资格是否符合休假要求，前期服务年限是否达到学校规定；二是审查休假计划的经费预算是否符合规定要求，如清华大学要求所花旅费"总数不得过五百元"[①]，北京大学要求"旅行及研究费用"的"总数不得超过一千五百元"[②]；三是考虑休假是否会影响正常的教学事务；四是初步筛选休假人员，在确定休假申请者不影响学系或学院教学的前提下，受理者还要按照要求进行初步的筛选，特别是遇到同一学系或学院同时申请休假的人数超过规定额数的时候，就要进行协调和初步筛选。

三、批准

受理者对申请人员的资格进行初步的审查和筛选后，批准者就要最终确定谁将享受学术休假。根据相关的学术休假制度条文，可知在批准阶段应注意的事项有四：

一是批准的主体问题。笔者梳理相关学术休假制度文本（见表 2-13），发现民国时期国立大学学术休假的批准者都是校级组织或法人代表，如大学评议会、校务会议、行政会议、聘任委员会或校长。

[①] 王学珍、张万仓编：《北京高等教育文献资料选编（1861—1948）》，首都师范大学出版社 2004 年版，第 691 页。
[②] 同上书，第 692 页。

二是需要考虑休假是否会影响大学正常的教学秩序。尽管这一点受理者也会考虑避免出现影响学系或学院正常教学的情况，但批准者同样也要再次考虑是否会影响学校正常的教学秩序。当然，审批者还会考虑特殊情况下延聘兼课教师的问题，但一般不会因为休假而增聘教师。

三是需要考虑休假是否在学校经费可承受的范围内。学术休假制度是除了要向休假教师提供部分薪俸或全薪外，有时还要支付额外的考察费、研究费甚至学费，在学校办学经费本来就非常有限的情况下，审批者不得不慎重考虑休假教师所拟休假经费预算的合理性以及学校可承受的支付薪额。如果遇到学校经费有困难情形，那么批准者要决定保留休假申请者的权利，延缓其休假时间。

四是审批的技术问题。由于休假也是大学给予教师的一项福利或额外待遇，因此如果申请者符合休假资格，休假不会妨碍学校正常的教学秩序，同时学校办学经费也可承受，那么学校一般会同意申请教师的休假问题。但如果同时申请学校休假的教师超过规定的数额，那么审批者就要注意审批的技术问题，也就是休假先后顺序确定的策略。当然，不同大学的审批技术会有所不同，如遇到同时休假的人数超额，暨南大学就以"在校服务年限之长短及所任职务之繁简决定之"[1]；武汉大学在遇到"各项条件

---

[1]《教员休假规程》，《暨南校刊》1936年第160期，第8—9页。

相等时"，就"以抽签决定之"①；交通大学规定休假者的先后次序，"以年资为标准，各年资相同者，由聘任委员会投票决定之"②。此外，1936年3月8日，清华大学评议会议决，审查休假教师的研究计划需要"参照以往服务成绩"③进行讨论。河南大学则综合考虑"本人志愿"、"年资及成绩（著作及论文）"和"院系情形（以不影响院系课程为原则）"来核议申请者享受休假的先后顺序。

四、评价

休假教师返校后，大学是否会对他们的休假成果进行考核？谁又来评价他们的休假成果？何时提交休假结果或进行休假结果考核？考核结果有何用途？从表2-11和表2-13中可以看出，在实行学术休假制度的国立大学中，一半左右的学术休假制度既不交代考核者，也不交代休假报告或研究结果提交的事情，因此总体而言，国立大学不太重视休假教师的考核，这可能与学术休假是教师福利有关。

从休假结果的评定者来看（见表2-13），只有2所大学明确提出休假结果的评定主体。1918年北京大学《校长学长正教授派赴外国考察规程》第6条规定："考察员随时应有详细报告寄本校

---

① 《教授休假申请核准程序》，《国立武汉大学周刊》1948年第377期，第4页。
② 《教授休假进修办法》，《交大周刊》1948年第44期，第2页。
③ 清华大学校史研究室编：《清华大学一百年》，清华大学出版社2011年版，第94页。

评议会。"①1932年和1939年清华大学的《教员服务及待遇规程》都提出休假教师应向学校评议会报告休假结果。这两所大学休假结果的评定主体都是评议会，不过1934年北京大学再次制定学术休假制度时，评议会这个组织已被校务会议取而代之，评议会已经成为北京大学的一个历史名词。

关于休假报告或研究结果的用途，在这些文本中，只有清华大学提出，"至下次请求休假研究时，评议会应以上次研究成绩为参考"②。

至于评定的时间和形式，暨南大学要求休假期满后"半年内详具研究报告书送校存查"③，清华大学在1932年和1939年的《教员服务及待遇规程》均要求，"休假期满后，……须详具研究报告"，"应于休假年终，将研究结束，报告本校"。④1948年交通大学《教授休假进修办法》第12条规定："教授休假进修期满时应就考察或研究结果详具报告。"⑤从中我们可以知道，休假结果的评定形式主要有口头报告和书面报告。休假结果评定的时间，一般在"休假期满后"或"研究结束"，但具体的时间并不太确定。

---

① 王学珍、张万仓编：《北京高等教育文献资料选编（1861—1948）》，首都师范大学出版社2004年版，第420页。
② 同上书，第691页。
③《教员休假规程》，《暨南校刊》1936年第160期，第8—9页。
④ 王学珍、张万仓编：《北京高等教育文献资料选编（1861—1948）》，首都师范大学出版社2004年版，第691页。
⑤《教授休假进修办法》，《交大周刊》1948年第44期，第2页。

另外，教育部也制定了资助国立大学教师休假进修的政策，它对于休假结果的考核要求是，"进修教授进修期满两个月内应就考察或研究结果详具报告，呈送教育部备核"①，从中可以知道教育部的评定时间和评定形式，但教育部在教授休假进修的文件中没有交代谁来评定以及评定结果的用途。

---

① 王学珍、张万仓编：《北京高等教育文献资料选编（1861—1948）》，首都师范大学出版社 2004 年版，第 806—807 页。

第三章　国立大学学术休假制度的实施

历史学家陈寅恪先生曾说过："写在纸上的东西不一定就是现实的东西。研究制度史不能只看条文，必须考察条文在实际生活中的作用。"[1] 当代历史学家桑兵先生也认为，"应当注意章程条文与社会常情及变态的互动关系，这种考察制度渊源与实际运作及其反应的作法，适为近代制度沿革研究的上佳途径。"[2] 民国时期至少一半以上的国立大学制定了学术休假制度，这些国立大学是否都将学术休假制度付诸实施？学术休假制度在落实中遭遇到了哪些难题？学术休假制度在实践中产生了何种影响？要了解这些，就需要深入到民国时期高等教育的历史环境中去寻找答案。

---

[1] 卞僧慧：《怀念陈寅恪先生》，载蒋天枢编：《陈寅恪先生编年事辑》，上海古籍出版社1997年版，第97页。
[2] 桑兵：《晚清民国的知识与制度体系转型》，《中山大学学报（社会科学版）》2004年第6期，第96页。

第一节 国立大学学术休假制度的运行环境

环境即所处的情况和条件，运行环境就是事物在运行过程中所面临的支持性条件和限制性因素的总称。学术休假制度不可能在真空中实施，它要在实践中发挥作用，既有赖于大学内外部条件的支持，也受到大学内外部因素的限制。了解国立大学学术休假制度的运行环境，有利于揭示国立大学学术休假制度功能实现的制约因素和条件要求。

一、政治环境

如果说辛亥革命开启了中国政治民主化的新纪元，那么"五四运动"则加速了中国政治民主化的进程，中国人从此走上了坚持不懈追求民主与自由的新征程。同时，"五四运动"前后爆发的"新文化运动"，更是激发和活跃了文化学术界的民主和科学意识。为了摆脱政治对大学的影响，学术界和教育界争取"学术独立"的呼声就没有停止过。然而，民国时期中国的政治局势变幻莫测，"在中华民国建立13年来，……政治体制常有变动，在这段短暂的时期中，政府经历了君主制、共和制、摄政制等等变化。除了政治制度改变之外，仅在北方，在1916—1928不到12年的时间里，政府首脑改换了9次，平均存在时间不到

16个月。"① 政局的动荡影响到国立大学的自治空间,如北洋政府时期,军阀忙于战争,无暇顾及教育,这为大学留下了自治的空间,一些学者和教授主张"学术独立",一些大学自主设置校内组织和制定校内规章制度,大学校长自主聘任教授。许美德先生认为:"从1911年到1927年,这一时期革命四起,随后整个中国陷入了一片无政府的混乱状态,这就给各地高等教育在政策、法规及其实施各层次上进行实验提供了很大的空间。"②1927年南京国民政府的建立使中国政权得到了统一,但随后国共两党摩擦不断以及日本侵略者在中国制造了"九一八"事变、"华北事变"等一系列惨案,特别是"卢沟桥事变",从此中国开始进入全面抗日战争时期。抗战结束后,中国又陷入了国共对峙阶段。动荡的政局导致军费支出非常大,这直接冲击国立大学的办学经费。除此之外,政局的动荡也影响到大学的地位和管辖权,如"从东南大学到中央大学的转变正是政治变迁的产物"③,四川大学的国立化"反映出30年代国民政府的'国家统一'计划在四川的实践"④。

---

① 〔美〕齐锡生著,杨云若、萧延中译:《中国的军阀政治(1916—1928)》,中国人民大学出版社2010年版,第3页。

② 〔加〕许美德著、许洁英译:《中国大学1895—1995:一个文化冲突的世纪》,教育科学出版社2000年版,第53页。

③ 许小青:《政局与学府:从东南大学到中央大学》,中国社会科学出版社2009年版,第3页。

④ 王东杰:《国家与学术的地方互动:四川大学国立化进程(1925—1939)》,生活·读书·新知三联书店2005年版,第4页。

自从袁世凯窃取资产阶级革命的胜利果实后，尽管政党屡次更迭，但军阀官僚长期统治中国，中国始终实行的是中央集权体制，政治极大地影响国立大学的兴衰存亡，国立大学的校长由国民政府或教育总长任命，大学组织的设立也受到政府的限制，学术休假制度也受到或大或小的冲击。在国立大学中，校长不仅是制定学术休假制度的重要成员，而且是学校行政事务的主要负责人，因此校长的职位变动对学术休假制度的实施也会产生重要影响。根据民国时期的教育法令条文可知，国立大学的校长主要由大总统任命或国民政府批准产生。1914年教育部令《直辖专门以上学校职员任用暂行规程》第1条就规定"大学校校长由大总统任命之"[1]，1917年教育部令《国立大学职员任用及薪俸规程》再次强调"校长由大总统任命之"[2]，1924年教育部颁布的《国立大学条例令》第11条规定国立大学校长"由教育总长聘任之"[3]，1929年颁布的《大学组织法》第9条规定"国立大学校长由国民政府任命之"[4]，1934年修正的《大学组织法》第9条规定国立大学校长"简任"[5]，1948年颁布的《大学法》第8条规定"国立

---

[1] 王学珍、张万仓编：《北京高等教育文献资料选编（1861—1948）》，首都师范大学出版社2004年版，第329页。

[2] 同上书，第388—389页。

[3] 同上书，第522页。

[4] 中国第二历史档案馆主编：《中华民国史档案资料汇编（第五辑第一编·教育）》，江苏古籍出版社1994年版，第172页。

[5] 王学珍、张万仓编：《北京高等教育文献资料选编（1861—1948）》，首都师范大学出版社2004年版，第609页。

省立市立大学校长简任"[1]。正是中央政府决定国立大学校长的去留,所以在政局动荡的时代,国立大学校长常随政府的更迭而进退。肖卫兵在其博士论文中专门研究了国立大学校长,据他统计,"中国近代国立大学校长任期不一,长者可以达到17年多,短者不足一个月,……在140位作为研究样本的国立大学校长中,平均任职期限为37个月,……任期在一年以内(不含12个月)者有36人,占低于平均任期者的38%,占总数的25%;任期在一年至两年以内(不含24个月)者有37人,占低于平均任期者的40%,占总数的26%。"[2]也就是说,有一半以上的国立大学校长的任职期限不足2年。当然,民国时期师生权利意识觉醒,民主意识强烈,师生是否拥戴和欢迎某位校长,在一定时期也将决定校长的去留。例如清华大学的"驱吴风波"、交通大学的"驱卢学潮"、中央大学的"易长风波"、四川大学的"驱程运动"、北京大学的"倒蒋举胡"风潮,都是师生驱逐校长的例证。

南京国民政府时期,中央集权有所加剧,官方不仅在部令条文中废除了具有教授治校色彩的组织——大学评议会,而且加强了思想控制,实施党化教育,审查教员资格。当局对于年龄在50岁以下拟出国休假进修的教师,要求接受政治集训后才能办理出国护照。"至三十二年政府公布出国留学须经国家考试……

---

[1] 王学珍、张万仓编:《北京高等教育文献资料选编(1861—1948)》,首都师范大学出版社2004年版,第941页。

[2] 肖卫兵:《中国近代国立大学校长结构及其角色研究》,苏州大学博士学位论文2011年,第109—110页。

考取及格者，须入中央训练团受训；……甚至教授休假进修，亦应入团受训后出国。"[①] "按当时的政府规定，领取护照必须先到'中央训练团'受训一个月。"[②] 据吴锦旗所查阅的文档资料，1943年，国立浙江大学校长竺可桢去信教育部，"本年度休假出国教授，已商准列入党政训练班二十九期受训，仰转知郑宗海教授准期来渝报到，受训后即办理出国手续等因，当经转知该教授遵照去后，倾据声称'宗海年逾五旬，比年来颠连劳瘁，身体颇欠康健，请转陈免予受训，又以家事牵缠，不易宁帖，并请将出国期酌予展缓'"。教育部回信说，"查该教授现年五十二岁，合于免训年龄，除关于申请展期出国之饬该校特定时间报部具体核办外，相应函请查照，准予免训。"1944年，国立湖南大学校长李毓尧写信给陈立夫，"钧部戌号高字第五六七五〇号电，略以本年度休假出国进修教授，已商准列入党政训练班二九期受训，仰转知吴教授准时来渝报到，受训后即可在渝办理出国手续。……兹吴教授树基来渝报到，同时请示办理出国手续，理合备文呈报，敬祈鉴核。"[③] 1943年10月教育部颁发《国立专科以上学校教员支给学术研究补助费暂行办法》，其第3条规定，"国立各专科以上学

---

① 欧元怀：《抗战十年来中国的大学教育》，《中华教育界》1947年第1卷第1期，第14页。
② 殷宏章：《未完成的回忆录（续三）》，《植物生理学通讯》1995年第1期，第74页。
③ 转引自：吴锦旗《战时大学教授的国民党化问题研究》，《学术探索》2010年第5期，第96页。（来源于：中国第二历史档案馆馆藏档案：《关于出国进修人员和留学生参加中训团受训的来往文书》，5-1573。）

校教员，支给学术研究补助费，应以专任并经教育部审查合格者为限。"[1]1944年教育部颁布《大学教授副教授自费出国进修办法》，其中规定本办法"在抗战期内研究社会学科之教授副教授暂缓适用"[2]。这些措施在保障教师从事学术职业的同时，或多或少加强了教员思想与身份的控制。

二、经济环境

"国立大学经费之主要来源为国省库款，其中国库款所占之比例尤大。"[3]在这样的拨款体制下，国立大学经费的多寡主要由中央政府决定，政局的稳定和政府的支持程度直接影响国立大学的办学经费，反之则会制约学术休假制度的实施。

表3–1　1913—1925年中央教育经费与军政经费预算与实支比较　（单位：万元）

分类 年度	教费岁出预算	军政费岁出预算	教费岁出预算/军政费岁出预算	教费实支	军政费实支	教费实支/军政费实支
1913	714	64635	1.1%			
1914	327	35702	0.91%			
1916	502	47283	1.06%			

---

[1] 王学珍、张万仓编：《北京高等教育文献资料选编（1861—1948）》，首都师范大学出版社2004年版，第824页。
[2] 同上书，第830页。
[3] 陈能治：《战前十年中国的大学教育（1927—1937）》，台湾商务印书馆1990年版，第211页。

续表

分类 年度	教费岁出预算	军政费岁出预算	教费岁出预算/军政费岁出预算	教费实支	军政费实支	教费实支/军政费实支
1917				271	13065	2.1%
1919	651	49576	1.3%	305	15888	1.9%
1920				318	15353	2.0%
1921				349	13897	2.5%
1922				418	10906	3.8%
1923				460	9109	5.0%
1924	531	50800	1.04%	404	6375	6.3%
1925	770	63436	1.19%	453	9969	4.5%

资料来源：商丽浩：《政府与社会——近代公共教育经费配置研究》，河北教育出版社2001年版，第110页。

  北洋政府时期，由于军阀对抗，内战不休，导致军费支出比重非常大，甚至直接挤压了教育费。从表3-1可以看出，教育费占国库开支的比例非常小，与军政费相比，所占比例极低。据考察，"20年代初国立大学的经费有90%依赖中央政府预算，学费、杂费和捐赠合计不足10%。"[1] 因为军阀混战，教育经费还经常被截留或挪用，教师薪俸也难以如数或如期发放，以致北京教育界在1919—1921年间出现索薪风潮，其中就包括1921年以北京大学为首的国立八大校的"索薪运动"。另据1926年全国国库总支出的统计结果，军费开支约占全国财政总开支的45%，而教育费

---

[1] 〔美〕费正清、费惟恺著，刘敬坤等译：《剑桥中华民国史（下卷）》，中国社会科学出版社1994年版，第388页。

仅约占全国财政开支的 2%。[①]这说明北洋政府时期中央财政经费主要用于军费,教育费比例极低。

表 3-2 1928—1937 年军费在中央总支出中的比例表

年度	1928	1929	1930	1931	1932	1933	1934	1935	1936	1937
军费/中央总支出	43.9%	43.1%	43.0%	33.2%	/	50.1%	36.3%	30.6%	32.5%	39.2%

说明:"/"表示内容不详。
资料来源:陈能治:《战前十年中国的大学教育(1927—1937)》,台湾商务印书馆 1990 年版,第 213 页。

南京国民政府前期,中国军阀混战的局面结束,政治相对稳定,军费开支比例明显下降(见表 3-2)。与之相对应的是,教育经费明显增加(见表 3-3),除了 1932 年因"一·二八"事变稍有减少外,教育经费投入总数逐年增加,其中教育经费来源最多者为国库。

表 3-3 1928—1933 年教育经费投入 (单位:国币元)

年度	1928	1929	1930	1931	1932	1933
岁出教育经费	16730621	23729430	27932913	31682507	31616252	31973647

资料来源:谢树英:《近年来中国大学教育之趋向》,《光华大学半月刊》1935 年第 3 卷第 9—10 期,第 16 页。

政局稳定时期,高等教育经费也有所增多,除了常规的教

[①]《中国全国岁入岁出与教育费之比较》,《教育杂志》1926 年第 18 卷第 9 期,第 4 页。

育投入有了保障外，国民政府逐步采取措施建设和巩固高等教育财政拨款制度，国立大学的办学经费亦有了比较稳定的保障。1930年4月全国第二次教育会议通过《改进高等教育计划案》，其中有关充实国立大学经费的内容："由经常费项撙节开支或请财政部拨发临时费或自行募建，由部褒奖。""规定大学经常费中设备费应占百分之三十至四十。"[①]1932年1月行政院审查会通过了《高等教育经费指定的款办法》，"拟指定关税（除已确定为公债基金洋赔款海关经费及已有定案指定用途者外）按月拨充各该校经费"[②]；1932年7月国立专科以上学校校长会议议决"国立各院校经费应指定的款以为保障其办法"，具体包括："第一，组织中央教育文化经费保管委员会。第二，指定下列各款：（一）关税；（二）俄庚款及其他；（三）铁道部各路拨付财政部之协款；（四）卷烟特税。第三，经指定之各款应由该款征收机关按月直接拨付于前项之保管委员会。"[③]在政局稳定的时期，这些措施逐渐稳定了高等教育经费的来源，高等教育的经费总数开始有了大幅度的增加。"一·二八"事变后，1932年全国教育经费投入减少。即使在这样的情况下，从1931年和1932年国立大学办学经费收支对比（见表3-4）中可以看出：1931年共有6所国立大学的办学经费略有余款，6所国立大学的办学经

---

① 教育部教育年鉴编纂委员会：《第一次中国教育年鉴·第一册·丙编 教育概况》，开明出版社1934年版，第4页。
② 同上书，第5页。
③ 同上书，第6页。

费有些入不敷出；1932 年共有 8 所国立大学的办学经费略有余款，3 所国立大学的办学经费有些入不敷出。可以想象，随着政局的相对稳定和国民政府投入高等教育经费的增加，国立大学办学经费肯定会逐渐增多。郭廷以先生认为，民国时期教育的黄金年代是"一九三二——九三七年之间，主要是教育经费的不拖欠"[①]。很多国立大学的学术休假制度制定于南京国民政府成立至抗日战争前，应该与政局稳定后教育经费相对有保障关系极大。

表 3-4　1931 年和 1932 年国立大学办学经费收支对比表　（单位：国币元）

大学名称	1931 年			1932 年		
	岁出	岁入	收支相抵	岁出	岁入	收支相抵
中央大学	2166247	2030000	-	1737246	1772356	+
北平大学	1602475	1677343	+	1552329	1637094	+
中山大学	1592059	1755782	+	2036608	1746122	-
武汉大学	1355671	1355863	+	965865	1111137	+
清华大学	1250531	1885470	+	1237832	1237834	+
北平师范大学	866892	866892	+-	926892	926892	+-
浙江大学	859095	869095	+	767081	787218	+
北京大学	760701	261886	-	918429	1020000	+
暨南大学	731438	691086	-	663170	697023	+

---

① 苏云峰：《评论》，载中央研究院近代史研究所：《抗战前十年国家建设史研讨会论文集（上册）》，台湾商务印书馆 1985 年版，第 70 页。

续表

大学名称	1931 年			1932 年		
	岁出	岁入	收支相抵	岁出	岁入	收支相抵
同济大学	625900	625140	-	552636	551467	-
交通大学	482934	529310	+	828031	828031	+ -
四川大学	456031	455480	-	317133	636520	+
山东大学	440586	435413	-	429495	429032	-

说明：表中"-"表示岁入经费少于岁出经费，"+"表示岁入经费超过岁出经费，"+-"表示岁入与岁出经费相抵，收支平衡。

数据来源：

（1）《二十年度全国高等教育概况简表》，《出版周刊》1934 年第 82 期，第 21 页。

（2）张研、孙燕京：《民国史料丛刊：文教·高等教育（第 1048 册）》，大象出版社 2009 年版，第 143 页。

1937 年"卢沟桥事变"爆发，中国开始进入全面抗日战争时期。当时国民政府根据形势需要采取"战时需作平时看"的教育方针，通过高校内迁、战时救济、奖励学术等政策维持高等教育的发展。从国立大学岁出经费数来看（见表 3-5），仅 1937 年经费总数骤然下降，其他年份岁出经费总数不断上涨。不过，"惟所增加之经费，仍不能追上物价；且在战时，非但维持原有事业，又复创行新兴设施，胜利复原，物价益涨，一面又百废待兴，是以表面数字虽增加极大，而实际拮据更胜于前。"[①]1941 年清华教

---

① 教育部教育年鉴编纂委员会编：《第二次中国教育年鉴》，商务印书馆 1948 年版，第 507 页。

员写信给梅贻琦校长,谓:"抗战以还,百物腾贵,外汇高涨,教员、助教薪金原已低微,了无积蓄,有之亦无不填补殆尽,焉有余力购买美汇以弥补留美费用?兼以留美学费及回国旅费,均属不赀,欲求自给,实属万难。"①

表 3–5　1936—1945 年度国立大学岁出经费表　(单位:国币元)

年度	经费岁出数	年度	经费岁出数
1936	13550858	1941	36785108
1937	11030387	1942	96684076
1938	12986849	1943	167492866
1939	15968634	1944	861831009
1940	23567799	1945	2367983579

资料来源:中国第二历史档案馆主编:《中华民国史档案资料汇编(第五辑第二编·教育)》,江苏古籍出版社1997年版,第812—815页。

教育部考虑到战争时期国立大学学术研究的困难情形,不仅在 1940 年颁发的《大学及独立学院教员聘任待遇暂行规程》中规定:"教授连续在校服务满七年后,成绩卓著者,得离校考察或研究半年或一年。"②同年教育部颁发《二十九年度国立专科以上学校教授考察或研究办法要点》,其第 6 条规定:"各校选送之教授经核定后,其二十九年度薪给由部按其上年度实支薪数拨发院

---

① 清华大学校史研究室编:《清华大学史料选编(第3卷·上册)》,清华大学出版社 1994 年版,第 268—270 页。
② 王学珍、张万仓编:《北京高等教育文献资料选编(1861—1948)》,首都师范大学出版社 2004 年版,第 796—797 页。

校转付，但不得兼任其他有给职务。"①1941年教育部颁发《国立专科以上学校教授休假进修办法》，其第3条规定："合于前条规定之专任教授而未经学校予以休假进修机会者，得由校呈经教育部准离校考察或研究一年，经费由教育部拨给之。"第13条规定："进修教授期间之薪给，由教育部按其原薪发交原校转发。进修教授不得兼任其他有给职务或另在原校支薪。"②这说明教育部资助国立专科以上学校教授休假进修已经步入制度化和常规化轨道。不过，为了维护抗战时期金融市场的稳定，南京国民政府还加强了外汇的监管，致使一段时期内欲出国休假进修的教师因为外汇困难，不得不改在国内进修。"三十二年度，教育部据学术审议委员会议决《离校考察或研究教授应酌量派赴国外研究案》，于教授休假进修经费中，增列美金数额，选派教授出国。"③但在教育部资助教授休假的1940—1944年间，除了1943年资助10位教授出国休假外，其余均在国内休假。

休假教师要从事研究或考察，没有设施设备是行不通的。在学术设施设备被日军损毁严重的年代，为了购置图书仪器文具供教员参考研究之用，教育部于1943年颁布《国立专科以上学校

---

① 《教育部订定教授离校考察或研究办法》，《教育通讯（周刊）》1940年第3卷第37—38期，第4—6页。
② 王学珍、张万仓编：《北京高等教育文献资料选编（1861—1948）》，首都师范大学出版社2004年版，第806—807页。
③ 教育部教育年鉴纂委员会编：《第二次中国教育年鉴》，商务印书馆1948年版，第522页。

教员支给学术研究补助费暂行办法》[①]，按照教员等级设定补助标准（见表3-6）。不过由于物价飞涨，国立专科以上学校教员所得的学术研究补助费一再贬值。

表3-6　国立专科以上学校教员学术研究补助费核定等级与标准　（单位：元/人·月）

金额 等别	三十二年度	三十三年度	三十四至三十五年三月	三十五年四月至六月	三十五年七月起
教授	500	1000	2000	25000	50000
副教授	380	760	1500	20000	40000
讲师	250	500	1000	15000	30000
助教	130	260	500	10000	20000

抗战胜利后，尽管1946年教育经费占岁出经费的4%，教育部继续提高国立专科以上学校教员所得的学术研究补助费，但由于国共内战升温，物价飞涨，加上复校和迁校等工作，国立大学的办学经费仍很拮据，大学教师的生计都成问题，甚至因待遇问题教师罢教事件时有发生。"青市物价飞涨，公教人员生活无法维持。国立山东大学教授，副教授，讲师，助教一百零五人决议，自五日起全体罢教。"[②] "国立河南大学教授会，以物价飞涨，该校教授生活无法维持，前曾电陈教育部，恳予准照京沪各大学同等待遇，迄今多日，未蒙赐覆，该校教授经紧急决议，即日起，全

---

① 王学珍、张万仓编:《北京高等教育文献资料选编（1861—1948）》，首都师范大学出版社2004年版，第824页。
② 《山东大学教师今起全体罢教》，《申报》1947年5月5日第5版。

体停教,以待调整待遇。"① 因为经费捉襟见肘,这时期不少国立大学不得不依靠国外公共组织或政府的资助派遣教师出国休假进修。

三、涉外环境

清末民初,随着学术救国思想的高涨和学术研究的制度化,大学教师经常在一起交流思想切磋学问。而与东洋日本和西洋欧美国家相比,国内学术处在落后的位置,如果要摘掉落后的帽子和提高学术水平,在一个交通不发达和信息沟通主要依靠口头形式和印刷媒介的社会,大学教师必须走出国门了解学术前沿,利用国外优势教育资源发展本国学术。当时政府和大学非常鼓励国内教师与国外同行交流学习,如国民政府或教育部曾出台出国考察规程,制定留学规程,倡导中外大学交换教授,鼓励学者教授参加国际学术会议和到国外休假进修。而要做到这些,学者教授必须能够自由出国。

北洋政府时期,因为中国与日本和欧美一些国家签订互惠条约,原则上国人出国豁免检查,实际上出境后外国检查护照,但限制不多,进出比较自由。南京国民政府成立后,虽然外交部在1930年颁发《出国护照暂行办法》和国民政府在1931年颁布了《护照条例》,但这些文件对学者出国并无特别的政治要求。曾

---

① 《河南大学停教亟待调整待遇》,《申报》1947年5月5日第5版。

任教清华的段学复教授回忆,"在我们那一辈留学生看来,学成回国是理所当然的事,不会为是否回国产生什么思想斗争。当时'进出自由',不仅学术资料交流很方便,而且清华还规定:教授服务7年可以出国休假一年,或进修或进行研究。我并不觉得回国会对自己的前途和学术发展构成什么障碍。"① 这说明在抗日战争前期学者出国研究或考察持普通护照就可以自由出入。

抗日战争时期,南京国民政府对出国加强了管制,严格限制普通护照的发放,官员护照以政府官吏及外交人员为限,② 甚至"考察及研究二种名义均不易获得官员护照"③,当时学者和教师要出国考察或进修,一般要请校长开介绍信给外交部,以办理官员护照,但前提是需要参加政治集训。④ "到国外休假的教授,可以持官员护照,享受官员出国待遇。在领取护照前,休假的教授须先去重庆接受国民党政府组织的政治训练。"⑤ 在抗日战争时期,受政治局势的影响,中外国际交流骤减。据殷宏章回忆,"1938—1946年间,我一直在昆明西南联合大学生物系任教,并兼在清华

---

① 丁石孙、袁向东、张祖贵:《几度沧桑两鬓斑,桃李天下慰心田——段学复教授访谈录》,《数学的实践与认识》1994年第4期,第69页。

② 解寿绂:《战时赴美须知》,《海王》1944年第17卷第15期,第116页。

③ 清华大学校史研究室编:《清华大学史料选编(第3卷·上册)》,清华大学出版社1994年版,第317页。

④ 吴锦旗:《战时大学教授的国民党化问题研究》,《学术探索》2010年第5期,第96页。

⑤ 冯秀芳、戴世强:《周培源先生学术思想初探》,《力学与实践》2006年第5期,第86页。

大学农业研究所的植物生理组工作。因为设备条件很差,而且生活困难,几年中只能做些很简单的试验,并没有做多少研究工作,只是能看到点书和期刊,但也不很容易。也很少国际交流。"[1]

为了培植和留住优秀的大学教师,大学也会优待教师甚至提供促进其专业发展的机会。学术的繁荣需要通过思想的交流与观点的碰撞擦出灵感的火花,需要借助先进的设施设备和丰富的资料开展卓有成效的研究。抗日战争前,大学教师可以自由出国与高水平的大师交流,可以利用国外先进的仪器设备和丰富的学术资料,这种开放的学术环境有利于激发休假教师出国研究或考察的热情,增强休假教师的学术能力。

四、教育环境

教育环境包括教育的精神环境、制度环境和物质环境三个方面,这些环境因素共同作用于教育。民国时期国立大学学术休假制度的实施环境,就包括国立大学内部的精神环境、制度环境和物质环境,这些对大学教师从事研究能起到一定的激励和规范作用,使大学教师在学术休假期间不忘自己的责任和身份。

就国立大学的精神环境而言,如果说清末"出洋者大半志不在学"[2],那么科举制度废除后,中国近代高等教育转型加速,高

---

[1] 殷宏章:《未完成的回忆录(续三)》,《植物生理学通讯》1995年第1期,第74页。
[2] 张之洞:《劝学篇》,《湘学报》1898年第45期,第27页。

等教育的指导思想由"政治本位"逐渐向"学术本位"转变，学人问道求学的风气逐渐浓厚。特别是抗日战争前10年，中国教育经费稳中有增，教师队伍比较稳定，学术风气异常浓厚。学界同行经常切磋交流学问，每有新作便相互呈阅或邀请作序，闻有不易得的藏书便相互借阅，如胡适、杨树达、陈寅恪、陈垣之间沟通交流频繁，《陈垣来往书信集》和《积微翁回忆录》便是很好的明证，其中"买书、借书、读书、著书、评书"便是他们交流的主题。据1930年到北平任教的钱穆先生回忆，"其他凡属同在北平，有所捧手，言欢相接，研讨商榷，过从较密者，如陈援庵、马叔平、吴承仕、萧公权、杨树达、闻一多、余嘉锡、容希白肇祖兄弟、向觉民、赵万里、贺昌群等，既属不胜屡述，亦复不可忆。要之，皆学有专长，意有专情。世局虽艰，而安和黾勉，各自埋首，著述有成，趣味无倦。果使战祸不起，积之岁月，中国学术界终必有一新风貌出现。"[①] 学问志趣相投者，在战前能够安于其位，努力从教和研究。对此，胡适在1958年也发表同样言论，"记得二十余年前，中日战事没有发生时，从北平到广东，从上海到成都，差不多有一百多所的公私立大学，当时每一个大学的师生都在埋头研究，假如没有日本的侵略，敢说我国在今日世界的学术境域中，一定占着一席重要的地位，可惜过去的一点

---

① 钱穆：《八十忆双亲　师友杂忆（第2版）》，生活·读书·新知三联书店2005年版，第174页。

传统现在全毁了。"[1] 吴大猷认为,"抗战前夕的北平物理学的气氛,是觉得极有朝气向荣可喜的。"[2] 抗战前在武汉大学任教授的李先闻回忆,"武汉大学是一个新兴的好学校,人才众多,同学们的程度亦特别高。加以青年的教授群中,那时也开始从事各项理论的或实用的研究工作。如果不是局势演变,很可以成为一个大有作为的学术机构,这是不可讳言的事实。"[3] 由于抗日战争前大学学术研究氛围浓厚,所以建立学术休假制度的国立大学也日益增多。

抗战开始后,许多人认为国难当头,最要紧的是救亡工作,其他工作要让位于救亡工作,因此一度出现"学人从政"的现象。当时,有的教师忧心忡忡,无法集中精力投入学术,处在学术与政治两难抉择的困境中;有的教师逐渐稳定心绪,克服种种困难,努力投入教学和研究;有的教师怀有与敌人"学战"的心理,忘我地投入教学与研究工作;有的教师投入不同的党派阵营从事宣传革命活动。虽然大部分教师能够逐渐安于学术,但战争还是大大挫伤了学人好不容易树立起来的学术雄心。物理学就是一例。"八年余的抗战,使萌芽的中国物理夭折,至战后重拾起来,损失者非九年的时间,而系发展的锐气及持续性也。"[4] 抗日战争胜

---

[1] 胡适:《谈谈大学》,载季蒙、谢泳编:《胡适论教育》,安徽教育出版社2006年版,第10页。
[2]《抗战前我国物理学情形》,载吴大猷:《吴大猷文录》,浙江文艺出版社1995年版,第52页。
[3] 李先闻:《李先闻自述》,湖南教育出版社2009年版,第116页。
[4]《抗战前我国物理学情形》,载吴大猷:《吴大猷文录》,浙江文艺出版社1995年版,第52页。

利后，国共对峙，一些大学教师又开始为时局发愁，特别是随着国共两党的对垒，一些大学教师不可避免地陷入党派的抉择和斗争中，影响从教和研究的精力和心神。

"制度涵养精神，精神型塑制度。"[1]民国时期出台的一系列教师管理制度，特别是教师聘任制、年薪制、兼课兼职制度，对大学教师的学术活动起着一定的鼓励和规范作用。大学实行教师聘任制，这可以从相关的官方文件和校级规章得到确证。1914年教育部颁布的《直辖专门以上学校职员任用暂行规程》明确规定："凡直辖专门以上学校之专任教员，均由校长延聘相当之人充之，但须开具详细履历详经教育总长认可。"[2]1917年颁布的《国立大学职员任用及薪俸规程》，规定"正教授、教授、讲师、外国教员、图书馆主任、庶务主任、校医均由校长聘任之，并呈报教育总长"[3]。1924年教育部颁布《国立大学条例令》，规定"国立大学校设正教授、教授，由校长延聘之；国立大学校得延聘讲师"[4]。1929年国民政府颁布《大学组织法》，规定"大学各学院教员，分教授、副教授、讲师、助教四种，由院长商请校长聘

---

[1] 〔美〕曼纽尔·卡斯特著、曹荣湘译：《认同的力量（第2版）》，社会科学文献出版社2006年版，第5页。

[2] 王学珍、张万仓编：《北京高等教育文献资料选编（1861—1948）》，首都师范大学出版社2004年版，第329页。

[3] 同上书，第388—389页。

[4] 同上书，第522页。

任之"①。1940年教育部颁布《大学及独立学院教员聘任待遇暂行规程》，其标题就显示大学实行教师聘任制。而从各个时期的实践来看，国立大学不仅都制定了专门的教师聘任规则，而且基本上都是一年或几年一聘。如1918年北京大学评议会制定《教员延聘施行细则》，规定："教授之初次聘书，无论何月何日致送，均以第三学期终即（七月三十一日）为终期……续聘书只送一次不定期限。"②1929年的《国立中山大学规程》规定，"教授、讲师、副教授、助教授、助教……由校长聘任"，"教授、副教授、助教授之聘任期，除有特约或特别情形者外，均以学年终结为限，在每年六月三十日以前未得新聘书即为解约"。③1935年国立山东大学《教员服务及待遇规程》规定，"本大学教员之聘任期以聘约定之。"④暨南大学《教员聘任规程》（1936年）规定："教授及副教授初聘以一年为期，续聘以一年或二年为期，自第二次续聘起每次以三年为期。……讲师及助教初聘以一年为期，续聘每次以一年或二年为期。"⑤大学实行教师聘任制，说明大学教师的身份较为自由，在客观上易增强大学教师的流动性，但同时也给大学教师施加了生存和发展的压力，如果学问不过硬，就难在大学里

---

① 王学珍、张万仓编：《北京高等教育文献资料选编（1861—1948）》，首都师范大学出版社2004年版，第609页。
② 《教员延聘施行细则》，《北京大学日刊》1918年5月30日第1—2版（第150期）。
③ 《国立中山大学规程》，《国立大学联合会月刊》1929年第2卷第3期，第9页。
④ 《国立山东大学教员服务及待遇规程》，《国立山东大学周刊》1935年第109期，第1—2页。
⑤ 《教员聘任规程》，《暨南校刊》1936年第160期，第6页。

混下去。在这样的聘任制度安排下,学术休假制度的实施,有利于激发大学教师认真钻研学问的积极性。

教师首先是作为"人"而不是"教师"存在的,而人是自然性和社会性的统一。大学教师在追求学术的同时,也有养家糊口的需要和责任。如果大学教师因为学术休假而收入锐减,特别是因此严重影响个人和家庭生活时,那么大学教师可能就会有后顾之忧而放弃学术休假。因此要实施学术休假制度,大学就不得不认真考虑教师的薪酬。实际上,除了1917年《国立大学职员任用及薪俸规程》规定教员的薪俸"由校长参酌各项情形定之",其中情形之一就包括"每年实授课时间之多寡"。[1]民国时期我国大学普遍采纳国外大学的做法,实行教师薪酬年薪制,薪酬按年或按月发放。1914年的《直辖专门以上学校职员薪俸暂行规程》规定专任教员按月支取薪俸,[2]1927年教育行政委员会颁布《大学教员薪俸表》,规定大学教师的薪俸根据教师等级按月下发。1929年铁道部直辖交通大学《教员待遇原则》规定:"专任教员之薪俸分年俸月俸两种依附表支给之",其中教授按年支薪,副教授和助教按月支薪。[3]1930年武汉大学《教职员待遇规则》规定,专任教职员薪俸根据等级按月固定发放,而且强调"教职员

---

[1] 王学珍、张万仓编:《北京高等教育文献资料选编(1861—1948)》,首都师范大学出版社2004年版,第388—389页。
[2] 同上书,第327—328页。
[3]《铁道部直辖交通大学教育待遇原则》,《铁道公报》1929年第9期,第5—8页。

薪俸每年以十二个月计算"。① 国立青岛大学的《教职员待遇规则》规定，"教授月薪三百元至五百元，月薪一百五十元至三百元，助教月薪六十元至一百五十元……教职员薪俸，除兼任讲师外，每年以十二个月计算。"② 国立同济大学《教员待遇规则》规定，"本校各部专任教员之月俸"分级发放，"本校专任教员其月俸每年以十二个月计算"。③ 这些情况表明，民国时期国立大学专任教师采用固定薪酬制，薪酬主要按年计算，发放方式以按月为主。由于薪酬固定，加上前文所述的学术休假的补偿标准，国立大学普遍采取休假半年支付全薪、休假一年支付半薪的补偿方式，休假教师不会因为没有从事教学或参与校务而显著降低收入。

休假教师有一年或半年自主支配的时间，如果没有相应的制度进行约束，那么就难以限制休假教师在外兼课或兼职以谋取个人的物质利益。为了减少和杜绝此类事情的发生，民国时期官方相关的教育法令和国立大学内部规章制度不仅对专任教师，而且对休假教师做出了限制兼职，特别是限制兼有给职务的种种规定。北京政府针对兼课成风的现象，采取禁止教员兼课或兼职的管理

---

① 张研、孙燕京主编：《民国史料丛刊：文教·高等教育（第1095册）》，大象出版社2009年版，第207—209页。

② 张研、孙燕京主编：《民国史料丛刊：文教·高等教育（第1090册）》，大象出版社2009年版，第305—307页。

③ 张研、孙燕京主编：《民国史料丛刊：文教·高等教育（第1079册）》，大象出版社2009年版，第92—95页。

政策，如1914年的《直辖专门以上学校职员薪俸暂行规程》规定"专任教员除兼充分科学长或教务主任及学监主任、场长、院长等外，不得兼司他项职务"[①]，1917年的《国立大学职员任用及薪俸规程》规定"职员除讲师外不得兼他处职务"[②]。南京国民政府虽然柔化了兼课政策，改变"禁止教员兼课"的硬性规定，但对兼课行为还是做出了限制，如1929年教育部制定的《国立大学教授自十八年度上学期起应以专任为原则》规定："自十八年度上学期起，凡国立大学教授，不得兼任他校或同校其他学校（引者注：原文如此，疑为"学院"）功课，倘有特别情形不能不兼任时，每周至多以六小时为限。"[③]1940年的《大学及独立学院教员聘任待遇暂行规程》规定："专任教员不得在校外兼课或兼职，但有特别情形经兼课学校先商得原校同意者，每周至多得兼课四小时。兼课以与原校所授课目性质相同者为限，兼课薪金并得由原校具领支配。"[④]1932年《国立清华大学教师服务及待遇规程》规定：（1）任课钟点不超过最低限度者不得在外兼课或事；（2）兼课须经学校同意；（3）在外兼课每周至多4小时；（4）区

[①] 王学珍、张万仓编：《北京高等教育文献资料选编（1861—1948）》，首都师范大学出版社2004年版，第327—328页。

[②] 同上书，第388—389页。

[③]《为令国立大学教授自十八年度上学期起应以专任为原则由》，《教育部公报》1929年第1卷第7期，第39页。

[④] 王学珍、张万仓编：《北京高等教育文献资料选编（1861—1948）》，首都师范大学出版社2004年版，第796—797页。

域以北平为限；(5)专任讲师、教员及助教不得在外兼课或事。①以上这些是对专任教师兼课或兼职行为的规定和限制。由于学术休假只对专任教师开放，因此休假教师也在限制兼课或兼职之列。对于休假教师，各国立大学一般都明确限定教师在休假期间兼课或兼职，1935年《国立山东大学教员服务及待遇规程》规定休假教师"如不兼任有给职务支半薪"②，国立北平大学《教授休假及出国研究规则》明确提出"休假期内如不在校外任事得支半薪"③，暨南大学《教员休假规程》规定："本大学教授或副教授在休假年中，如不在外兼有薪给之职务者，得支全薪。"④这种限制专任教师和休假教师在外兼课或兼职的政策，在一定程度上保证了休假教师将时间和精力投入研究或休养身心。

就国立大学的教育物质环境而言，主要包括设备和图书两大类。"专科以上学校之建筑设备，在战前十年间，颇有相当之扩充。……就各年度建筑设备添置数量而言，此十年中，每年添置之建筑设备之价值，平均在六百万元以上；图书册数，平均在四十万册以上。"⑤即使1931年发生"九一八"事变，1932年国家教育投入有

---

① 清华大学校史研究室编：《清华大学史料选编（第2卷·上册）》，清华大学出版社1991年版，第177页。
② 《国立山东大学教员服务及待遇规程》，《国立山东大学周刊》1935年第109期，第1—2页。
③ 张研、孙燕京主编：《民国史料丛刊：文教·高等教育（第1064册）》，大象出版社2009年版，第520—521页。
④ 《教员休假规程》，《暨南校刊》1936年第160期，第8—9页。
⑤ 陈立夫：《全国高等教育概况》，教育部高等教育司1939年印行，第22页。

所减少，但相对1931年而言，在总体上1932年国立大学的藏书量和新添设备价值仍出现增长（见表3-7）。1932年后，随着国家教育投入的稳步增加，抗日战争前国立大学的图书馆藏书量呈现稳步增长之势。据考察，1929年中央大学图书馆藏书78778册[①]，1933年北平师范大学图书馆藏书共计83061册[②]，1933年四川大学图书馆藏书180262册[③]，1934年4月清华大学图书馆藏书278665册[④]，1934年中山大学图书馆藏书271362册[⑤]，1935年暨南大学图书馆藏书53867册，1936年暨南大学"半年间图书册数之增加为五四四六册，较之廿四年度全年度之增加尚多出二三四册"[⑥]。

表3-7 1931—1932年国立大学藏书量与设备价值表

校名	图书册数		新添设备价值	
	1931年	1932年	1931年	1932年
中央大学	104460	123611	436342	462736

---

① 《国立中央大学图书馆概况》，《图书馆学季刊》1931年第5卷第1期，第140页。
② 何日章：《国立北平师范大学图书馆概况》，《图书馆学季刊》1933年第7卷第3期，第560页。
③ 《国立四川大学图书馆藏书概况》，《国立四川大学周刊》1946年第16卷第4期，第14页。
④ 《国立清华大学图书馆概况》，《清华周刊》1934年第41卷第13—14期，第53页。
⑤ 张研、孙燕京主编：《民国史料丛刊：文教·高等教育（第1098册）》，大象出版社2009年版，第77页。
⑥ 《国立暨南大学图书馆藏书统计简表》，《国立暨南大学图书馆馆报》1937年第1期，第20页。

续表

校名	图书册数 1931年	图书册数 1932年	新添设备价值 1931年	新添设备价值 1932年
北平大学	92278	98084	105350	108738
中山大学	243800	253959	186084	415346
武汉大学	94046	88831	910070	371910
清华大学	29200	246975	511096	419973
北平师范大学	76728	78532	48140	140520
浙江大学	44122	46684	—	90130
北京大学	227879	195374	30917	206752
暨南大学	41162	41162	102463	63259
同济大学	4476	4511	110460	118361
交通大学	48907	15232	46439	124700
四川大学	47145	90801	49150	56912
山东大学	47000	57384	185881	245564
总计	1101153	1341140	2723395	2824901

数据来源：
（1）《二十年度全国高等教育概况简表》,《出版周刊》1934第82期,第21页。
（2）张研、孙燕京主编：《民国史料丛刊：文教·高等教育（第1048册）》,大象出版社2009年版,第143页。

"七七"事变后，许多大学内迁或转移，途中图书散失和被敌机炸毁不少。据统计，1942年四川大学图书馆藏书

44368册[1]，1946年四川大学图书馆藏书仅30856册[2]，1947年清华大学图书馆藏书仅241810册[3]。即便是由3所实力很强的大学联合而成的国立西南联合大学，在抗战期间，"茅茨土阶的联大校舍是极度简陋的，图书仪器设备也只能勉强应付教学上的低度需要。"[4]北京大学"图书损失，几无法可依统计"，清华大学"图书仪器损失达六百零五万元之巨"。[5]抗日战争结束以后，国立大学的藏书量逐渐增加。山东大学"自复校以来，甫达二载，当时由渝运回之图书仅八千余册，两年中现已增至八万四千二百四十二册，计中文书五八九七二册，西文书一六六二七册，日文书八六五三册，内中除一部分系接收敌伪之德日文图书，及教育部平津区图书处理委员会分配之中文图书外，余则均为本馆所添购。"[6]这在一定程度上说明，即使国内政局堪忧，学人还是不遗余力为我国的教育和学术事业添砖加瓦。总而言之，国立大学图书仪器等设备的损益必定会影响休假教师的学术研究成效。

---

[1] 孙心磐:《国立四川大学图书馆概况》，《中华图书馆协会会报》1942年第17卷第1—2期，第6—7页。
[2] 《国立四川大学图书馆藏书概况》，《国立四川大学周刊》1946年第16卷第4期，第14页。
[3] 《国立清华大学图书馆概况》，《中华图书馆协会会报》1947年第21卷第1—2期，第6—7页。
[4] 任继愈:《念旧企新——任继愈自述》，山西人民出版社1997年版，第25页。
[5] 陈立夫:《全国高等教育概况》，教育部高等教育司1939年印行，第23页。
[6] 张研、孙燕京主编:《民国史料丛刊：文教·高等教育（第1089册）》，大象出版社2009年版，第41页。

第二节　国立大学学术休假制度的实践概况

民国时期有相当多的国立大学制定了学术休假制度，其中哪些国立大学真正付诸实践？哪些大学教师真正享受过学术休假？国立大学在推行学术休假制度的过程中有何困难？这一系列问题都与经费有关，因为经费是实施学术休假制度的一个重要前提条件。民国时期，国立大学学术休假的直接资助者有国立大学、国外组织和中央政府。为了详细了解国立大学学术休假的实践情况，本书将依据不同的出资方分别描述国立大学学术休假制度的实践情况。由于存在国立大学和国外组织合款资助教师学术休假，且本研究无意比较不同出资方支持下国立大学学术休假制度的实践情况，故将此类情况放在国外组织资助的学术休假中进行叙述。

一、国立大学出资的学术休假

北洋政府时期，教育部早在1917年就制定了学术休假政策。不过，当时政局动荡，政府无暇顾及教育，中央政府投入国立大学的教育经费非常有限，以致20世纪20年代初出现教师索薪热潮。不难猜想，实行学术休假制度的国立大学并不多。据不完全统计，北洋政府时期仅有北京大学、广东大学（后来更名为中山大学）、东南大学和成都大学4所国立大学先后制定了学术休假制度。广东大学创立于1924年，1924年起草的《国立广东大学规程》规定必须连续工作满6年才可以享受学术休假；1927年成都大学《职教员俸薪规程》规定先期服务5年才可以享受学术休假，1931年成都大学与四川大学合并；东南大学于1927年改组为第四中山大学。可能受国立大学办学时间短、大学合并或改制等因素的影响，从已收集到的资料来看，目前在北洋政府时期真正享受学术休假的国立大学教师只有北京大学的教师。

南京国民政府前期，即南京国民政府建立至抗日战争爆发之前，由于政局稳定，国立大学的办学经费相对稳定且有所增加。据罗家伦在1928年所言，"在过去清华教员待遇，并不比国内其他大学为优，所好的只是不欠薪而已。但是现在情形不同了，如中山大学、中央大学、武汉大学都一样的不欠薪，而且待遇均加高，均在清华之上。"[1]办学经费有了稳定保障，为国立大学建立和实施学术休假制度提供了可能。朱师逯先生曾记载，"据教育部二十年度的调查，国立各校院教员规章中有此项规定的计有六校。……其他诸校便无此项规定，可见当时办理休假进修的学校仍属少数。"[2]朱师逯所言的6校，其中就包括5所国立大学，即北京大学、清华大学、山东大学、同济大学、交通大学。1930年以后，随着制定学术休假制度高校的增多，实施学术休假的高校

---

[1] 清华大学校史研究室编：《清华大学史料选编（第2卷·上册）》，清华大学出版社1991年版，第10页。

[2] 朱师逯：《三年来国立各校院教授休假进修概况》，《高等教育季刊》1942年第2卷第2期，第51—55页。

也有所增加。据笔者不完全收集，除了北京大学和清华大学外，武汉大学、山东大学、交通大学等国立大学的部分教师也享受学术休假。1935年，北平大学医学院"鲍鉴清、蹇先器休假一年赴欧洲考察"。1937年，北平大学医学院"刘兆霖、徐佐夏休假一年赴欧洲考察"。①1936年山东大学讲师宋鸿哲（即宋智斋）休假赴德，他在休假期间致信校长林济青，"鸿哲此次得以休假出国藉机深造，实先生成全之功感戴实深。"② 不过总体而言，国立大学教师的休假经费非常有限，能够出国休假的教师并不多，以致一些高校觊觎清华庚款。1933年11月上海各大学教职员联合会开会，议决"呈请教部指拨清华庚款，为全国各大学教授出洋考察经费案"。③

全面抗战以前，国立大学主要集中在北京、上海、天津、广州、南京、武汉。"七七"事变后，平、津、沪、宁、广、汉相继失守，大半个中国惨遭日本蹂躏。"在抗战以前，全国公私立专科以上学校，共计有一百零八所。内大学共计有四十二所，属于国立的，有十六校……全面抗战开始以后，多数大学云集的城市，相继沦陷，高等教育遭受莫大的损失。全国一百零八校

---

① 罗卓夫、孙敬尧主编：《北京医科大学的八十年》，北京医科大学、中国协和医科大学联合出版社1992年版，第28页。
② 宋鸿哲：《本校讲师宋鸿哲先生休假赴德抵柏林后致林校长函》，《国立山东大学周刊》1936年第168期，第2页。
③ 《大学教联会昨开常会呈请教部指拨清华庚款为各教授出洋考察经费》，《申报》1933年11月28日第3版。

中，有十七校，无法继续办理，有七十七校，均迁移后方，勉强上课，不能利用原来的设备。此类学校，所有的校舍，图书与仪器，有的已全部损失，有的也损失了一大部分，数十年来，高等教育上所经营的规模，大多已为敌人所摧毁，物质上的损失，不可言数。其能在原地开学者，仅寥寥十数校。在此类未迁移的学校中，不是原来就开设在租界者，便是现在依赖教会势力而勉强维持，总之，都在极端困难的情形中，奋斗着。"[1]据统计，抗战期间，内迁的国立大学包括北京大学、清华大学、北平大学、北平师范大学、中山大学、同济大学、交通大学唐山工程学院、浙江大学、中央大学、东北大学、武汉大学、交通大学、山东大学。有的国立大学虽然没有搬迁到省外，但也经受辗转之苦，厦门大学在省内迁移，暨南大学被迫搬到上海租界，交通大学曾一度搬迁到上海租界，1941年再次迁往重庆。[2]由于战争的破坏和国立大学西迁，学术休假制度在国立大学一度停止，师生被迫加入到流亡的队伍中。据笔者所查阅的大量资料，发现除了清华大学在1937年9月暂缓教授出国休假研究和1939年恢复国内外休假旧制外，抗战期间其他国立大学均叫停校方资助的学术休假制度。

抗战胜利后，北京大学、清华大学、武汉大学、交通大学、同济大学、暨南大学、山东大学、浙江大学、中山大学、厦门大

---

[1] 邵鹤亭：《抗战期间的高等教育》，《教育通讯（周刊）》1939年第2卷第27期，第3页。
[2] 余子侠：《抗战时期高校内迁及其历史意义》，《近代史研究》1995年第6期，第170—184页。

学、云南大学、西北大学、河南大学陆续恢复或制定学术休假制度。1946年，云南大学文学系徐嘉瑞教授"申请学术休假，到华中大学访学。在此期间，他专程到屈原的故乡汨罗江一带考察历史遗迹和当地民俗，并根据考察见闻撰写了《汨罗巡礼》。在实地考察后，他根据古人绘制的楚国地图和自己的认识，亲手绘制了17幅《楚国疆域图》。此外，他还撰写了一些重要的论文如《九歌的组织》《九歌的本质》《楚辞乱曰解》等，对楚辞中的《九歌》《大招》《天问》等做了精深细致的研究"[①]。1947年浙江大学文学院休假教授"有中国文学系祝文白地学系叶良辅二先生"[②]。朱庭祐也提出，"抗战胜利后，浙江大学全部回杭，遂得重返家园，至是，（引者注：地质学叶良辅教授）以任教已满八年，例可休假一年。"[③]1947年，暨南大学"教授方光焘等二人奉命进修一年，薪俸由校方照常支付"[④]。1947年，复旦大学"中文系教授马宗融休假一年"[⑤]。1947年，中大地理系李海晨教授休假，浙江大学遂以借聘名义聘其到校任教。[⑥]1948年，武汉大学"照章应行休假教授，已提经校务会议审定计有：文学院徐天闵、方壮猷二先生；法学院蒋思道先生；理学院吴南薰、叶志二先生；工学

[①] 徐演、张昌山、张志军：《文史大家徐嘉瑞》，《云南大学学报（社会科学版）》，2012年第4期，第79页。
[②]《休假与新聘教授》，《国立浙江大学校刊》1947年第164期，第2页。
[③] 朱庭祐：《叶良辅先生传》，《地质论评》1951年第2期，第1页。
[④]《暨大三十六教授未接获下期聘书》，《申报》1947年7月10日第5版。
[⑤]《复旦教职动态孙绳曾升任教务长》，《申报》1947年7月26日第5版。
[⑥]《休假与新聘教授》，《国立浙江大学校刊》1947年第164期，第2页。

院丁人鲲先生现正办理呈部手续云"①。1949年交通大学声称,"下学期教授休假名额,已经聘委会决定为六名至八名,凡合乎该项办法之规定,愿在下学期享受休假待遇者,可将申请文件,交各系科汇送聘任委员会审查。"② 不过由于国共内战、通货膨胀和高校回迁,国立大学办学经费渴蹶,待遇过低引起多所国立大学教师罢教事件,致使总体上第二次国共内战期间国立大学资助学术休假的教师人数不是太多。

"虽亦有休假机会,而并未轮到"的钱穆,回忆了当时教师对学术休假制度的感受。"北大清华燕京诸校,每年有教授休假,出国进修,以一年或半年为期。一则多数教授由海外学成归来,旧地重游,亦一快事。二则自然科学方面,日新月异,出国吸收新知,事更重要。亦有初次出国,心胸眼界,得一新展拓。此项制度,备受欢迎。"③ 可见,教师对学术休假制度普遍持欢迎态度,学术休假制度有利于学人放松心情和发展学术,学术休假制度的作用也受到了时人的好评。

二、国外组织资助的学术休假

中华教育文化基金董事会(简称"中基会")是1924年9月

---

① 《三十七年度休假教授》,《国立武汉大学周刊》1948年第381期,第1页。
② 《教授休假即可申请》,《交大周刊》1949年第58期,第1页。
③ 《读书与游历》,载钱穆:《中国文学论丛》,生活·读书·新知三联书店2002年版,第239—240页。

18日成立的庚款管理机构。《中华教育文化基金董事会章程》规定，中基会设立的目的是"促进中国教育及文化之事业"，其经费来源于"一九二四年六月十四日美国国务总理致中国驻美公使照会所退换之款项"的一部分和"接受其他用于教育文化之款项"。[①]1926年2月，中华教育基金会第一次董事常会提出了"发展科学知识及此项知识适于中国情形之应用"和"促进有永久性质之文化事业"的款项分配原则，明确中基会保管的款项用于"图书馆事业"、"促进科学教学"、"促进科学研究"，以及补助"社会调查部"、"华美协进社"和"拒毒会"等。[②]中基会规定用于"促进科学教学"的经费分配范围为"教育部所定高等师范六学区之大学和师范大学"，给予设置的科学教席及"补助设备及他项促进科学教学"。根据《科学教席分配办法》，科学教席限于物理学、化学、植物学、动物学、教育心理学5科，教席总数计划设35座，分配给北京师范大学、东南大学、武昌大学、广东大学、成都大学、成都高等师范学校、东北大学、北京女子大学、北京女子师范大学，且每校至多可得教席5座。[③]《设立科学教席计划书》第5条第2款规定，"服务六年者得休假一年，

[①]《中华教育文化基金董事会章程》，《大学院公报》1928年第1卷第9期，第10页。
[②]《中华教育文化基金董事会第一次总报告》，《外交公报》1926年第63期，第4—10页。
[③] 中国第二历史档案馆主编：《中华民国史档案资料汇编（第五辑第一编·教育）》，江苏古籍出版社1994年版，第237—241页。

由会支给半薪一年或全薪半年，外加旅费。"[1] 由于休假纳入科学教席支出的预算范围，1932 年就是科学教席设置的第 7 年，按照《科学教席分配办法》和《设立科学教席计划书》的规定，该年"已满六年之教授，照章应行休假"。为了真正落实学术休假这一既定制度，1932 年 7 月，第 7 次中华教育文化基金董事会制定并通过了《结束科学教席及科学教授休假办法》[2]。

<h3 style="text-align:center">《结束科学教席及科学教授休假办法》</h3>

第一条　本会在各校所设科学教席，一律以六年为届满时期，至期即作结束；其未满六年者，仍继续设置，至六年为止。

第二条　教授任职六年者，得休假一年，以资休息及研究。在国内研究者，除照支原薪外，由本会酌给旅费；其出洋研究者，支原薪并加给来回路费及国外学费与生活费；但其研究计划及地点，须先得本会同意。

第三条　研究期间，以一年为限。如因研究性质有延长之必要时，经本会审查后，得延长一年；但在延长期间内，本会但给学费与生活费，不另给薪。

第四条　教授服务期满，如因故不能休假出洋者，得向本会商请保留一年；但一年以后，如仍不能实行，即作无效。

---

[1] 中国第二历史档案馆主编：《中华民国史档案资料汇编（第五辑第一编·教育）》，江苏古籍出版社 1994 年版，第 238 页。

[2]《中华教育文化基金董事会第七次报告》，1932 年刊行，第 65—66 页。

第五条 教授有中间辞职，由本会另行聘人继任者；在学科方面，已至结束之期，而在教授方面，则尚未到休假之时。兹定凡于学科结束时在职之教授，如任本会教席四年以上，而连同本会教席任期计算，共任大学教授六年以上者，得向本会请求出洋。其允许与否，仍由本会定之。未满四年者，无此项请求之权利。

第六条 教授在休假期内如任他项有给职务，本会即取销其薪给及一切休假权利。

中华教育文化基金董事会的第7次至第11次报告全面报告了历年科学教授的休假情况，经整理发现（见表3-8），科学教授席设置始于1926年，终于1936年。在科学教授席设置的期间，共有21位教授享受休假待遇，这些教授休假期间均从事研究工作，休假地点都在欧美国家（查谦教授因病情准予休假之第二半年回国研究）。由于只能工作满6年才能享受学术休假待遇，所以正常情况下科学教授休假最早应该始于1932年。不过东北大学的"丁绪宝、庄长恭二君请求提前休假出洋"[1]，得到中基会的批准后，庄长恭于1931年到德国休假，丁绪宝于1932年初到美国休假。最晚结束休假的科学教授是刘崇乐，经执行委员会核准，刘崇乐教授休假期限延期至1937年2月届满。

由于东北大学在1937年才加入到国立大学的行列，因此国立大学科学教授休假者实际上只有18人（包括刘崇乐教授，其

---

[1]《中华教育文化基金董事会第七次报告》，1932年刊行，第6页。

先任教于东北大学，后转至北平师范大学）。经考察发现，并不是每一位科学教授都享有休假待遇，究其原因有二。一是中途放弃科学教席职务者无资格享受休假权益。据记载，"中央大学金树章教授，因服务不足规定年数，故未得享受休假权益也。"[①] 二是科学教席主动放弃休假权利。如陈焕镛教授"因在中山及广西大学两植物研究所之职责纷繁，业经声明放弃休假权利"[②]。至于科学教席休假之成效，"艾伟教授在英国伦敦大学从皮尔生氏研究统计学，并为之整理材料。编有《曲线适合之研究》一书，约四万言，中有圆表甚多。所引材料，有四十年前哲学杂志中所载之论文。国内介绍皮尔生学说者，当以此书为嚆矢。"李顺卿教授"编成英文本《中国森林植物》一书，都约十五万言"。总体来说，"各教授在休假期中，多能潜心专研，卓有成就。""渠等本其研究考察所得，以谋吾国科学教学之改进，其贡献宏多，盖可预卜矣。"[③] 科学教授在休假期间的成果，得到了同仁们的好评。

表 3-8　科学教授席中的休假教授名单

教授姓名	研究地点	研究计划	所在学校
艾伟	英国伦敦大学	研究基于心理学及统计学	中央大学
文元模	德国及英国	考察物理研究设备及中学物理教学法	北平师范大学

---

①《中华教育文化基金董事会第十次报告》，1935 年刊行，第 6 页。
②《中华教育文化基金董事会第十一次报告》，1936 年刊行，第 9 页。
③《中华教育文化基金董事会第八次报告》，1933 年刊行，第 6—7 页。

续表

教授姓名	研究地点	研究计划	所在学校
张贻侗	德国及英国	考察化学及工业化学	北平师范大学
李顺卿	美国	研究植物学	北平师范大学
丁绪宝	美国罗切斯特大学	研究光学	东北大学
庄长恭	德国哥廷根大学	研究有机化学	东北大学
姬振铎	美国哥伦比亚大学	研究学童身心发展	东北大学
林兆倧	英国伦敦大学	研究有机化学	四川大学
罗世嶷	法国蒙波利埃大学	研究植物学	四川大学
陈熳	美国伊利诺伊大学	研究无机化学	中山大学
蔡堡	美国各大学	研究动物学	中央大学
查谦	美国加州理工学院※	研究新统计力学	中央大学
邱椿	欧美各国	考察劳作教育以及教材教授法	北平师范大学
魏嗣銮	德国哥廷根大学	变分学之应用以及数学物理学之一般问题	四川大学
潘祖武	德国柏林大学	量子电动力学之研究	武汉大学
钟心煊	英国伦敦大学、邱及爱丁堡皇家植物园	1.低等真菌中的异宗配合；2.研究在湖南和湖北采集的标本	武汉大学
黄叔寅	法国巴黎大学	1.格氏试剂对二元酸的酰酸作用；2.亚烷基–酯酸脂之反应	武汉大学

续表

教授姓名	研究地点	研究计划	所在学校
刘绍禹	美国哥伦比亚大学及欧洲著名大学	儿童心理学之研究及心理学教学之调查	四川大学
刘崇乐	欧美	昆虫学研究	北平师范大学
周太玄	巴黎自然历史博物馆及法国其他生物研究机关	淡水及海洋原生动物之生长及其一部分生理上之效用	四川大学
何定杰	巴黎大学及其他欧洲各大学	武昌附近无脊椎动物之分布	武汉大学

说明：※查谦教授的休假地点原计划为英国剑桥大学，后改为美国加州理工学院。
资料来源：根据中华教育文化基金董事会第7至第11次报告整理而成。

中基会除了为科学教席设立学术休假制度，中基会和北京大学合款资助的北京大学研究教授也享受学术休假的权利。1931年7月19日，北京大学和中基会设立合作研究特款，双方拟定的《北京大学与中华教育文化基金董事会合作研究特款办法》规定，"研究教授，不得兼任校外教务或事务。研究教授，为学术上的需要，得由北大给假往国外研究一年，除支原薪外，得实支旅费，并得由顾问委员会，依其所在地之需要，酌量津贴其费用。"[1] 在1931—1935年间，北京大学每年通过研究特款延聘的"研究教授"达16—22人不等，其中1933年的研究教授就有21人，他们分别是

---

[1] 王学珍、张万仓编：《北京高等教育文献资料选编（1861—1948）》，首都师范大学出版社2004年版，第642页。

算学的冯祖荀、斯柏纳、江泽涵，物理学的饶毓泰和朱物华，化学的刘树杞和曾昭抡，地质学的丁文江、李四光、谢家荣、葛利普，生物学的张景钺，心理学的汪敬熙，哲学的汤用彤和张颐，史学的陈受颐，政治学的张忠绂，经济学的赵迺传，法律的刘志扬，中国文学的刘复（刘半农），外国文学的周作人。[①]虽然目前无法罗列出具体的研究教授休假名单，不过可以判定曾有研究教授申请休假。据刘半农先生的助手周殿福回忆，1934年刘半农先生准备休假1年出国考察实验语音学的进展，而其休假就是以研究教授之名。可惜8天后刘半农先生与世长辞。[②]1936年，江泽涵、陈受颐、张忠绂也极有可能是以研究教授之名出国休假。

从20世纪20年代中期开始，美国洛氏基金会开始陆续与中国学术机构合作，资助中国学者开展生理学、化学、农学等领域的研究，清华大学、武汉大学、浙江大学、山东大学等国立大学曾获得洛氏基金会的补助。据报道，1946年山东大学教授童第周赴美休假研究，"本大学动物学系主任教授童第周先生，顷受美洛氏基金会之聘，邀请赴美研究。出国期间，为期一年，除学校给予休假外，系务暂请戴教授立生代理。……本年三月初抵美，先赴纽约洛氏基金会接洽，然后赴耶鲁大学Osborn动物实验室，以时值有尾两栖类（Amblystoma）产卵之期，即开始作实

[①]《中华教育文化基金董事会第九次报告》，1934年刊行，第31页。
[②] 周殿福：《忆我国实验语音学的奠基人刘半农》，《徐州师范学院学报（哲学社会科学版）》1984年第2期，第98页。

验胚胎上重要之研究，(有尾两栖类国内不多，且国人尚未发现能在实验室中产卵者) 七月间赴 Wood Hole 海洋生物研究所研究 Fundu Lus（鱼类之一种，吾国尚未发现）及其他海洋生物之研究，约需二月，再返 Osborn 实验室，整理研究结果，本年十二月约可竣事，然后赴其他各大学之实验室及研究所参观，需时两三月，约明年三月初即可返校云。"①

中美两国政府为增进教育接触，交换智识和技术，中国外长王世杰代表中国政府，司徒雷登大使代表美国政府，依据美国的《傅尔布莱特法案》(也译为"福布莱特法案"或"富尔勃莱特法案")，于 1947 年 11 月 10 日在南京签署《美国在华教育基金协定》②。1948 年中美教育基金董事会决议中美教育基金会在中国申请补助的对象及其资格要求，其中包括"中国专科以上学校休假教授，曾获得美国高等教育机构研究学额，或受聘讲学及考察者"③。据报道，"中美教育基金董事会设立后，已积极开展其交换两国教授学生，以促进中美人民更深之相互了解工作。迄今给予资助之美国教授，已有肯奈第（平华文学校），埃劳（华西协和大学），格瑞德（岭南大学），阑特（清华大学），普列斯东（之江文理学院）等五人，及学生美杰斯等十七人。"④至于资助

---

① 《童第周教授赴美研究　研究期间定为一年》，《国立山东大学校刊》1948 年第 25 期，第 6 页。
② 《中美签署教育基金协定》，《教育通讯（半月刊）》1947 年第 4 卷第 7 期，第 24 页。
③ 《中美教育基金董事会决议》，《申报》1948 年 10 月 6 日第 7 版。
④ 《中美交换教授学生》，《教育通讯（半月刊）》1948 年第 6 卷第 5 期，第 33 页。

中国学生或教授的情况,虽然1948年中美教育基金会赠送齐鲁大学二年级以上品学兼优奖学金名额2名,①不过在1948年12月,"由于币制之管制,及基金均易为中国法币之故,本学期已无法派中国学生或教授至美。"②最后该计划仅在中国大陆实行短短20个月就因国共两党易政而暂停。

为"增强教学及研究工作"、"促进中国之建设及建设人才之训练"和"增进美国人对中国了解",1947年美国医药援华会设置了《美国援华联合会奖励正教授研究员赴美进修办法》,该办法规定,在指定学术范围内,赴美进修1年,进行研究考察或其他学术文化工作,奖金名额30名左右,奖金金额每名约美金4000元,用于来回旅费、在美生活费、在美旅费、健康保险费及预备费,奖励对象是在过去6年内不曾因任何事故前赴任何外国者(香港澳门除外)。③美国援华会函请厦门大学推荐教授3名赴美进修研究,1947年厦门大学第四十八次行政会议决定推选原则有4条:"(一)教授在校服务年久且达休假期间者;(二)取平衡原则,人选不得集中同一院系;(三)合上两条而在请假中者,与在校同,亦得推选;(四)其他条件适合美援华会规定者,并决定

---

① 《中美教育基金会赠本校奖学金名额二名》,《齐鲁大学校刊》1948年第70—71期,第6页。
② 《中美教育基金会》,《新闻资料》1948年第171期,第1832页。
③ 《美国援华联合会奖励正教授研究员赴美进修办法》,《国立中央大学校刊》1947年第1期,第10—11页。

依照上项原则由校长就申请人中选定云。"①1947年国立中山大学根据美国援华联合会设置的教授进修办法,"已决定选派师范学院院长蔡乐生,工学院林鸿恩教授,法学院雷荣珂教授等三人前往美国进修。"②1947年4月14日,美国援华联合会函请北京大学推荐教授三人赴美进修,不久北大就初步列出了《送美国援华联合会奖励正教授/研究员赴美进修办法名单》③。

送美国援华联合会奖励正教授/研究员赴美进修办法名单

江泽涵	申又枨	庄圻泰	张禾瑞	樊畿	程毓淮	许宝騄	郑华炽
赵广增	马大猷	饶毓泰	吴大猷	马士俊	钱思亮	孙承谔	袁翰青
冯式权	马祖圣	曾昭抡	孙云铸	王竹泉	王烈	杨钟健	米士
阮维周	汪敬熙	莊孝僡	王风振	殷宏章	吴素萱	张景钺	张肇骞
高尚荫	陈雪屏	邱椿	陈友松	齐泮林	樊际昌	燕树棠	蔡枢衡
费青	李士彤	冀贡泉	戴修瓒	章剑	王克勤	钱端升	吴之椿
许德珩	崔书琴	张佛泉	吴恩裕	楼邦彦	周世述	王铁崖	周炳琳
赵迺抟	周作仁	秦瓒	杨西孟	宋作楠	陈振汉	樊弘	蒋硕杰
朱炳南	李先闻	李景均	陈锡鑫	钟俊麟	熊大仕	汪国奥	吴仲贤
周明祥	赵善欢	李荫桢	周桢	汪振儒	黄瑞纶	邢其毅	陈华癸
李连捷	俞大绂	林传光	徐钟济	应廉耕	王毓瑚		

1947年4月21日,北京大学第三十九次会议决议授权校

---

① 《本校教员赴英美进修研究》,《厦大校刊》1947年第2卷第3期,第5—6页。
② 《中山大学已选派三教授赴美进修》,《申报》1947年4月30日第5版。
③ 北京大学档案资料,案卷编号:BD1947069。

长遴选美国援华联合会赴美进修教授人选,[①]5月4日,胡适校长发表谈话,"北大赴美进修之教授,已决定为地质系主任孙云铸,物理系教授马大猷,经济系教授杨西孟。"[②]其中孙云铸和杨西孟就是以休假教授名义赴美进修的。因为美国援华联合会供应费用,国立西北大学推定物理系主任岳劼恒,生物系主任刘汝强出国进修。[③]1947年,清华大学的"范绪筠、张印堂、庄前鼎"获美国援华联合会设置的教授及研究员赴美进修奖金。[④]此外,英国文化协会等外国社会公共组织也资助中国学者出国进修。这些赴国外进修的教师,不少都是达到国立大学学术休假资格的教师。

三、中央政府资助的学术休假

北洋政府时期,教育部早在1917年就颁布了《国立大学职员任用及薪俸规程》,其中就有学术休假的规定,不过没有明确规定大学教师休假的资助方。南京国民政府成立后,政府对教育加强了统一管理。抗日战争期间,为了提高学术水准,加强学术集权,保障教员待遇,教育部采取了一系列措施。如1938年国民参政会通过"全国专科以上教员资格由教育部审定"的议决,

---

[①] 王学珍、郭建荣主编:《北京大学史料(第四卷:1946—1948)》,北京大学出版社2000年版,第42页。
[②]《北大教授赴美进修 胡适昨发表谈话》,《申报》1947年5月5日第5版。
[③]《西北大学两教授被推派赴美研究》,《申报》1947年4月30日第5版。
[④] 清华大学校史研究室编:《清华大学一百年》,清华大学出版社2011年版,第170年。

1939年第三次全国教育会议通过设立全国最高学术审议机关"教育部学术审议委员会"的决议,1940年教育部先后颁布《大学及独立学院教员聘任待遇暂行规程》和《二十九年度国立专科以上学校教授考察或研究办法要点》。为了奖励久任教授从事专门研究[1],1941年教育部又颁布《国立专科以上学校教授休假进修办法》,并"作为教师节所规定奖励教师之一种实施"[2],教师节当天教育部发布了遴选的教授休假名单。1940—1944年间,教育部学术审议委员会年年集中开会,5年间共遴选出106位休假进修教授(见表3-9),其中国立大学教授有82名(见表3-10)。

表3-9　1940—1944年教育部选派国立专科以上学校教授休假进修人数及地点

年　份	1940	1941	1942	1943		1944
休假人数	10	19	20	20	10	27
休假地点	国内	国内	国内	国内	国外	国内

表3-10　1940—1944年教育部选派国立专科以上学校教授休假进修名单

年度	教授	学校	年度	教授	学校	年度	教授	学校
1940	周厚复	浙江大学	1942	钱宝琮	浙江大学	1943	张森祯	河南大学
1940	陈建功	浙江大学	1942	朱世溱	武汉大学	1943	傅种孙	西北大学
1940	邬保良	武汉大学	1942	陈祖源	武汉大学	1943	冯定璋	厦门大学

---

[1]《学术研究消息》,《高等教育季刊》1941年第1卷第1期,第303页。
[2]《教育部学术审议会通过休假进修教授名单》,《申报》1941年8月29日第9版。

续表

年度	教授	学校	年度	教授	学校	年度	教授	学校
1940	龚道耕	四川大学	1942	余骞	厦门大学	1943	徐仲年	中央大学
1940	李仙舟	西北工学院	1942	陈子英	厦门大学	1943	方国瑜	云南大学
1940	郭鸿文	西北工学院	1942	萧光炯	湖南大学	1943	张景钺	西南联大
1940	颜守民	西北医学院	1942	杨克嵘	云南大学	1943	李建勋	西北师院
1940	周谷城	暨南大学	1942	伍蠡甫	复旦大学	1944	缪凤林	中央大学
1940	齐敬鑫	西北农学院	1942	李炳焕	复旦大学	1944	虞恩绪	中央大学
1940	潘天寿	艺术专校	1942	张贻侗	西北师院	1944	邹钟琳	中央大学
1941	张士一	中央大学	1943	黎锦熙	西北师院	1944	吴宓	西南联大
1941	戴居正	中央大学	1943	周桢	西北农学院	1944	罗常培	西南联大
1941	毛宗良	中央大学	1943	刘拓	西北大学	1944	吴康	中山大学
1941	李寿恒	浙江大学	1943	汪德章	中央大学	1944	吴钟伟	浙江大学
1941	贝时璋	浙江大学	1943	饶毓泰	西南联大	1944	张鸿逵	浙江大学
1941	汤璪真	武汉大学	1943	杨成志	中山大学	1944	苏雪林	武汉大学
1941	袁昌英	武汉大学	1943	郑宗海	浙江大学	1944	陆风书	武汉大学
1941	陈科美	暨南大学	1943	葛扬焕	武汉大学	1944	戚叔含	暨南大学
1941	范师武	暨南大学	1943	萧连波	西北工学院	1944	刘绍禹	四川大学
1941	郑愈	四川大学	1943	虞宏正	西北农学院	1944	刘椽	厦门大学
1941	周辨明	厦门大学	1943	钟伟成	交通大学	1944	陆懋德	西北大学
1941	唐艺菁	湖南大学	1943	吴树基	湖南大学	1944	熊大惠	交通大学
1941	赵鸿眘	东北大学	1943	梁灿英	同济大学	1944	陈茂康	交通大学

续表

年度	教授	学校	年度	教授	学校	年度	教授	学校
1941	任殿元	西北工学院	1943	胡光炜	中央大学	1944	李进隆	广西大学
1941	蔡钟瀛	西北师院	1943	费巩	浙江大学	1944	杨开劲	湖南大学
1941	齐国梁	西北师院	1943	汤用彤	西南联大	1944	刘全忠	东北大学
1941	林镕	西北农学院	1943	陈登恪	武汉大学	1944	徐嘉瑞	云南大学
1941	褚葆真	江苏医学院	1943	岑麒祥	中山大学	1944	陈子展	复旦大学
1941	殷良弼	西北技专	1943	贾成章	西北农学院	1944	彭鸿车	重庆大学
1942	陈之长	中央大学	1943	苏步青	浙江大学	1944	余谦六	西北工学院
1942	张江树	中央大学	1943	吴剑岚	复旦大学	1944	郝耀东	西北师院
1942	宗白华	中央大学	1943	马恒飈	西北工学院	1944	朱鹤年	湘雅医学院
1942	候过	中山大学	1943	邓胥功	四川大学	1944	王仲侨	江苏医学院
1942	朱谦之	中山大学	1943	郭坚白	重庆大学	1944	姚鋆	西北农学院
1942	杨耀德	浙江大学	1943	郑资约	东北大学			
1942	黄翼	浙江大学	1943	周宪文	暨南大学			

资料来源：教育部教育年鉴编纂委员会编：《第二次中国教育年鉴》，商务印书馆1948年版，第521—522页。

教育部通令遴荐休假进修教授后，国立各院校积极响应并推荐本校合格教授人选，教育部则坚持公平分配和细致严格的遴选法则。据考察，1940年教育部通令后，浙江大学等8校按照部令要求，选择连续在校任职满7年、成绩卓著且未在校休假进修的专任教授，共遴荐合格人员31人。①1940年12月6日，教育部学术审议委员会第一次常务会议在重庆教育部会议室举行，出席人员有吴敬恒（吴稚晖）、陈大齐、邵树文、余井塘（教育部次长）、朱家骅，列席人员有吴俊升、陈东原，主席为教育部长陈立夫，此次教育部学术审议委员会审议的内容便包括"离校进修教授人选"，审查范围仅限于各国立专科以上学校选送到教育部，并已经由教育部教员资格审查的教授，当年湖南大学、西北师范学院、音乐专科学校三校推荐休假进修教授名单到教育部，因超过规定期限而不予核选。教育部学术审议委员会审查的要项包括进修计划、学历及著作、在校服务年月及成绩，遴选先在各院校选送的教授中选1人，然后就选送教授较多的院校中酌增遴选名额，②最后教育部学术审议委员会详加审查，在1940年遴选出10人为休假进修教授。③1941年有13所学校遴荐61位教授参选，教育部学术审议委员会先从中剔除超过规定遴荐比例的20人，再从41人中核选出20人为休假进修教授，其中国立音乐专科学校俄籍教授查哈罗夫教授原拟进修计划不合规定，由部令饬其重拟，结果查哈罗夫教授自请放弃进修机会，教育部却仍保留其进

---

① 朱师迓：《三年来国立各校院教授休假进修概况》，《高等教育季刊》1942年第2卷第2期，第51页。
② 《教育部学术审议委员会第一次常务委员会纪录》，《高等教育季刊》1941年第1卷第1期，第356页。
③ 朱师迓：《三年来国立各校院教授休假进修概况》，《高等教育季刊》1942年第2卷第2期，第51页。

修名额。1942 年有 11 所学校遴荐合格人员 33 人，不包括西北大学、四川大学因遴荐名单到教育部超过规定期限而失去核选机会的合格人员。教育部学术审议委员会第八次常务委员会根据所定标准，审议核定 20 人为休假进修教授。1943 年 6 月 5 日，竺可桢在其日记中记载，"进修教授，以连续任七年者为合格，由校长推举合格人三分之一。余所推为劲夫（王国松）、鸿逵（张鸿逵）、亦秋（卢守耕）、润科（储润科）、馥初（吴钟伟）、何增禄、苏步青、香曾（费巩）等七人。"① 当年浙江大学最终入选教育部休假进修的教授有郑宗海、张鸿逵、吴钟伟、苏步青、费巩 5 人。由此可见，休假进修教授的确定，不仅需要经过学校和教育部两层筛选，而且在校内和校外都有一定的竞争性。

关于休假教授的补偿标准即薪酬、旅费和研究费用等问题，《二十九年度国立专科以上学校教授考察或研究办法要点》规定，薪给由教育部"按其上年度实支薪数拨发院校转付"，这种"由教育部给以全薪，此在中国，尚属创举"。离校考察或研究旅费"得由原校酌参补助"。至于实际的旅费金额，根据李仙舟教授的陈述，他于 1940 年由学校领到旅费 39.618 元。② 另外教育部还给休假进修教授"酌加收集资料编印资料报告费"。1941 年《国

---

① 竺可桢日记原文书写 7 人，实际列名 8 个，但郑宗海不在推荐之列，疑先生存笔误和疏漏，或之后又推荐郑宗海。另，此引文中括号及人名为引者所加。见竺可桢：《竺可桢日记（第四册）》，人民出版社 1989 年版，第 684 页。

② 李仙舟：《考察西北各省皮革材料及油脂工业报告》，《高等教育季刊》1942 年第 2 卷第 2 期，第 64—74 页。

立专科以上学校教授休假进修办法》规定原校要补助休假教授旅费，不过1942年教育部根据实际情形，"饬令各校按照规定宽予补助外，不足之处部中迳予补助，但此项补助数以不超过学校补助数为原则"。1942年，"请求补助获准者共三起：计陈之长教授二千元，侯过教授三千元，朱谦之教授一千元。"[①]1943年教育部资助10位教授出国休假进修，所费包括："每人休假进修费美金八千四百八十元，计治装费美金六百元，自印度至美国旅费美金二千元，全年生活费美金二千八百八十元，购置图书仪器及考察研究费美金一千元，由美回国旅费美金二千元。"[②]可见，休假经费不仅包括生活费和旅费，而且包括研究费用，且按个人计算，当时休假出国所需费用不少。由于需要学校补助，加上担心课业受影响，1940年交通大学校长黎照寰向时任教育部高教司司长的吴俊升表达了从缓办理休假进修的想法，"台函嘱即选送休假进修专任教授名册，连同各该教授之研究计划书、服务证件及研究成绩与著作品等，于十一月十日前并呈核办等。因查本校各专任教授担任功课均极重要，一时殊难离校，且旅费及研究费所需须由学校补助亦非预算所能担负。休假进修一节拟请从缓办理。"[③]黎照寰的想法印证了享受学术休假的前提是正常的教学秩序不受

---

① 朱师逊：《三年来国立各校院教授休假进修概况》，《高等教育季刊》1942年第2卷第2期，第50—55页。

② 教育部教育年鉴编纂委员会编：《第二次中国教育年鉴》，商务印书馆1948年版，第522页。

③ 上海交通大学档案资料，案卷编号：LS8-3412。

影响和学校经费可承受。

关于进修教授的休假时间,《国立专科以上学校教授考察或研究办法要点》规定1940年"离校考察"或"研究"的时长是"一年",《国立专科以上学校教授休假进修办法》规定"离校考察或研究半年或一年"。实际在1940—1943年间,所有申请休假进修者都选择1年。之所以如此,一是因为完成进修计划本身可能需要较长时间;二是在当时的时局下,很多大学暂停学术休假制度,教育部所提供的学术休假机会满足了教师有较长时间从事研究和考察工作的愿望;三是可能与补偿标准较高有关,休假教授除了可以领到"原薪"外,还可以领到旅费、资料收集费等补助。这样休假教授在不影响收入的情况下,还可以从事研究或考察等工作。

休假教授考察或研究内容偏重国家或社会实际需要。1940年教育部出台的《二十九年度国立专科以上学校教授考察或研究办法要点》规定,休假教授的活动内容限于"就其专长于抗战建国最有贡献之研究或考察事项"[①]。1941年教育部颁布的《国立专科以上学校教授休假进修办法》虽然没有直接对进修内容做出限制,但提出进修教授名额要根据"学术需要定之"。从1940—1942年的研究题目来看,除了龚道耕、潘天寿、袁昌英、宗白华、朱谦之、钱宝琮、余骞、李炳焕、胡光炜、陈登恪、徐仲年等11人的选题没有围绕国家紧急需要外,其余68人的选题都与国防或

---

① 《教育部订定教授离校考察或研究办法》,《教育通讯(周刊)》1940年第3卷第37—38期,第4—6页。

社会实际需要密切相关。

至于休假教授的预期活动目标,因无法获得详细完整的休假计划[1],因此不能详细得知。但从1940—1943年研究题目或进修计划的简略表述,基本可以判断学术休假的预期活动目标。笔者统计发现,在79个研究题目的表述中(见表3-11),有37处使用"研究"、"实验"、"试验"(其中35处用到"研究",且"研究"大多出现在研究题目开头,2处使用"实验"、"试验"),有32处使用"考察或调查",有21处使用"著述"、"编著"、"著"、"撰辑"、"完稿"、"成书",此类基本限于整理讲稿讲义编纂成书。这些表明,教育部资助的休假进修教授的预期活动目标,从多到少依次是研究、考察和著述,不过从事研究与考察的人数差别不大,休假期间编写教材也占相当比例。

表3-11 1940—1943年教育部资助国立专科以上教授休假活动选题表

年度	姓名	研究或考察主题
1940	周厚复	考察后方工业化学原料
1940	陈建功	考察浙江省中学教学教育实况
1940	邬保良	研究原子核构造及反应
1940	龚道耕	撰辑《礼记》义疏
1940	李仙舟	考察西北各省皮革材料及油脂工业
1940	郭鸿文	考察西北各省羊毛出产实际状况

---

[1] 此类资料可能藏在中国第二历史档案馆,而中国第二历史档案馆教育类资料暂停查阅。

续表

年度	姓名	研究或考察主题
1940	颜守民	研究南方流行之小儿病
1940	周谷城	考察全国中等学校历史教学情形
1940	齐敬鑫	考察陕西省所产枪托用的核桃木
1940	潘天寿	赴皖浙研究国画并从事写生
1941	张士一	完成中学英语教学专著
1941	戴居正	继续旧法制造波德兰水泥之试验
1941	毛宗良	研究四川榨菜之环境适应力与其病害之防治
1941	李寿恒	赴西南西北各省考察炼焦工业及其副产品之提炼并研究固体及液体燃料
1941	贝时璋	研究染色体之会联情形等
1941	汤璪真	赴美国考察近年数学发展情形
1941	袁昌英	继续中国诗的研究
1941	陈科美	赴国外考察西洋诸国民族复兴运动与实际情形
1941	范师武	考察下关今日之商业与滇缅公路运输之关系
1941	郑愈	整理理论物理及电磁学教本
1941	周辨明	调查闽赣方言并修订方言注音符号
1941	唐艺菁	研究植物形状并拟完成高等曲线理论部分
1941	赵鸿焘	研究三民主义之立法政策
1941	任殿元	考察四川彭县铜矿及陕西各铁矿区域
1941	蔡钟瀛	编著专科学校物理方面用书
1941	齐国梁	赴陕甘宁川各省考察中等女校归于家事教育之实施及其不发达原因，以便草拟促进家事教育之计划

续表

年度	姓名	研究或考察主题
1941	林镕	调查并研究陕南植物之分类及病理
1941	褚葆真	研究中国特多流行之沙眼病或天花病原体并赴国外考察关于血清疫苗之制造新法与设备
1941	殷良弼	考察甘肃森林实际状况
1942	陈之长	考察川北川西各地家畜生产情形及其疾病
1942	张江树	编辑大学用理论化学教本
1942	宗白华	编著中国美学思想研究
1942	侯过	调查湘桂粤赣闽边境各江水源林业
1942	朱谦之	研究比较文学史
1942	杨耀德	赴昆明桂林考察我国电工器材制造专业
1942	黄翼	研究儿童因果观念之发展及重量幻觉与知识常性之关系
1942	钱宝琮	整理历年所集资料编纂一比较完善之中国数学史
1942	朱世溱	研究中国传叙文学之发展
1942	陈祖源	编著西洋古代史有暇并赴浙皖考察社会教育
1942	余骞	据契金文及经注诸书匡补许氏说文解字形音义三者不当处以解决文字学之悬案
1942	陈子英	从事大头病及民族卫生问题之研究并编著普通生物学教本
1942	萧光炯	就湖南所产杉松樟梓桐栗等木材实验其弯曲力张剪力劈开力比重及树枝成分
1942	杨克嵘	赴国内各地考察机械工业并研究机械工业与工程教育相联系之问题
1942	伍蠡甫	研究中国书画编译专书宣扬于世界

续表

年度	姓名	研究或考察主题
1942	李炳焕	编著经济思想史
1942	张贻侗	编辑理论化学教科及参考用书
1942	黎锦熙	现代方言考
1942	周桢	考察西北造林与防砂
1942	刘拓	调查四川各工业区之一般化学工业
1943	汪德章	赴美国考察畜牧学并与各大学名教授讨论重要畜牧问题
1943	饶毓泰	赴美国研究关系偶线在电力之下强度比率并考察著述
1943	杨成志	赴美国各省及印第安人分布地从事美国同化开化研究
1943	郑宗海	拟以英文写成一书名 Dangling Lantorn
1943	葛扬焕	赴美考察刑政上的新设施
1943	萧连波	赴美国进修研究造纸国防化学及工业化学
1943	虞宏正	赴美研究胶质化学及橡皮代用品
1943	钟伟成	研究战后货币金融问题
1943	吴树基	出国研究地球物理学
1943	梁灿英	赴美研究生理学及生理化学
1943	胡光炜	写定甲骨文字学并整理楚辞札记信件
1943	费巩	在渝蓉各大学编纂中国官制史
1943	汤用彤	研究魏晋玄理特别注重哲学及当时文化部分
1943	陈登恪	在原校研究中国小说史
1943	岑麒祥	在广东广西两省从事遥氏语言的比较研究
1943	贾成章	考察各地农业生产情形及林业政策

续表

年度	姓名	研究或考察主题
1943	苏步青	在湄潭研究几何上一般空间之联络论
1943	吴剑岚	从事四川文徵之编辑
1943	马恒飊	赴陕西豫西甘肃一带考察沙金产品以获得地质上确定材料及淘洗改进办法
1943	邓胥功	赴国内各地考察教育民情或在休假期间研究并著述教育行政
1943	郭坚白	研究易经之数学基础已成著三卷拟于假期间整理本稿并完成研究工作
1943	郑资约	在北碚从事标准参考中国地理志之著述
1943	周宪文	调查我国战时金融业之发展并完成建设新中国之三民主义金融学政策一书
1943	张森祯	从事河洛文化实地调查
1943	傅种孙	绩成初等数学研究并著近世代数
1943	冯定璋	在原校编著大学用书财产保险等
1943	徐仲年	编著德文动词字典并完成，写作四篇小说
1943	方国瑜	赴渝蓉南溪收集汉史资料
1943	张景钺	研究藤麻黄之生活史
1943	李建勋	赴甘川贵湘等省考察国民教育设施上之困难并研究克服方法

资料来源：
（1）朱师逊：《三年来国立各校院教授休假进修概况》，《高等教育季刊》1942第2卷第2期，第51—55页。
（2）朱师逊：《教育部核定三十二年度休假进修教授》，《高等教育季刊》1943年第3卷第4期，第162—163页。

至于休假结果，总体来说还是值得称赞的。据朱师逖先生记载，"齐敬鑫教授研究陕西省所产枪托用的核桃木，虽无余暇实地考察，但仍在院校设置大规模的试验场。（系私人出资购买大量核桃种子、装置荫棚和灌溉设备，并配用病虫害药品；所费浩繁。）这项实验本年冬季，即可结束。将来研究报告问世，对于国防器材上有相当裨益，自不待言。"李仙舟教授"计时两月有十日，行程约二千三百余公里"，调查范围涉及甘肃、青海、陕南，考察内容包括皮类产量、鞣料之产量及质量、油脂产量及品质，提出发展陕南漆业之建议和改善桐油取法之意见。[①] 郭鸿文教授费时2月，所到之处有甘肃、青海、宁夏、陕西等西北4省，调查西北4省羊毛之聚集地与产量、羊类品种、羊毛之利用与病症、羊毛之买卖与运输情形，研究西北4省羊毛的物理与化学性质，并列出所调查的多所毛织厂的资本、职工数量与薪金，设备器械与加工程序，原料、产量、销路与价格，最后提出亟待做的6条建议。[②] 李仙舟和郭鸿文两位先生的调查内容丰富、数字详实、分析细密，仅节录的文字就有近万字，"实为研究开发西北富源问题不可多得的资料"[③]。戴居正教授为了解决国内水泥缺乏问题，

[①] 李仙舟：《考察西北各省皮革材料及油脂工业报告》，《高等教育季刊》1942第2卷第2期，第64—74页。

[②] 郭鸿文：《考察西北各省羊毛出产实际状况报告》，《高等教育季刊》1942第2卷第2期，第55—64页。

[③] 朱师逖：《三年来国立各校院教授休假进修概况》，《高等教育季刊》1942年第2卷第2期，第51页。

试验波德兰水泥,"自在宜宾中央电瓷厂砌一小型级窑先行设计绘图,亲自监督工匠砌窑,鏖时三十五天。始时试验窑砌成。后将石灰石及粘土分别磨细配合做成砖坯,装入窑中。连烧三次,均未成功。经历次改进后,至第四次方始烧成。试验期间,计通宵不眠凡四次。熟料取出后,先行捣碎成为细粒,放入小型瓷窑中连磨十二小时,即成波德兰水泥。……后将样品带回重庆,送交中央大学材料实验室依照标准方法试验七天……试验困苦情形,可见一斑。现戴教授已将'级窑制造波德兰水泥方法向经济部呈请专利'。""范师武教授《从滇西下关之商业论到我国目前之抗战经济实况》与毛宗良教授《四川榨菜之环境适应力与其病害之防治》两篇报告,内容也极有价值。……张士一教授著成《中学英语教学法纲要》一书,都三十万言。……赵鸿翥教授著成《三民主义立法政策之实施》一书,约十万字。……蔡钟瀛教授整理历年讲稿,写成《理论力学》《热力学》讲义两种。蔡教授连续任职已达二十五年,本年自请退休业经政府核准。而以退休之年写成此稿,实在难能可贵。贝时璋教授在进修期间完成专门论文数篇,内容也极有价值。"毛宗良教授"选种栽植榨菜悉心研究完成报告一篇"。① 朱谦之8月接到进修的训令后,首先按照部令要求辞去桂研究所文学院院长、历史学系主任之职务,仍兼任研究院历史学部主任之职。"以私人藏书关系乃于九月十五日由

---

① 朱师逊:《三年来国立各院校教授休假进修概况》,《高等教育季刊》1942年第2卷第2期,第52—55页。

坪经桂赴梧，十月安抵梧州后定居藤县赤水乡，以撰述为事，数年积思竟于翌年三月间完成之，即《文化社会学》一书，绪论之外，共分八章……全书二十四万言……一年中谦之以读书撰述为乐所作之书亦经陆续付印，其中付印尚未出版者约八十余万言。"朱谦之先生不仅罗列出付印尚未出版著述的名称、字数和出版社，还罗列出1年间9次讲学的题目、时间、地点。①

除了大部分教授按期完成休假目标外，尚有部分教授因为种种关系，未能按时提交休假报告。如龚道耕先生病故，周辨明教授考察后赴香港研究尚未脱险，陈科美和汤璪真原拟赴美国考察研究，后因时局原因不得不改在国内研究，使研究受到一定影响。"以外汇和交通关系，具有出国研究计划者都未能实现，不免稍减兴趣。"可喜的是，"教员研究由此转向国内实际问题，实学术界一大转变，未可忽视。"对于到期未缴休假报告者，"教育部令院校催促迅送，并允择优由部印行"。根据休假结果的分析，朱师辙先生认为："各教授大都能按照预定计划进行，所收成效很大。"②这在一定程度上说明，当时教育部资助的国立专科以上学校教师休假进修活动，总体上取得了较大的成效，获得了时人的认可。

1945—1947年间，教育部资助的教授休假进修暂停办理。

---

① 朱湛诠:《休假进修一年之工作报告》，《国立中山大学校友通讯》1943年第38期，第7—8页。

② 朱师辙:《三年来国立各校院教授休假进修概况》，《高等教育季刊》1942年第2卷第2期，第55页。

"因各校教授极感缺乏,且以经费及外汇困难,故教授休假进修,均暂停办理。"[1] 教育部遂于1944年颁布《大学教授副教授自费出国进修办法》,该办法规定:"现任各大学教授副教授,其资格曾经本部审查认可,并任职满五年以上,所教授或研究之学科确有出国进修之必要,而自行筹足经费者,准予出国进修(本条在抗战期内研究社会学科之教授副教授暂缓适用)。"[2] 这从侧面说明教育部无力资助教授休假出国进修,故鼓励教授自费出国进修。1948—1949年,因国共战事影响,教育部资助的教授休假进修"亦未办理"。[3]

---

[1] 教育部教育年鉴编纂委员会编:《第二次中国教育年鉴》,商务印书馆1948年版,第522页。

[2] 王学珍、张万仓编:《北京高等教育文献资料选编(1861—1948)》,首都师范大学出版社2004年版,第830页。

[3] 《第三次中国教育年鉴》,(台湾)正中书局1957年版,第476页。

第四章 国立大学学术休假制度案例管窥

案例具有真实具体的特点,通过案例研究,能够深入到故事背后复杂的情景中去认识问题和剖析原因。北京大学和清华大学是民国时期国立大学的典型代表,且北京大学和清华大学是民国时期实行学术休假制度时间较长的国立大学,这将为国立大学学术制度的研究提供丰富的史料和有价值的信息。

第一节 北京大学的学术休假制度

一、北京大学的历史使命与组织环境

北京大学肇始于1898年的京师大学堂,其建立可以追溯到1895年的甲午战争,中国的惨败使洋务运动遭受沉痛的打击,兴办西学成为清王朝自救的重要武器。1898年光绪皇帝发动戊戌

变法，其"第一项措施就是开办京师大学堂"[1]，这时的"京师大学堂不仅是全国最高学府，而且是全国最高教育行政机关"[2]。京师大学堂创办之初采用"中体西用"的办学方针，"考东西各国，无论何等学校，断未有尽舍本国之学而能讲他国之学者，亦未有绝不通本国之学而能通他国之学者。……夫中学，体也；西学，用也。二者相需，缺一不可。"对于学生和教师，则给予出身。"大学堂卒业各生，择其尤高才者先授之以清贵之职，仍遣游学欧美各国数年，以资阅历而期大成。""学生既有出身，教习亦宜奖励。……其实心教授著有成效确有凭证者，皆三年一保举。原系生监者，赏给举人。原系举人者，赏给进士，引见授职。""一切堂规，归总办提调续拟。"[3]可见，京师大学堂在开办之初带有浓厚的官本位文化色彩，学堂仍是培养后备官员的场所。京师大学堂创办后不久，义和团运动爆发，八国联军入侵，学堂关闭。战败于八国联军后，清政府痛定思痛，决定实施"新政"，1902年京师大学堂重新开办，管学大臣张百熙在"谨上溯古制，参考列邦"的基础上制定《钦定京师大学堂章程》。新章程明确规定，"造就通才"，"中国圣经垂训，以伦常道德为先"，"修身伦理一

---

[1] 〔美〕魏定熙著，金安平、张毅译：《北京大学与中国政治文化（1898—1920）》，北京大学出版社1998年版，第12页。

[2] 王杰、祝士明编著：《学府典章：中国近代高等教育初创之研究》，天津大学出版社2010年版，第141页。

[3] 王学珍、张万仓编：《北京高等教育文献资料选编（1861—1948）》，首都师范大学出版社2004年版，第77—81页。

门"为"培植人才之始基",设立仕学馆和师范馆,"学生学成后赏给生员、举人、进士",管理人员"设官"。[①]虽然也仿效西学设置学科课程和实行分科培养的教学管理制度,但"中体西用"的教育思想、"政教合一"的管理传统和培养后备官吏的教育目标仍然没有改变。所以美国学者魏定熙认为,"京师大学堂无疑享有很高的声望,但是这种声望主要来自学位的授予以及该校与朝廷间千丝万缕的联系,而不是来自于对学术自由下的知识氛围的充分肯定。"[②]无独有偶,加拿大学者许美德也认为,"当时中国既没有真正懂得欧洲大学的精神,也没有认真仿效它的办学模式。"[③]

中国高等教育的真正改变,是从南京临时政府成立开始的。作为新政府的首任教育总长,蔡元培在留学德国4年多的时间里,德国柏林大学经典的大学观正风靡全球,德国成为举世闻名的学术圣地。留德的经历,使得蔡元培对德国大学有着深刻的体察,不仅翻译了德国教育家包尔生(Friedrich Paulsen)的名著《德意志大学》中的总论部分《德意志大学之特色》,而且坚信学术的力量和教育的价值,倡导学术自由和教授自治是大学的精髓。为了彻底改变中国的高等教育,1912年蔡元培策划和主

[①] 王学珍、张万仓编:《北京高等教育文献资料选编(1861—1948)》,首都师范大学出版社2004年版,第107—113页。

[②] 〔美〕魏定熙著,金安平、张毅译:《北京大学与中国政治文化(1898—1920)》,北京大学出版社1998年版,第8页。

[③] 〔加〕许美德著、许洁英译:《中国大学1895—1995:一个文化冲突的世纪》,教育科学出版社2000年版,第64页。

持了全国临时教育会议,这成为"蔡元培提倡教育决策民主化的最初尝试"[1];起草了《大学令》,强调"以教授高深学术,养成硕学闳材,应国家需要"是大学的宗旨,首次将"评议会"和"教授会"写进政府法令,[2]体现了蔡元培的研究型大学观和教授治校办学理念。许美德先生认为,正是从南京临时政府开始,"中国才真正开始致力于建立一种具有自治权和学术自由精神的现代大学。在这个过程中,最著名的人物是蔡元培。"[3]不过南京临时政府退让后,蔡元培不满北洋军阀政府的独裁统治,遂愤而辞职,其教育总长生涯戛然而止。虽然蔡元培倡导的教授治校还只停留在计划阶段,但教授治校的提出却为后续的教育改革提供了思想基础。

北京大学的真正改变,主要是从蔡元培任北大校长开始的。虽然中华民国成立后,北大曾先后有严复、何燏时、胡仁源掌校,他们都有留学和从教的经历,在任时不遗余力整顿风纪、改革学制、筹集资金、聘请名师、扩大规模、改善教学,甚至胡仁源在任时还设立了评议会,但整个校园的官僚气息仍很严重,封建文化思想仍占统治地位。"'五四'以前的北京大学带有很重的封建色彩,从它身上可以看出2000年来中国古老的'太学'的

---

[1] 田正平、于潇:《教育决策民主化的最初尝试——民初临时教育会议考察》,《高等教育研究》2010年第1期,第77页。

[2] 王世珍、张万仓编:《北京高等教育文献资料选编(1861—1948)》,首都师范大学出版社2004年版,第305页。

[3] 〔加〕许美德著、许洁英译:《中国大学1895—1995:一个文化冲突的世纪》,教育科学出版社2000年版,第66页。

影子。"① 为了实现学术救国的愿望，1917年，蔡元培抱着"我不入地狱谁入地狱"的决心就任北京大学校长。据蔡元培后来回忆，当时北大缺乏研究的空气，"教员是自己不用功的，把第一次的讲义，照样印出来，按期分散给学生，在讲坛上读一遍，学生觉得没有趣味，或瞌睡，或看看杂书，……北京大学的学生，是从京师大学堂老爷式学生嬗继下来……他们的目的，不但在毕业，而尤注重在毕业以后的出路。所以专门研究学术的教员，他们不见得欢迎。"②沈尹默也如是说，"预科还有一位教地理的桂蔚丞老先生。……有一次，在教员休息室里，学生来向我借书，借之而去。桂蔚丞大为诧异，对我说：'你怎么可以把书借给学生呢，那你怎么教书呢？'我回答说：'这无从秘密的呀。书是公开的，学生可以买，也可以到图书馆借。'原来，这些老先生教了几十年的讲义和参考书都是保密的。"③ 为了塑造良好的校风，蔡元培在就职演说中就提出，"大学者，研究高深学问者也。"同时告诫学生，"入法科者，非为做官；入商科者，非为致富。"④1918年蔡元培在《〈北京大学月刊〉发刊词》中论及，"大学者，'囊括大典，网罗众家'之学府也。《礼记·中庸》曰：'万物并育而不相害，

---

① 任继愈：《念旧企新——任继愈自述》，山西人民出版社1997年版，第40页。
② 蔡元培：《我在北京大学的经历》，载张圣华编：《蔡元培教育名篇》，教育科学出版社2007年版，第264页。
③ 沈尹默：《我和北大》，载钟叔河、朱纯编：《过去的大学》，长江文艺出版社2005年版，第25页。
④ 蔡元培：《就任北京大学校长之演说》，载马燕：《蔡元培讲演集》，河北人民出版社2004年版，第49页。

道并行而不相悖',足以形容之。"①1919年3月蔡元培在《致〈公言报〉函并附答林琴南函》中,明确提出自己的办学方针,"对于学说,仿世界各大学通例,循'思想自由'原则,取兼容并包主义……无论为何种学派,苟其言之成理,持之有故,尚不达自然淘汰之运命者,虽彼此相反,而悉听其自由发展。"②这是蔡元培对大学观的再次阐释,是其"学术自由"和"兼容并包"思想的深刻表达。

为了使大学成为研究学问的机关而不是贩卖知识的场所,蔡元培除了宣传自己的办学理念和教育思想,还对北京大学进行了大刀阔斧的改革,积极创建学术组织和管理制度,因为他懂得,"大学为研究高深学术、养成硕学闳材之所,而组织完善与否,与学术之滞达人才之盛衰均极有关系。"③为了践行自己的办学目标和治学理念,蔡元培上任后,第一步就是组建评议会。"我初到北京大学,就知道以前的办法是,一切校务,都由校长与学监主任、庶务主任少数人办理,并学长也没有与闻的,我以为不妥。所以第一步组织评议会,给多数教授的代表,议决立法方面的事。"④1917年北京大学出台了《大学评议会简章》,其第1条内

---

① 蔡元培:《〈北京大学月刊〉发刊词》,《新教育》1919年第1卷第3期,第342页。
② 蔡元培:《致〈公言报〉函并附答林琴南函》,载高平叔编:《蔡元培教育文选》,人民教育出版社1980年版,第64页。
③ 《指令第一千九百号(北京大学呈送该校现行章程)》,《教育公报》1920年第12期,第45页。
④ 中国蔡元培研究会编:《蔡元培全集(第3卷)》,浙江教育出版社1997年版,第693页。

容就提出评议会的组成人员包括校长、各分科预科学长及预科主任教员、各分科及预科中国专任教员（每科2人，由教员互选）；第4条提出大学评议会的职责包括讨论"各学科设立及废止、讲座之种类、大学内部规则、关于学生风纪事项、审查大学院生成绩及请授学位者之合格与否、教育总长及学生咨询事件"和"凡关于高等教育事项，得以本会意见，建议于教育总长"等7个方面；第7条规定"本会非有过半人数以上列席，不得议决事件"。①评议会由此设立。学科评议员作为教师代表参与决策，其决策方式是"合议制"，在充分讨论后实行少数服从多数的原则，摆脱了少数人专权垄断的权力格局。第一届评议会成员包括校长蔡元培和学长陈独秀（文科）、夏元瑮（理科）、王建祖（法科）、温宗禹（工科）以及教授代表胡适、章士钊、沈尹默、周思敬、秦汾、俞同奎、张大椿、胡濬济、陶履恭、黄振声、朱锡龄、韩述祖、孙瑞林、陈世璋。在19位评议员中，教授代表有14位，教授代表的席位明显占多数。1918年《国立北京大学评议会规则》正式出台，其第1条就规定评议会的组成人员包括"校长、学长和各科教授（每科二人，自行互选）"，第4条也将讨论"大学内部规则"纳入大学评议会的职责范围。② 由于讨论"大学内部规则"是评议会的职权，因此评议会成为全校最高的立法机构和权

---

① 《指令北京大学该校评议会简章及会员履历准备案文》，《教育公报》1917年第4卷第8期，第84—85页。

② 吴惠龄主编：《北京高等教育史料（第一集　近现代部分）》，北京师范学院出版社1992年版，第22页。

力机构。1918年，第二届评议会成员产生，除了校长蔡元培和学长陈独秀（文科）、夏元瑮（理科）、王建祖（法科）、温宗禹（工科）为当然评议会成员外，学科教授评议会成员投票互选产生代表，结果胡适、陈大齐、沈尹默、马裕藻、秦汾、孙瑞林等14位教授入选。

正是借助评议会的力量，北京大学先后制定《北京大学研究所简章》（1917年）、《国立北京大学评议会规则》（1918年）、《教员延聘施行细则》（1918年）、《选派教员留学外国暂行规程》（1918年）、《北京大学校长学长正教授派赴外国考察规程》（1918年）、《国立北京大学内部组织试行章程》（1919年）、《学科教授会组织法》（1919年）、《教授制大纲》（草案，1922年）、《教员保障案》（1922年）等制度，教授会、研究所、讲座制、学术休假制度、教员专任制也随之设立，评议会、教务会议、行政会议、总务会组成了北京大学的行政管理体系，北京大学的制度日益健全。当然，在运行的过程中，评议会的相关规则得到修正、补充和细化，1920年出台《评议会规则修正案》，其中评议员的成员有了变化，仅包括校长和"教授互选之评议员"，规定"评议员额数以教授全数五分之一为准"。显然，新的评议会规则排除了具有行政职务的学长为当然评议员，加大了教师在评议会中的决策权。这些改革措施，彰显了学术是大学的核心任务、教师是大学的主体、学术事务须民主管理的办学理念，所以人们称蔡元培是我国将教授治校的办学理念付诸实践的第一人。

学校的运行需要物质作为前提条件。作为国立大学，北京大学的办学经费主要来源于国库。严复在任时，军阀割据，内战连连，国库虚空，教育经费时常拖欠，北大差点因为经费不敷遭停办。蔡元培始任校长时，北大教育经费相对充裕。据考察，1917年北大岁入经费 456294.990 元，岁出经费 450621.972 元，经费额数略有盈余。[①] 但"五四运动"后，北大教育经费达到紧张不堪的地步，有时数月只能按几成领薪，有的教员不得已在外兼课，以维持生计。1919 年 10 月教育部会计科致函北大，"应领经费，财政部概未拨放，均系多方借贷，始克勉强支持。"[②] 拖欠严重时，教员以罢课来反抗，1921 年京师国立八校联合举行大规模的索薪运动，北京大学就是国立京师八校中的一所。由于教育经费时常亏空，教育界与政府间的矛盾越来越尖锐和公开，教育界开始有教育独立的动议，"教育不独立，决难希望切实教育经费；但无切实教育经费，教育亦决不能独立。"[③]"要教育经费独立之后，才有教育独立可言，如若不然，那教育独立，都不过是门面语。"[④] 任教育总长时，蔡元培先生结合中国教育的现状和世界大学的通例，提出了"超轶乎政治"的教育主张。任北大校长后，其几进几退的经历也使他强烈感受到政治对教育的干预以

[①] 原文岁出经费 45062.1972 元，疑小数点位置标错。见《呈送教育部五年度教育统计表》，《北京大学日刊》1917 年 1 月 29 日第 4 版（第 58 期）。

[②] 王学珍、王效挺、黄文一、郭建荣主编：《北京大学纪事（1898—1997）》，北京大学出版社 2008 年版，第 68 页。

[③] 程其保：《中国教育经费问题》，《教育杂志》1924 年第 16 卷第 8 期，第 1 页。

[④] 知白：《教育经费独立》，《教育杂志》1922 年第 12 卷第 1 期，第 2 页。

及"巧妇难为无米之炊"的困境。1922年,以蔡元培为首的北京国立八校校长因政府拖欠学校经费数月与交通部交涉,结果受辱,这加强了他提倡教育独立的决心,为此撰写《教育独立议》一文,主张教育独立于政党和教会,要求教育家办学和教育经费独立。①1926年1月会计处报告,"本校截至今日止,帐簿上存款只有二角五分八厘。"②同年7月,《申报》报道,"北大因欠费过巨,自来水源已断绝三日。""北大欠煤商1900余元,因无款付给,被煤商控告,审判庭判决限北大七日内缴款到厅,逾期不交查封校产。"③1926年5月,评议会致函蔡元培,"本校经费,积欠已达十五月之久,最近三数月校费之枯竭,尤为历来所无,所以本校目前最大困难,仍是经费问题。……北京政府现在既已毫无经常收入可言,则本校以及北京其他国立学校,如果不能向俄款方面设法,其将完全停顿,殆极难避免。"④实际上,在蔡元培最后离任北大校长前,教育经费的短缺问题依然制约着北大的发展。

在经费无着落的情况下,教师的待遇如何呢?根据1918年制定的《教员延聘施行细则》,可知当时教师的薪俸是这样规定

---

① 蔡元培:《教育独立议》,载张圣华编:《蔡元培教育名篇》,教育科学出版社2007年版,第159—161页。
② 王学珍、王效挺、黄文一、郭建荣主编:《北京大学纪事(1898—1997)》,北京大学出版社2008年版,第138页。
③ 同上书,第144页。
④《评议会致蔡校长函》,《北京大学日刊》1926年5月20日第1版(第1912期)。

的：教师的薪俸实行年薪制，按月发放，专任教师不得在他处兼职，"初任职之教授、讲师，照教育部公布之《国立大学职员任用及薪俸规程》第八条'非有特别情形，应各支最低级之数'。"①而1917年颁布的《国立大学职员任用及薪俸规程》规定正教授、本科教授、预科教授、助教的最低薪俸分别是300元、180元、140元、50元。据1921年北京大学评议会制定的《教职员薪俸规则》，可知当时北京大学专任教师的薪俸情况（见表4-1）。实际上，除了蔡元培的600元月薪外，我们熟知的当时炙手可热的黄侃、胡适、辜鸿铭、马叙伦、蒋梦麟的月薪是280元，相当于本科七级教授的标准；理科学长夏元瑮的月薪350元，在教授中算是相当高的。②

表4-1　1921年北京大学教职员薪俸标准　（单位：银元）

等级	一级	二级	三级	四级	五级	六级	七级	八级	九级	十级	十一级	十二级
本科教授	400	380	360	340	320	300	280	260	240	220	200	180
预科教授	340	320	300	280	260	240	220	200	180	160	140	120
助教	150	140	130	120	110	100	90	80	70	60	50	

资料转引自：陈明远：《蔡元培主持北京大学期间的教员资格和薪俸标准》，《社会科学论坛》2011年第3期，第188页。

按照北大的薪酬标准，教师的生活水平高不高呢？曾经任教

---

① 《教员延聘施行细则》，《北京大学日刊》1918年5月30日第2版（第150期）。
② 陈明远：《蔡元培主持北京大学期间的教员资格和薪俸标准》，《社会科学论坛》2011年第3期，第186—188页。

北大多年的李书华说,"北大教授待遇最高薪每月大洋二百八十元,也有每月二百六十元或二百四十元。讲师待遇按每小时五元计算。助教薪水大约每月五六十元至一百多元之间。我初到北大时,即领教授最高薪。彼时一年可领到八九个月的薪水。北京生活便宜,一个小家庭的用费,每月大洋几十元即可维持。如每月用一百元,便是很好的生活,可以租一所四合院的房子,约有房屋二十余间,租金每月不过二三十元,每间房平均每月租金约大洋一元,可以雇用一个厨子,一个男仆或女仆,一个人力车的车夫;每日饭菜钱在一元以内,便可吃得很好。有的教授省吃俭用,节省出钱来购置几千元一所的房屋居住;甚至有能自购几所房子以备出租者。"① 可见,蔡元培时期北大支付给教师的薪酬足以维持教师体面的生活。

1923年蒋梦麟提出,"师资不尊,不足以言重学术;待遇不丰,不足以言一心志。"② 1930年蒋梦麟正式接替蔡元培出任北京大学校长,当时面临两大难题:一是办学经费严重不足,二是革命风气有余而学术风气不足。据1931年的统计信息,当时北京大学的岁出经费是760701元,而岁入经费是261886元,③ 北京大学的经费严重入不敷出。1931年12月蒋梦麟致函胡适和傅斯年,"学校的致命伤在经费的积欠,教员的灰心。两位也知道好多教

---

① 李书华:《李书华自述》,湖南教育出版社2009年版,第51页。
② 蒋梦麟:《杭州大学意旨书》,载曲世培编:《蒋梦麟教育论著选》,人民教育出版社1995年版,第230—231页。
③《二十年度全国高等教育概况简表》,《出版周刊》1934年第82期,第21页。

员，真是穷得没有饭吃。"①为了将北京大学这艘风雨飘摇的船在惊涛骇浪中驶入平静的港湾，蒋梦麟积极筹款，在蔡元培和胡适的帮助下，1931年北京大学与中华教育文化基金会设立合作研究特款，1931—1935年间，双方商定每年各出资20万元用于合作研究，这样北京大学就得到中基会100万元的援助（实际上中基会资助的时间是1931—1937年）。在得到这批款项后，蒋梦麟对胡适说，"辞退旧人，我去做；选聘新人，你们去做。"②1931年，《北平晨报》报道，蒋梦麟为了整顿教育，聘请专任教授若干人，"月薪由千元至六百元不等"③。结果把曾昭抡、汤用彤等一大批知名度高的教授聘到北京大学执教，北京大学的研究风气逐渐变浓。南京国民政府成立后，政局相对稳定，教育经费的投入逐渐有所增加，加上蒋梦麟与中央政府的良好关系，北京大学的经费不足问题趋于缓和。

在稳定了学校办学经费的同时，为了使师生安心治学，蒋梦麟对北京大学的组织设置进行了改革。这里有必要先说说蒋梦麟的个人经历。蒋梦麟，浙江人，蔡元培非常信任的弟子，美国进步主义教育代表人物杜威的学生，1917年获哥伦比亚大学教育学

---

① 蒋梦麟：《致胡适、傅斯年》，载曲世培编：《蒋梦麟教育论著选》，人民教育出版社1995年版，第277页。
② 胡适：《北京大学五十年》，载钟叔河、朱纯编：《过去的大学》，长江文艺出版社2005年版，第21页。
③ 王学珍、郭建荣主编：《北京大学史料（第二卷·一：1912—1937）》，北京大学出版社1993年版，第523页。

博士，1919年任北京大学教育系教授，1923年曾代理北京大学校长，1928年出任南京国民政府第一任教育部长。当时南京国民政府担心风起云涌的学生运动和教师风潮影响政局的稳定，特别是1924年北京大学评议会反对《国立大学条例》设立董事会①和1925年北京大学的"脱离教部"事件已经威胁到政府对教育的控制权，评议会对教育部的指令屡次表示不满，因此教育部对教育采取了专制政策，对评议会的态度发生重大转变。作为南京国民政府第一任教育部长，蒋梦麟出于自身的政治身份，加上他不满于大学师生陷于政治的旋涡里所导致的学者不专心治学和学生不专心求学的现状，1928年蒋梦麟坚持"学术与行政事务相分离"的办学原则，亲自主持制定《大学组织法》，1929年国民政府正式公布《大学组织法》，规定大学设置"以全体教授、副教授所选出之代表若干人，及校长、各学院院长、各学系主任"组织的校务会议，审议"大学内部各种规则"是校务会议的职权之一，"评议会"和"教授会"没有出现在《大学组织法》中，这实际上宣告了"校务会议"代替"评议会"的教育组织新政策。

正式出任北大校长后，蒋梦麟强烈感受到北京大学的革命风气有余而学术风气不足，认为学生"跋扈"和"使人难受"，"办学如养土匪兵"，担心因缺钱产生"恶币驱逐良币"效应，②于是

---

① 《评议会致教育部公函》，《北京大学日刊》1924年3月25日第2版（第1428期）。
② 蒋梦麟：《致胡适、傅斯年》，载曲世培编：《蒋梦麟教育论著选》，人民教育出版社1995年版，第277页。

继续执行自己在任教育部长时制定的教育组织政策。1932年北京大学公布了《国立北京大学组织大纲》，其第7条规定校长"总理校务"。第8条规定，学院院长由校长就教授中聘任。第14条规定，"本大学校务会议以校长、秘书长、课业长、图书馆长、各院院长、各学系主任及全体教授副教授所选出之代表若干人组织之，校长为主席。"其中校长由国民政府任命，秘书长、课业长、图书馆长、各院院长由校长聘任，各学系主任由校长商承院长聘任。第15条规定，校务会议议决的事项包括"大学预算、学院学系之设立及废止、大学内部各种规程、校务改进事项、校长交议事项"等5个方面，这表明校务会议是学校的最高立法机关，具有行政职务且无须选举的当然会员数量有所增加，相形之下教师代表的比例有所降低。除了校务会议外，新的组织大纲还规定设置行政会议、教务会议和事务会议，其中行政会议的参与者为"校长、院长、秘书长、课业长"，教务会议的参加者为"校长、院长、系主任、课业长"，事务会议的参与者为"秘书长及所辖各组主任"，①很显然，行政会议、教务会议和事务会议的参加者都具有行政职务，除了系主任由校长商承院长聘任外，其余人员都由校长直接聘任。校务会议、行政会议、教务会议、事务会议的参加者主要是具有行政职务的教师或职员，这表明以校长为代表的行政权力有所扩大，以教授为代表的教师权力有所压缩。作为杜威的学生，蒋梦麟崇尚实用主义，因此特别注重管理

---

① 《北京大学组织大纲》，《北京大学日刊》1932年6月18日第1—2版（第2862期）。

效能的提高。蒋梦麟坚持"治学与办事相分离"[①]的办学理念,校务会议、行政会议、教务会议以及事务会议组织的建立使北京大学形成了"教授治学、职员治事、校长治校、民主管理"的管理格局。

蒋梦麟时期的北京大学,学风有了较大转变,埋头钻研学问的学者日益增多。不过,北京大学的人事纠纷,尤其是国学系来校任教多年的教授多,根基厚,人事纠纷更甚。1932年12月22日,杨树达在日记中记述,陈寅恪"劝余兼在历史系授课以避国文系纠纷。余亦甚然其说"[②]。由此可见一斑。

二、北京大学学术休假制度的历史沿革

蔡元培任北大校长后,努力将北京大学打造为一所以学术为鹄的大学,为此进行了一系列的教育改革,北大的教员也积极参与改革并且献计献策。

1917年11月17日,北京大学理科研究所召开第二次会议,"众意非派教员出洋留学,研究所决无发达之望。理科诸教员必须出洋固不待言,文法科诸教员亦同有出洋之必要。理科全体教员极赞成此意,当即拟有办法数条:(一)十年契约;(二)留学费为原薪之一·五;(三)须曾连续任职五年;(四)报告。今特

---

① 蔡磊砢:《"萧规曹随"?——蔡元培与蒋梦麟治校理念之比较》,《北京大学教育评论》2008年第3期,第16—17页。

② 杨树达:《积微翁回忆录》,北京大学出版社2007年版,第41页。

提出于评议会请议决,办法早日实行,大学幸甚!"[1] 在理科各教员的动议下,北大仿照部令《国立大学职员任用及薪俸规程》中的学术休假政策,拟定了《派遣大学教员出洋留学案》[2]。1917年12月8日,派遣教员出洋留学案经评议会议决,其内容"大略"如下:

派遣大学教员出洋留学案
1917年12月8日

一、资格:在校连续任职五年之教授,得由大学派遣出洋留学。

连续任职未满五年之教授,若志愿出洋留学时,可提出研究案于评议会,评议会投票认可时,亦得派往。

二、期间:至少一年,至多二年。

三、学费:除官派学费及往返川资外,仍支原薪之半数。

为官费无空额时,得支原薪之全数外,加往返川资。

四、著作:归国后对于所研究之学科,必有著作。

五、契约:出洋时学校与教授双方,须订立归国后任职三年以上之契约,契约条款另行规定。

---

[1] 全体理科教员:《致评议会诸君公函》,《北京大学日刊》1917年11月27日第2版(第10期)。

[2] 夏元瑮:《致理科各教员公函》,《北京大学日刊》1917年12月11日第2版(第22期)。

从规程名称和内容来看，《派遣大学教员出洋留学案》与1918年10月4日北京大学评议会议决的《选派教员留学外国暂行规程》大同小异。《选派教员留学外国暂行规程》规定，"教育部指定留学额数内有空缺时，各科学长得就学科需要情形，请校就曾在本校连续任职一年以上之本科教授、预科教授、助教选补"，留学教员"按月支在校原薪之半"，但"在校五年以上者得之全薪"，返校服务要求是"延聘至少三年"。①在《选派教员留学外国暂行规程》出台之前，1918年北京大学按照部令要求选派文科教授刘复和理科教授朱家骅出国留学，其余6位教授和助教待教育部有缺额时再选送。②从目前收集的线索来看，北京大学《派遣大学教员出洋留学案》是仿照1917年5月3日教育部令《国立大学职员任用及薪俸规程》中的学术休假政策而制定的；北京大学《选派教员留学外国暂行规程》是依据1916年10月18日教育部令《选派留学外国学生规程》而制定的。

1918年，北京大学再次依据1917年教育部制定的《国立大学职员任用及薪俸规程》第13条规定，制定了《大学校长等派赴外国考察规程》，该规程由评议会议决通过，并于1918年10月4刊登在《北京大学日刊》上。原文如下：

---

① 《选派教员留学外国暂行规程》，《北京大学日刊》1918年10月4日第4—5版（第219期）。
② 《派遣教员出洋之经过情形》，《北京大学日刊》1918年6月6日第2版（第156期）。

《大学校长等派赴外国考察规程》

（评议会议决）

第一条　大学校长、学长、教授每连续任职五年以上，得受特别优待派赴外国考察一次，惟同时不得过二人。

第二条　考察员于出国之前应将其所拟研究之事物及所往之各地点作一节略报告大学评议会。

第三条　考察员除支在校原薪全数外得支左列各费：

出国川资　　　　六百元

治装费　　　　　三百元

回国川资　　　　六百元

考察费　　　　　每月与部定欧洲留学生学费同

各款全以现金发给不受纸币涨落之影响。

第四条　出国时领出国川资、回国川资、治装费又俸薪及考察费六个月。

以后俸薪及考察费每三个月由大学会计课汇寄一次，惟三个月前必须设法寄到。

第五条　考察以二年为期，惟得延长。

第六条　考察员随时应有详细报告寄本校评议会。

第七条　考察员归国后北京大学仍须继续延聘至少三年。

第八条　此项规程大学及考察员各执一份，双方签名盖印以昭信守。

第九条　大学对于执有此项规程之考察员，他种同名之规程均不适用之。

大学校长

考察员

中华民国　年　月　日

《大学校长等派赴外国考察规程》中的休假内容比较全面，对于休假目标、申请对象、先期服务年限、休假时限、补偿标准、返校服务要求、休假计划与休假报告、休假人数额度等都做出了详细而明确的规定。另外，《大学校长等派赴外国考察规程》强调"大学校长、学长、教授"是"受特别优待派赴外国考察"。[①] 1918年10月22日，教育部指令核准了《北京大学校长学长正教授派赴外国考察规程》[②]，其原文如下。

《北京大学校长学长正教授派赴外国考察规程》

七年十月二十二日指令核准

第一条　大学校长、学长、正教授每连续任职五年以上，得派赴外国考察一次，惟同时不得过二人。

第二条　考察员于出国之前应将其所拟研究之事务及所往之各地点作一节略报告于大学评议会。

[①] 王学珍、郭建荣主编:《北京大学史料（第二卷·一：1912—1937）》，北京大学出版社1993年版，第164页。

[②] 王学珍、张万仓编:《北京高等教育文献资料选编（1861—1948）》，首都师范大学出版社2004年版，第420页。

第三条　考察员除支在校原薪全数外得支左列各项：

出国川资　　　　　　六百元

治装费　　　　　　　三百元

回国川资　　　　　　六百元

考察费　　　　　　　每月与部定欧美留学生学费同

专赴日本考察者上列各项另行核定。

第四条　出国时得预支俸薪及考察费三个月。

第五条　考察以一年为期，但得延长。

第六条　考察员随时应有详细报告寄本校评议会。

相对于北大制定的《大学校长等派赴外国考察规程》，教育部最后核准的《北京大学校长学长正教授派赴外国考察规程》有少许变动。其中申请对象之一"教授"改为"正教授"，考察期限"二年"改为"一年"，但可延长，取消了"继续延聘至少三年"的返校服务要求，针对"专赴日本考察者"增加了补偿的另行规定。申请对象的改变，可能是为了与《国立大学职员任用及薪俸规程》所规定的休假对象保持一致。缩短考察期限，可能出于节约办学经费的考虑。至于取消返校服务要求，可能是为了维护教师自由流动的权利。总的来说，《北京大学校长学长正教授派赴外国考察规程》是迄今发现的最早经官方核准的由国立大学创制的学术休假制度，北京大学遂成为我国最早创制学术休假制度的国立大学。

由于实施学术休假制度需要额外的费用，而当时北京大学的教育经费在"五四运动"后非常支绌，连支付教员正常的薪俸都成问题，学术休假制度的运行时断时续，加上蔡元培校长的频繁进退，没有发现1925年后北京大学学术休假制度的相关消息。

1930年蒋梦麟出任北京大学校长后，虽然当时学校最大的问题是办学经费严重不足，但凭借蒋梦麟与蔡元培、胡适以及政府部门要员的关系，特别是南京国民政府成立后教育投入逐渐增加，北京大学的办学经费渐渐有了保障。1934年6月28日校务会议开会，议决"设立教授休假研究制度，推定樊际昌、张颐、戴修瓒三先生负责起草"[1]，同年10月24日校务会议开会，议决"本校教授休假研究规程草案，推委员燕树棠、陶希圣、饶毓泰三人审查，并由燕树棠定期召集会议复核后，提交下次校务会议讨论"[2]，12月1日北京大学校务会议通过《国立北京大学教授休假研究规程》[3]。

《国立北京大学教授休假研究规程》
（1934年12月1日）

第一条 本大学教授连续服务满五年者，得请求休假一年，如不兼事支半薪。其请求休假半年者，如不兼事支全薪。

曾经休假一次者须连续服（务）六年方得再请休假。

---

[1] 王学珍、王效挺、黄文一、郭建荣主编：《北京大学纪事（1898—1997）》，北京大学出版社2008年版，第263页。

[2] 同上书，第265—266页。

[3] 王学珍、张万仓编：《北京高等教育文献资料选编（1861—1948）》，首都师范大学出版社2004年版，第692页。

第二条 本大学教授如欲在休假期内作研究工作者，应先提出研究之具体计划，经系务会议通过审定提校务会议核准后方得享受下列各条之待遇。

第三条 本大学教授如欲在休假期内赴欧美研究者，支给全薪，并给予来往川资各美金三百五十元。

但本人如在他方面领有川资者，本校不再支给川资。

第四条 本大学教授在休假期内赴日本研究者，支给全薪。

第五条 凡休假教授赴美或日本研究者，其在国外研究期间须在十个月以上。

第六条 本大学教授在休假期内赴国内各地研究者，除照第一条支薪外，其旅行及研究费用，由研究者提出详细预算，经校务会议核定，但其总数不得超过一千五百元。

第七条 本大学教授依本规程休假者于休假期满后有返校服务之义务。

第八条 本大学教授每年休假人数，每学系不得超过一人。

第九条 本大学各学系不得因教授休假而增聘教授及讲师。

第十条 本大学教授经特种契约聘定者不适用本规程之规定。

第十一条 本规程如有未尽事宜，得由本校务会议修订之。

第十二条 本规程自民国二十四年度起施行。

在实际的运行过程中，北京大学校务会议根据学校经费和师资力量的变动情况以及提高管理效能的需要，不断补充、调整和完善学术休假制度。1935年4月24日，北京大学第四次校务会议决议通过校长所提出的规定本校教授休假研究名额案："（一）每年全校休假研究教授总额以7人为限。（二）休假研究教授应于每年4月10日前提出研究计划。"①

其实全面抗日战事开始和结束后，北京大学学术休假制度分别面临暂停和恢复的问题。1937年"卢沟桥事变"后，北京大学停止实施学术休假制度，即使当年已批准休假的教师，学校仍要求中止休假。1947年秦瓒在写给胡适的休假申请函中曾提到，"战事爆发学校南迁将休假停止"②。1947年1月27日国立北京大学行政会议第30次会议，"决议恢复教授休假办法，请汤用彤、江泽涵、周炳琳三先生审查本校教授休假规程"③。1947年2月11日学校举行行政例会，会议决定"通过教授休假办法，教授任期七年，休假一年，由校方津贴旅费出国研究或讲学"④。抗日战争胜利后北京大学恢复了教授休假办法。1947年4月21日北京大学行政会议第三十九次会议议决通过："教授休假研究规程第一条但书之规定（'但不得兼任任何有给职务'）下半年暂不执行，但休假教授在校外所任之职务应为有关本人专门研究之学术工作。"⑤北京

---

① 王学珍、王效挺、黄文一、郭建荣主编：《北京大学纪事（1898—1997）》，北京大学出版社2008年版，第216页。
② 北京大学档案资料，案卷编号：BD1947056-819。
③ 王学珍、王效挺、黄文一、郭建荣主编：《北京大学纪事（1898—1997）》，北京大学出版社2008年版，第336页。
④ 同上书，第337页。
⑤ 王学珍、郭建荣主编：《北京大学史料（第四卷：1946—1948）》，北京大学出版社2000年版，第42页。

大学学术休假制度不断适时加以调整。

三、教师、校长与学术休假制度的生成

制度是激励或约束人行为的一种规则。"利益概念不是对社会存在的一般性说明，利益所张扬和凸显的正是人类社会存在的主体性层面，利益具有明显的主体性特征。"[1] 任何制度的制定，都要考虑制度相关群体的利益。为什么北京大学的学术休假制度的内容规定是这样而不是那样的？教师如何实现学术休假诉求？学校如何利用学术休假制度实现校方的利益？教师和学校通过什么来协调他们的利益诉求？为此，需要真实了解北京大学教师和校方的利益表达过程和教师在学校中的地位。下面以教师代表兼评议员的沈尹默、夏元瑮与学校代表蔡元培校长作为研究对象，围绕他们与学术休假制度生成的故事来谈。

沈尹默（1883—1971），浙江人，1905年与弟弟沈兼士赴日本游学，沈兼士是章太炎的门生。当时北京大学的代理校长是工科学长何燏时，胡仁源为预科学长，何燏时和胡仁源都是浙江人，1913年何燏时和胡仁源请沈尹默到北大中文系任教，沈尹默遂以浙江同乡和章太炎门生（实际不是章太炎门生，因沈尹默从日本回来，其弟沈兼士是章太炎门生，人们想当然认为沈尹默也是章

---

[1] 张玉堂：《利益论——关于利益冲突与协调问题的研究》，武汉大学出版社2001年版，第49页。

太炎门生）的名义[①]进入北大。

在沈尹默进入北大前，北大新旧文化之争已经非常激烈。北京大学的前身是京师大学堂，京师大学堂按照"中学为体，西学为用"的教育宗旨来办大学。桐城古文派是晚晴正统思想的代表，以"古文正宗"的名义占据学术霸权地位。1902年桐城派大师吴汝纶任京师大学堂总教习，为了维护清政府的统治地位，他非常重视选聘桐城古文派教习，京师大学堂遂集聚了一大批爱好桐城古文派和政治上保守的教习。吴汝纶病逝后，阳湖派古文家张鹤龄任京师大学堂总教习，而阳湖派是桐城派的一个流派，这更加巩固了桐城派在最高学府的优势地位。清政府被推翻后，严复任北京大学首任校长，其留学欧洲，思想比较开明，信奉进化论思想，崇尚民主与科学，在任校长期间，希望改变"新少旧多"的教师结构。但在短暂的校长生涯里，严复的工作重心是使北京大学不致停办。紧接严复之后的北大校长分别是何燏时和胡仁源，他们掌校后启用浙江同乡朱希祖、马裕藻、马叙伦、沈兼士、沈尹默、钱玄同，这些人也是章太炎弟子，还启用章太炎弟子但非江浙籍的黄侃。章太炎是国学大师，其学说注重考证，具有"乾嘉遗风"。章太炎早期受民族主义文化熏陶，政治上主张反清革命，学术上主张汉学独尊。这个由章太炎弟子组成的"新思潮派"具有学缘和地缘相统一、学术与政治相杂糅的特点。蔡元培是浙江

[①] 沈尹默：《我和北大》，载钟叔河、朱纯编：《过去的大学》，长江文艺出版社2005年版，第23页。

人，其能够进入北大，实际上与章太炎弟子的努力分不开。蔡元培掌校后，"新思潮派"与"桐城古文派"在北大更是明争暗斗。

蔡元培带着"学术救国"的抱负来北大任职。到京后，为了把北大从官僚的养成所办成学者的摇篮，蔡元培首先拜访时任国立北京医学专门学校校长的浙江人汤尔和，请教北大办学事宜，汤尔和说，"文科预科的情形，可问沈尹默君；理工科的情形，可问夏浮筠君。"[①] 按照汤尔和的指点，蔡元培拜访了沈尹默。沈尹默认为，要改革北大，需要向政府提三点要求，其中包括"成立评议会"和"规定每隔一定期限，派教员和学生到国外留学"[②]。夏元瑮（字浮筠）是浙江人，曾在柏林大学深造，北京大学理科学长。根据汤尔和的指点，蔡元培拜访夏元瑮的可能性很大，而且夏元瑮曾在1917年提出派教员出洋是"大学根本大计"，理由是："吾国派出洋学生亦已甚多矣！其结果殊不能尽满人意者，则以出洋之人程度太浅，年费钜金，所得者不过一大学毕业生耳。今派大学教员则事半功倍，其结果与派学生必大不相同也。"[③]

1917年，在夏元瑮所发布的《派遣大学教员出洋留学案》条文后面，有这样一段话："今年五月三日教育部公布之国立大学职员任用及薪俸规程，本有'正教授、教授若双方同意，得订立

---

① 蔡元培：《我在北京大学的经历》，《东方杂志》1934年第31卷第1期，第5页。
② 沈尹默：《我和北大》，载钟叔河、朱纯编：《过去的大学》，长江文艺出版社2005年版，第27页。
③ 《理科研究所第二次报告》，《北京大学日刊》1917年10月22日第1—2版（第6期）。

长期契约'、'校长、学长、正教授每连续任职五年以上,得赴外国考察一次'等语,此次议案及议决办法虽与部章所云情形微有不同,然大致仍师其意也。"[1] 由此可见,《派遣大学教员出洋留学案》是根据《国立大学职员任用及薪俸规程》中的学术休假条文来制定的,目的在于建立北京大学的学术休假制度。那么所云"议案及议决办法……微有不同"是什么呢? 整体来看,部章中的休假条文非常简略,没有谈及休假者的义务,此处的休假制度比较详细,对教员的权利与义务做了比较详细的规定。不过这里的"微有不同",主要是开放对象、休假目标、议决办法有所区别。部章中的休假是针对"校长、学长、正教授"的,而北大当时的校长1位、学长仅4位、正教授不到10位。[2]1924年12月29日,北京大学评议会通过"教授应仅分为教授和助教授"的议决。[3] 按照当时教育部的要求,北大绝大部分教员甚至教授都不够休假资格,对休假对象的资格限定为有较高行政级别的职员校长、学长和极少人符合标准的正教授,这显然难以让大多数教员接受。北大当时的19位评议员,除了蔡元培校长和文科学长陈独秀、理科学长夏元瑮、法科学长王建祖、工科学长温宗禹外,

---

[1] 夏元瑮:《致理科各教员公函》,《北京大学日刊》1917年12月11日第2版(第22期)。
[2] 陈明远:《蔡元培主持北京大学期间的教员资格和薪俸标准》,《社会科学论坛》2011年第3期,第180页。
[3] 王学珍、郭建荣主编:《北京大学史料(第二卷·一:1912—1937)》,北京大学出版社1993年版,第184页。

其余的14位评议员胡适、章士钊、沈尹默、周思敬、秦汾、俞同奎、张大椿、胡濬济、陶履恭、黄振声、朱锡龄、韩述祖、孙瑞林、陈世璋都不是正教授。因此北大评议员对《派遣大学教员出洋留学案》的态度是"众极赞成",想必除了休假出国外,还因为扩大了休假对象。部章中休假对象主要是有行政职务的职员,休假目标重在考察,休假对象与休假目标具有内在的一致性;而《派遣大学教员出洋留学案》中的休假对象是有教学和研究职务的教员,休假目标的重心是留学或研究。正是由于休假对象的工作性质和范围不同,两者在休假目标的表述上有所区别。很明显,夏元瑮或其他理科教员之所以主张设立《派遣大学教员出洋留学案》,大部分评议会成员都积极赞成,是因为《派遣大学教员出洋留学案》的建立,初衷是出于教员利益的考虑。至于议决办法的不同,《派遣大学教员出洋留学案》是按照北京大学评议会的规则议决的,除当然评议员外,其他评议员是教师从教授中选举出来的,他们以投票表决的方式通过议案,体现了教授治校的原则;《国立大学职员任用及薪俸规程》是按照教育部的会议章程和规则制定的,参议员主要是根据议员选举法由教育总长延请与选派以及由地方荐举或派出,同样以投票表决的方式通过议案。

虽然教授争得了学术休假的权利,但"校长、学长、正教授"不管在大学改革方面还是学术发展方面,都需要国际视野,而且《国立大学职员任用及薪俸规程》在政策上支持"校长、学长、正教授"出国休假,因此北大按照部章制定了专门针对"校长、学长、正教授"的休假制度,即1918年10月22日教育部核准的《北京大学校长学长正教授派赴外国考察规程》。从条文来看，"校长、学长、正教授"的休假待遇是高于教授的，前者除了全数薪酬和往返川资外，还包括考察费和治装费。

夏元瑮、沈尹默和蔡元培如此重视出洋留学，那么他们本人是否利用休假制度出洋留学呢？据考察，1918年12月9日《北京大学日刊》刊载了夏元瑮致评议会的休假计划，"按国立大学校长、学长、正教授派赴外国考察规定第二条'考察员于出国之前应将其所拟研究之事务及所往之各地点作一节略报告于大学评议会'，今谨将所拟注意之事务举起大要"，接着列出了8个方面的休假计划。① 可见，夏元瑮在《北京大学校长学长正教授派赴外国考察规程》颁布没有多久，就积极以学长名义申请学术休假。至于沈尹默教授，1919年12月3日开评议会时，"校长提议国文教授会主任沈尹默教授在校五年以上，照章可以出洋考察，现拟赴日本，除仍支原薪外，由本校每月津贴六十元。"评议会议决的结果是"通过"。② 当时沈尹默属于预科教授，按照《北京大学校长学长正教授派赴外国考察规程》的休假对象要求，他没有资格享受"在校五年以上，照章可以出洋考察"的待遇，这从侧面说明，要么北京大学《派遣大学教员出洋留学案》继续有效，要么《北京大学校长学长正教授派赴外国考察规程》在实施时做了

---

① 夏元瑮：《夏学长致评议会函》，《北京大学日刊》1918年12月9日第2版（第267期）。
② 王学珍、郭建荣主编：《北京大学史料（第二卷·一：1912—1937）》，北京大学出版社1993年版，第159页。

变通，在特殊情形下适用于教授。另外，从笔者目前所掌握的资料来看，夏元瑮是利用《北京大学校长学长正教授派赴外国考察规程》申请出国休假的第一人，沈尹默可能是利用《派遣大学教员出洋留学案》申请出国休假的第一人。

蔡元培在任北大校长时先后发布《派遣大学教员出洋留学案》和《北京大学校长学长正教授派赴外国考察规程》，并且在全国专科以上学校校长会议时建议实行教员定期出国的制度。为了配合这些制度的实施，蔡元培还提出了"学术上充分发展，事务上相当限制"①的经费预算方针。那么作为校长的蔡元培，是否利用休假制度出国考察呢？ 1925年蔡元培在欧洲致函北京大学评议会，提出既然"辞职之举，未能实现"，希望"得援'任职五年以上，出洋研究'之成例，仍居其名"。②研究蔡元培的专家高平叔也认为，"北大师生及首都教育界坚决挽留，未能辞去北大校长之职，遂按国立大学教授任职五年出国休假的规定，在欧洲进修。"③

沈尹默、夏元瑮、蔡元培之所以积极建立学术休假制度，是希望借此增加北京大学的研究空气和提高北京大学的学术水平，同时也满足了自身借助学术休假制度出国考察或研究的需要。

---

① 王学珍、郭建荣主编：《北京大学史料（第二卷·一：1912—1937）》，北京大学出版社1993年版，第166页。

② 蔡元培：《致北大评议会函》，载高平叔编：《蔡元培全集（第5卷）（1925—1930）》，中华书局1988年版，第1页。

③ 高平叔：《蔡元培的游学生涯》，《群言》1995年第3期，第32页。

四、北京大学学术休假制度的运用

1. 历年学术休假人数

为了真正了解民国时期北京大学有多少教师享用学术休假，笔者通过查看《北京大学日刊》、北京大学校史馆的编辑物和人物年谱传记等大量史料，核实人物经历，发现1917—1948年间（其中1937—1946年因战争原因停顿）北京大学学术休假的教师名单（见表4-2），共有42人真正休假（包括1941—1944年教育部资助休假人员）。除了"郑奠因研究国学无须出国"[①]和周炳琳、燕树棠、秦瓒、陈雪屏到政界任职没出国外，其余全部赴国外休假。在休假者中，只有焦瑞身、陈阅增、蔡枢衡、陈美觉、严仁英、王光超、齐兆生等人以助教或讲师的身份休假，其余都是教授级的休假教师，教授级的教师占休假教师总数的83%。另外，焦瑞身、陈阅增和马育华（副教授）的休假目标主要是攻读学位。从目前所收集的资料来看，抗战胜利后，北京大学在1947年仅仅恢复了教授休假的办法，并没有规定助教和讲师有资格享受学术休假。而1947年和1948年北大开始助教和讲师有学术假，这可能跟当时北大新办专业人才缺乏和国外组织愿意资助出国休假有关。从表4-2来看，北京大学学术休假制度的实施缺乏连续性，

[①] 王学珍、王效挺、黄文一、郭建荣主编：《北京大学纪事（1898—1997）》，北京大学出版社2008年版，第272页。

除了因战争原因停顿外，1924年后相当长的一段时间，没有发现教师享用学术假。

表4-2　1918—1948年北京大学教师休假名单

年度	人数	教师名单
1918	1	夏元瑮
1919	1	沈尹默
1921	1	孙瑞林
1923	2	蒋梦麟、陈启修
1924	2	蔡元培、颜任光
1935	4	张颐、郑奠、徐祖正、孙云铸
1936	3	江泽涵、陈受颐、张忠绂
1937	2	吴俊升、周炳琳
1944	2	饶毓泰、罗常培
1945	1	张景钺
1947	14	孙承谔、孙云铸、吴大猷、杨西孟、焦瑞身、陈阅增、江泽涵、吴素萱、马育华、钱端升、汤用彤、燕树棠、秦瓒、陈雪屏
1948	9	陈景云、董申宝、殷宏章、蔡枢衡、陈美觉、严仁英、王光超、齐兆生、金继汉
小计	42	

说明：

（1）表中年份不是批准休假的那一年，而是指真正开始休假的那一年。

（2）1937年批准戴修瓒、陶希圣、秦瓒、周作人、孟森、汤用彤、罗庸、张仲桂等教师休假，因抗日战争爆发，休假暂停。1947年批准燕树棠、秦瓒、陈雪屏休假，3人因国民政府重用转投政界，其中秦瓒旋即执教于云南大学。
（3）1936年北京大学批准马叙伦、许德珩、潘家洵、刘志扬休假，其实是以休假名义逼马叙伦、许德珩离开北大，而潘家洵、刘志扬最后是否休假，因资料少难以判断。因此没有将这4人列入休假教师名单。

资料来源：
（1）王学珍、郭建荣主编：《北京大学史料（第二卷·一：1912—1937）》，北京大学出版社1993年版。
（2）王学珍、郭建荣主编：《北京大学史料（第四卷：1946—1948）》，北京大学出版社2000年版。
（3）王学珍、王效挺、黄文一、郭建荣主编：《北京大学纪事（1898—1997）》，北京大学出版社1998年版。
（4）《北大教授休假》，《科学》1936年第20卷第7期，第595页。
（5）人物年谱、传记与回忆录。

总体而言，北京大学每年休假的教师人数并不算多，仅1947年和1948年休假的教师人数相对较多，主要原因是北大因办学经费不宽裕而限定休假人数。至于1947年和1948年休假人员总人数较多，其原因主要与外国组织的支持有关。焦瑞身、陈阅增、马育华、严仁英、王光超、齐兆生等6位年轻教师休假的目的是攻读学位和进修学习，孙承谔、孙云铸、吴大猷、杨西孟、江泽涵是根据美国援华联合会赴美进修的奖金规则得以出国休假进修的，吴素萱是英国援华联合会函请中国教员赴英进修得以休假的，汤用彤和钱端升是受邀到美国讲学，殷宏章是李约瑟聘请其担任联合国教科文组织南亚科学合作馆科学官员的，燕树棠、秦瓒、陈雪屏因国民政府重用转投政界，其中秦瓒同时执教于云南大学。除了年轻教师攻读学位或进修外，大部分教师休假是出于政治或文化交流或待遇提高的目的，关于这一点，1942年12月

15日竺可桢在其日记中发表了类似的看法，自己愿意赴美进修一年，虽然知道"此时赴美多少有些宣传性质"[1]。之所以提到待遇，是因为在1947年4月21日，行政会议决定松动学术休假制度，"教授休假研究规程第一条但书之规定（'但不得兼任任何有给职务'）下半年暂不执行，但休假教授在校外所任之职务应为有关本人专门研究之学术工作"。这从侧面提高了休假教员的待遇，在一定程度上可能也激发了教师休假的热情。

2. 学术休假目标

关于北京大学教师休假的预期活动目标，由于资料的限制，难以找到相当数量的休假计划或休假函作为直接引证的材料，不过可以综合散见的休假计划、休假函、会议报告或来往函件做出大致的判断。夏元瑮在其休假计划里，陈述其休假的目标是考察战后各国教育情形、收集有关学术研究资料、参观图书馆博物院科学仪器制造厂以及学校委托事件。[2]"孙瑞林自请赴美研究高深学术。"[3] 吴俊升"利用休假时间，赴美考察教育。赴美动机有两种，一因中国教育采取美国制度，实行新学制，考察美国教育实际情形，可资借鉴；二因在北大讲教育哲学以杜威学说为重

---

[1] 竺可桢：《竺可桢日记（第一册）》，人民出版社1984年版，第630页。
[2] 夏元瑮：《夏学长致评议会函》，《北京大学日刊》1918年12月9日第2版（第267期）。
[3] 王学珍、郭建荣主编：《北京大学史料（第二卷·一：1912—1937）》，北京大学出版社1993年版，第164页。

点,但也有补充与保留之处。尤其对于崇奉杜威学说的新教育运动,我发现其偏差之处,曾有批评。究竟个人所见所思,是否确当,需要向杜威当面请教,并和美国教育实施情形相印证。因此两种动机,我便决定美国之行。"① 张颐、郑奠、徐祖正、孙云铸休假期间均选择从事研究。"焦瑞身先生出国研究……植物学系讲师陈阅增先生赴英进修……马育华先生出国进修……吴素萱先生赴英研究"②,罗常培教授"应美国 Pomona College 之聘……赴美讲学"③。北京大学教授秦瓒在写给校长胡适先生的休假申请函中提到,"值战事爆发学校南迁……荏苒至今,又经十载流离颠沛,心身交瘁,劳心之馁,亟思小休……学校准予休假一年以资休养"④,这是目前所发现的北京大学教师以休养身心为目的的唯一一例。总体而言,教师的休假目标主要是考察、研究、攻读学位或讲学。

3. 学术休假制度的执行

就北京大学学术休假的管理而言,分三个阶段来阐述:一个是蔡元培任校长时期,一个是蒋梦麟任校长时期,一个是胡适任

---

① 吴俊升:《教育生涯一周甲》,传记文学出版社 1976 年版,第 69 页。
② 王学珍、郭建荣主编:《北京大学史料(第四卷:1946—1948)》,北京大学出版社 2000 年版,第 45—55 页。
③ 王文俊主编:《国立西南联合大学史料四(教职员卷)》,云南教育出版社 1998 年版,第 465 页。
④ 北京大学档案资料,案卷编号:BD1947056-8/9。

校长时期。由于北京大学学术休假的信息比较分散,本着"有一份证据说一份话"的原则,目前只能从零散的信息中推测北京大学学术休假的管理情况。

蔡元培任校长时期,主要选择沈尹默、夏元瑮、蔡元培的相关经历来窥测学术休假的管理情况。沈尹默建议设立评议会和实行教授治校的初衷,是为了避免校长离职后大学内部发生动荡。①"五四运动"后,蔡元培引咎辞职,并且写下了《不愿再任北京大学校长的宣言》。蔡元培辞职后,沈尹默利用评议会和章太炎弟子的力量几乎掌管了北京大学的大局,这引起了同是章太炎弟子马叙伦的不满。马叙伦希望蔡元培复职,但当时蔡元培言之凿凿不任校长,因此需要给蔡元培一段缓和的时间。马叙伦在没有告诉沈尹默的情况下,悄悄联系汤尔和,商请蔡元培的弟子蒋梦麟代理校长,一切安排妥当后才告诉沈尹默,这引起沈尹默的强烈不满。②为了让沈尹默排泄情绪,汤尔和决定"劝其出洋",沈尹默"亦以为是",于是汤尔和表示"将来当为力图"③沈尹默出国考察,结果1920年沈尹默真的"顺利"出洋考察。在日本休假1年的沈尹默,致函评议会"请求续假两年,以便在

---

① 沈尹默:《我和北大》,载钟叔河、朱纯编:《过去的大学》,长江文艺出版社2005年版,第27页。

② 马勇:《现代中国知识分子的悲剧:以"挽留蔡元培"为中心》,《史林》2009年第6期,第116页。

③ 汤尔和:《胡适手抄汤尔和日记和跋》,载中国社会科学院近代史研究所中华民国史研究室编:《胡适来往书信选(中册)》,中华书局1979年版,第284页。

京都大学继续研究",评议会议决的结果是"续假二年。通过"。①这说明评议会允许沈尹默休假3年。而按照《派遣大学教员出洋留学案》的要求,休假时限是"至少一年,至多二年";按照《北京大学校长学长正教授派赴外国考察规程》的要求,"以一年为期,但得延长"。如果按照《派遣大学教员出洋留学案》,允许沈尹默休假3年等于超过规定的要求。据沈尹默后来回忆,"当时北大章程规定教授任满7年,可以出国进修一年。我在评议会提出要去法国,胡适反对,说国文教员不必去法国。我说去日本。评议会通过了。蒋梦麟不放,到1921年才答应月薪照发外,另给我40元一月,到日本去了一年。"②虽然沈尹默的记忆有点模糊,将当时北京大学规定教授任满5年即可申请休假进修时间误记为7年,不过沈尹默放洋进修是事实,且沈尹默续假后还是只休假1年就回国了。至于夏元瑮,1921年3月评议会讨论"夏浮筠教授函称无款买船票,请续假半年"的事情,最后议决,"夏先生已延长一年今已逾限,不得续假。请大学即汇寄回国川资,促其回国。"③《北京大学校长学长正教授派赴外国考察规程》规定的休假时限是"以一年为期,但得延长",也就是说,这里的休假

---

① 王学珍、郭建荣主编:《北京大学史料(第二卷·一:1912—1937)》,北京大学出版社1993年版,第159页。
② 沈尹默:《我和北大》,载钟叔河、朱纯编:《过去的大学》,长江文艺出版社2005年版,第32页。
③ 王学珍、郭建荣主编:《北京大学史料(第二卷·一:1912—1937)》,北京大学出版社1993年版,第164页。

时限有一定弹性，没有硬性规定不可延期两年，但评议会没有批准夏元瑮再续假半年的请求，即只允许夏元瑮休假2年，显然在对待夏元瑮和沈尹默的休假时限方面，采取了不公平的差别对待方式。蔡元培赴欧之前根本没提及休假，只是以"出洋研究之成例"作为自己离职不归的理由。沈尹默、夏元瑮、蔡元培等3人的事例在一定程度上表明，北京大学学术休假的管理相对充满"人治"色彩，这远离了评议会制度设计的初衷。也许正是因为管理不严格，所以1925年评议会议决，凡教授任职未满5年期限者，非有"因校务他往"、"因本人遭值不可抵抗之事故"、"因重要的学术事务"，[①]不得请假。

关于蒋梦麟任校长期间学术休假制度的执行情况，可以从休假教师的去向做出一点判断。《国立北京大学教授休假研究规程》第7条规定："本大学教授依本规程休假者于休假期满后有返校服务之义务。"然而，张颐休假后直接去了四川大学就职，周炳琳休假期间就任教育部次长，直到西南联大成立2年后才返校，吴俊升休假返国半年后就任高等教育司司长，这些显然不符合学术休假制度的要求，这也从侧面反映了北京大学并没有严格执行学术休假制度的有关规定。其中有些人休假后没有按要求返校服务，是因为战时响应政府的号召。据吴俊升回忆，"我因战时征召，义不容辞，便于1938年1月接任新职……我有感于这种特别遇

[①] 王学珍、郭建荣主编：《北京大学史料（第二卷·一：1912—1937）》，北京大学出版社1993年版，第185页。

合，又因战时各大学院校播迁在途，员生颠沛流离，图书设备散失，抚辑流亡，恢复弦诵，急不容缓，服膺任命，不容推诿，所以便以感奋的心情，追随陈部长负起这艰巨的责任"，并且"任高教司长自一九三八年一月就职起至一九四四之年终行政院改组随陈部长离职为止，共计七年，几乎与抗战相始终"。① 难怪任继愈先生针对北大一些教师在抗战时期到政府当官和蒋梦麟当行政院秘书长的事，说北大"太学生关心国事的传统与国子监祭酒当官的传统竟绵延不断地传袭了2000年！"② 北京大学史学系主任陈受颐，"七七事变后，则应美国夏威夷大学之聘，担任该校文学教授，旋任美国巴蒙那大学东方文学教授，迄今七年。"③ 本来陈受颐休假期满回国，后因战争关系，辄返美国任教，但战争结束后亦未返校服务。

在蒋梦麟任校长期间还发生了一件与学术休假有关的奇事。"九一八"事变以后，日本侵华得寸进尺，到处制造事端，这引起了北大一些进步教授的不满。为此马叙伦、许德珩等教授组织"北平文化界救国会"等统一战线，宣传抗日救亡思想，投入抗日救亡运动，参加北平地下党组织，发动群众游行示威，甚至组织北大教授抗日，这引起了北大校长蒋梦麟、文学院院长胡适等"政府派"的不满。由于忙于抗日演讲会、座谈会等活动，马

---

① 吴俊升：《教育生涯一周甲》，传记文学出版社1976年版，第78—79页。
② 任继愈：《念旧企新——任继愈自述》，山西人民出版社1997年版，第41页。
③ 《同学陈受颐博士由美休假回国访探》，《岭南大学校报》1948年第75期，第2页。

叙伦累病了,于是在 1936 年申请学术休假半年。结果得到的消息是,"评议会议决,许你请假一年"。马叙伦感到纳闷,"我援评议会议决教授请假规程,教授满五年可以休息半年,得支全薪,休息一年,得支半薪。我到暑假,已满五年,我为生活关系,请假半年,怎样会给我一年呢?优待我?怕你听错了。"于是马叙伦继续叫人打听,结果来人告知,在评议会上胡适拿出一张字条,谓,"马先生请假一年",结果评议会通过。后马叙伦向蒋梦麟求证,答复是,"仍送一年的薪水好了"。于是马叙伦知道了,依北大的聘请教师规则和自己在北大的影响力,给假 1 年的原因是逼马叙伦辞职。需要指出的是,北大教授授课新规定,"教授至少每周担任八小时",而马叙伦历来授课"五小时",这种优待引起一些教授的不满。①据许德珩记载,"一九三六年夏秋之际,北大就解聘了许德珩、马叙伦、尚仲衣三教授。"②一位研究北大校史的不具名教授指出,"1936 年夏秋之际,尚仲衣教授被以蒋为首的北大当局解聘,许德珩、马叙伦被学校以休假名义迫其离校。"③可见,学术休假制度在某种程度上也是北大解决人事纠纷的一个工具。

至于胡适任校长期间学术休假制度的执行情况,只能从有限

---

① 马叙伦:《马叙伦自述》,中国大百科全书出版社 2012 年版,第 76—78 页。
② 许德珩:《纪念"五四"话北大——我与北大》,《北京大学学报(哲学社会科学版)》1979 年第 2 期,第 17 页。
③《就〈北京大学校史〉说几句话——顺答陈平原君》,《北京大学学报(哲学社会科学版)》1998 年第 3 期,第 55 页。

的资料中做出推测。1947年秦瓒[①]和马育华[②]提交了休假申请函，这从侧面可以判断当时教师欲休假，是需要向校长申请的。1948年，北大核示了"关于三十六学年度请假/休假人员在校仍支薪者、三十七年度如不返国销假是否支薪"的名单和决定，对江泽涵教授做出的决定是："休假一年满期，如不回校，仍行请假，停薪。请询明示内。"对休假教师吴素萱、孙承谔、钱端升、杨西孟、马育华做出的决定是"同江先生"，对休假期间转投政界的燕树棠和执教云南大学的秦瓒做出的处理是："法学院第一批续聘教师名单内未列。"[③] 抗日战争结束后，北京大学在1947年初恢复教授休假办法，当年就要求欲休假者提交申请函，第二年对未按时归校的休假者做出处理，这说明胡适任校长时期，北京大学比较严格地执行当时的学术休假制度。不过，分别于1945年、1946年任职北大的严仁英和王光超夫妇，在没有达到规定的先期服务年限就于1948年结伴赴美进修，1946年任职北大的齐兆生也于1948年结伴赴美进修。金继汉也是1946年任职北大，同样在没有达到规定的先期服务年限就于1948年赴英国学习。当然，正如前文所说，这可能与当时北大新办专业人才缺乏和国外组织愿意资助出国休假的特殊背景有关。

[①] 北京大学档案资料，案卷编号：BD1947056-8/9。
[②] 北京大学档案资料，案卷编号：BD1947067-26/27。
[③] 北京大学档案资料，案卷编号：BD1948150-1/2。

4. 学术休假制度的实施成效

关于休假教师的最终成效，休假报告记载着最直接有效的信息。但北京大学历次的学术休假制度，除了《北京大学校长学长正教授派赴外国考察规程》要求提交详细休假报告外，都没有要求提交休假报告。目前没有找到休假报告，因此就不能通过休假报告获取休假成效的直接信息。为了真实了解教师休假后的收获，同时考虑到政治对 1947 年及之后教师休假的影响，笔者通过 CNKI、大成老旧全文数据库和上海图书馆晚清和民国期刊全文数据库、《申报》数据库收集和整理出 1918—1945 年 18 位教师的休假信息（因罗常培连续休假 4 年，故剔除），结果如表 4-3。需要强调的是，这些休假教师均申请休假期间从事研究。

表 4-3　1918—1945 年北京大学教师休假期间学术产出统计

姓　名	专著或专利数	论文或报告数	备注
夏元瑮			结识爱因斯坦并译介我国第一本相对论著作《相对论浅释》
沈尹默			编辑《曼殊上人诗稿》并由亚东图书馆印行，作诗 1 题
孙瑞林			
蒋梦麟			
陈启修			期间加入中国国民党和中国共产党
蔡元培		2	编《简易哲学纲要》1 部，论文 2 篇，由商务印书馆出版
颜任光			改变了发展方向，开始致力于教学仪器的制造

续表

姓　名	专著或专利数	论文或报告数	备注
张　颐			1936年受聘四川大学
郑　奠		1	《说"譬喻"》，载《中央日报》文史第1期（1936年11月8日）
徐祖正		1	撰写《日本人的俳谐精神》，在《宇宙风》杂志上发表，载1936年第26期
孙云铸	1	4	有关三叶虫和化石的论文共4篇，专著1部，结识德国知名教授
江泽涵		1	在《中国数学会学报》发表1长篇英文论文
张忠绂		4	1937年发表国际关系与远东政策论文4篇，出席国际太平洋学会年会和美国教育播音会议，撰写1份《参加美国第一届教育播音会议报告》（非学术报告），返国后出任军事委员会参事
陈受颐			在美国授课半年，从事研究半年，返国后不久又返美工作
吴俊升		2	参观美国小学，拜访杜威，参加2个国际学术会议，发表《关于华侨教育的几点建议》，载《申报》1937年6月20日第七版；发表《从社会学的观点来看教育》，载《教育半月刊》1938年第4卷第8期。1938年5月任高等教育司司长
周炳琳			任教育部次长
饶毓泰		1	与知名教授合作，研究分子红外光谱，实验结果发表于美国《物理评论》
张景钺			1945年赴加州大学学术访问
小　计	1	16	译著1部，编书1部

从发表率和成果数量来看，1918—1924年7位休假教师，专

著数量为 0 部，论文 2 篇，编译成果 3 部，发表率为 43%，专著和论文少，总体创造性程度不高，这可能是 1924 年后学术休假制度不了了之的一个重要内在原因。难怪 1922 年胡适曾言，"我们今天反观北大的成绩，我们不能不感到许多歉意。我们不能不说：学校组织上虽有进步，而学术上很少成绩……然而我们北大这几年的成绩只当得这七个字：开风气则有余，创造学术则不足。"[①] 同年傅斯年也指出，"大学之精（神）虽振作，而科学之成就颇不厚。这样的精神大发作之后，若没有一种学术上的贡献接着，则其去文化增进上犹远。"[②] 除了研究风气不浓之外，还有一个重要的原因，就是我国有"述而不作"的教育传统。据杨树达 1925 年 6 月 1 日的记载，马幼渔不仅"十年不作一文者也"，而且对于聘请吴承仕来校任教一事，马幼渔直言不讳地说，"专门在家著书之人，何必请之！"[③] 李方桂认为，"在老一辈学者中，黄侃的确是一位超群出众的学者。……除了他的一些学生和亲属替他整理出版过一些论著外，他没有出过什么有影响的书。"[④] 可见，当时北京大学还是一个传统色彩比较浓厚的国立大学。

同样就发表率和成果数量而言，1935—1945 年有 11 位休假

---

① 胡适：《回顾与反省》，载杨东平：《大学精神》，辽海出版社 2000 年版，第 20—21 页。
② 傅斯年：《傅斯年君致校长函》，《北京大学日刊》1920 年 10 月 13 日第 3—4 版（第 715 期）。
③ 杨树达：《积微翁回忆录》，北京大学出版社 2007 年版，第 18 页。
④ 李方桂口述，王启龙、邓小咏译：《李方桂先生口述史》，清华大学出版社 2003 年版，第 79 页。

教师，其专著数量为 1 部，论文 14 篇，发表率为 64%。平均而言，每年每位教师人均专著数量 0.09 部，论文 1.27 篇。台湾学者陶英惠[①]和苏云峰[②]根据教育部 1934—1936 年对全国专科以上学校教员专题研究的调查资料，得出相同的研究结论：全国专科以上从事专题研究者共计 1066 人，仅占全体大学教员总数之 14%，平均每一教员在两年半时间内进行专题研究约仅 1 种。另外，苏云峰先生统计得出，1928—1937 年间清华大学教师的发表率为 37.9%，教师之从事研究者每人平均在 10 年的时间内发表专书 2.4 种，论文 4.7 篇，译书与书评均为 0.7 本。[③]从发表率来看，1935—1945 年北京大学休假教师的发表率是全国专科以上教师发表率的 4.6 倍、清华大学教师发表率的 1.7 倍，发表专著和论文的数量分别是清华大学从事研究教师的 0.4 倍和 2.7 倍。由此可见，从发表率来说，北京大学的学术休假制度产生了一定成效，北京大学休假教师的研究意识较强。但从成果数量来说，与清华大学从事研究的教师相比，难分伯仲。当然，当时的学术环境并不太重数量，我们也不能仅凭成果数量来衡量学术休假的成效。

就学术休假的作用而言，除了有利于提高学术发表率外，还

[①] 陶英惠：《抗战前十年的学术研究》，载中央研究院近代史研究所编：《抗战前十年国家建设史研讨会论文集（上册）》，台湾商务印书馆 1985 年版，第 87 页。

[②] 苏云峰：《从清华学堂到清华大学（1928—1937）：近代中国高等教育研究》，生活·读书·新知三联书店 2001 年版，第 120 页。

[③] 同上。

表现在以下几个方面：

一是有助于了解世界学术发展前沿。江泽涵选择到当时拓扑学最顶尖的美国普林斯顿高等研究院进修，孙云铸到欧美与相关领域的知名专家学者进行了深入的学术交流并且考察了知名的研究机构，饶毓泰到普林斯顿大学、麻省理工学院和俄亥俄州立大学与知名学者合作研究，这些有助于了解学术发展前沿。

二是有助于加强中外学术和文化交流。1937年吴俊升在巴黎参加了国际教育会议，做了题为《中国的道德教育》的演讲。1937年7月江泽涵邀请外国知名数学家贺勒维支（W. Hurewiez）担任北大长期讲座，1945年张景钺赴美国加州大学进行学术访问，1947年汤用彤在美国加州柏克莱大学讲授中国佛教史，1947年吴大猷参加了牛顿诞辰300周年纪念会，1948年吴素萱"以特约教授的身份到英国牛津大学和爱丁堡大学讲学"，罗常培在美国朴茂那学院、耶鲁大学、加州大学等校讲学，钱端升1948年到哈佛大学访学并且给新泽西暑期文化班的中学教员讲授中国政治。

三是有助于发展学术后备人才。焦瑞身、陈阅增和马育华利用学术休假机会出国进修，结果都获得国外知名大学的学位，后来焦瑞身成为我国杰出的微生物学家，陈阅增成为我国著名的生物学家，马育华成为我国知名的大豆遗传育种学家和农业教育家。难怪1947年俞大绂因农学院"开办伊始，人才缺乏"，向胡适提交《农学院教员出国研究申请休假暂行规则》，建议农学院教员不受服务年限限制"出国进修或深造"。[1]可见，休假已经被视为提高教师学术水平的一种手段。

第二节　清华大学的学术休假制度

一、清华大学的历史使命与组织环境

清华大学的历史最早可以追溯到1909年的游美学务处，其"专司考选学生、建设学堂、选任监督，及内外各处往来文件，并管理经费等事"[2]。为了"选取各生未赴美国之先暂留学习"，1910年游美学务处呈报外务部请设游美肄业馆。游美肄业馆开办后不久，学额增大，以致"旧生未尽派出，新生相继入堂"。为了"将来派遣各生分入美国大学，直入大学研究科"和"未经派往各生在肄业馆亦得具专门之学"，[3]1911年4月11日外务部核准游美肄业馆改名为清华学堂，其教育方针是"进德修业，自强不息"[4]。1912年清华学堂正式更名为清华学校，其教育宗旨是"培植人才，

---

[1] 北京大学档案资料，案卷编号 BD1947056-5。
[2] 清华大学校史研究室编：《清华大学史料选编（第1卷）》，清华大学出版社1991年版，第124页。
[3]《游美肄业馆改名清华学堂准其立案文》，《学部官报》1911年第151期，第21页。
[4] 清华大学校史研究室编：《清华大学史料选编（第1卷）》，清华大学出版社1991年版，第152页。

增进国力"和"造就能考入美国大学与彼都人士受同等之教育"。①清华学校在成立大学部以前，主要"专为预备学生留美而设"②，学校按照美国的课程、教授法、设备和组织来办教育，教师多半是美国教员，教学语言是英语，学生说洋话唱洋歌。③在中华民族不断遭受列强侵略的时代，清华学校利用美国退还的庚款来办学，还把清华办成如同美国在中国的学校，这使清华从建校开始就给人造成一种殖民的印象。为了避免清华学校成为知识贩卖的机关和文化殖民的场所，改变清华在人们心目中"崇洋媚外"的印象，同时也为了缩短国外留学年限、节约留学开支和图长远之教育事业，清华人在努力寻求改变的突破口，最后将之定在办大学上。

自1916年始，清华校长周诒春就主张学术独立，并且开始向外交部申请扩充学程预备设立大学事宜，但一直未得到核准。后来由于中国新教育运动的影响，国家主义和民族主义的盛行，清华的洋化气息太浓遭到时人的指责，加上杜威、罗素来华对中国文化的推崇，1925年清华学校始设大学部，其教育方针为之一变，大学部"纯以在国内造就今日需用之人材为目的，不为出洋游学之预备"④。在此背景下，1925年清华学校设置了研究院，并

---

① 清华大学校史研究室编：《清华大学史料选编（第1卷）》，清华大学出版社1991年版，第159页。
② 梅贻琦：《清华学校的教育方针》，《清华周刊》1927年第28卷第14期，第677页。
③ 邱椿：《清华教育政策的讨论》，《清华周刊》1927年第26卷第8期，第633—639页。
④《清华学校大学部课程大纲》，《北京大学日刊》1925年4月14日第2版（第1668期）。

先开设了一门国学,目的是"研究高深学问,造就专门人才"①。

1928年8月17日,清华学校正式更名为国立清华大学,同年8月29日,外交部任命罗家伦为清华大学首任校长。1928年9月颁布的《国立清华大学条例》,规定清华大学的办学宗旨是"求中华民族在学术上之独立发展,而完成建设新中国之使命"②,当月罗家伦以《学术独立和新清华》为题发表就职演说,而且在演说中除了反复强调"学术独立"外,还格外强调研究对于大学的重要性,认为"研究是大学的灵魂"③。1928年11月,罗家伦发布了《整理校务之经过及计划》的报告,再次强调其来清华的主要目的和使命是使清华"于中华民族在学术上的独立发展,及新中国的建设上,能够有所贡献和帮助",并且提出要实现清华大学的办学宗旨,必须使清华"廉洁化、学术化、平民化、纪律化"。④1929年6月颁布的《国立清华大学规程》同样规定,国立清华大学"以求中华民族在学术上之独立发展,而完成建设新中国之使命为宗旨"⑤。

1931年,梅贻琦在就职典礼上说,"办学校,特别是办大

---

① 《清华学校研究院缘起及章程》,《北京大学日刊》1925年4月13日第2版(第1667期)。
② 清华大学校史研究室编:《清华大学史料选编(第2卷·上册)》,清华大学出版社1991年版,第138页。
③ 同上书,第199—204页。
④ 同上书,第4—6页。
⑤ 同上书,第142页。

学，应有两种目的：一是研究学术；二是造就人材。"[①]1932年，梅贻琦在学生毕业典礼上讲，"改办大学部的目的，是想把清华改成一个自己能够造就专门的人材，研究高深的学术的独立机关。"[②]1936年，梅贻琦再次表达了同样的看法，"大学使命有二：一曰学生之训练，一曰学术之研究。清华为完成此使命，故其发展之途径不徒限于有效之教学，且当致力于研究事业之提倡。"[③]

由此可见，清华自成立大学部后，无论是历次校章中的教育方针或办学宗旨，还是历任校长的主张，都将提高学术地位与坚持学术独立作为清华的核心任务与矢志追求。正是受这样的责任和使命的驱动，连清华的学生也号召，"今后之清华，其责任不仅在于教师授课之认真，以及同学抢书之奋勇，而在如何使清华在中国学术界有所贡献，如何使清华师生研究之所得，对于中国一般社会，发生深切之影响。"[④]

大学是一个教育与学术组织。大学使命的实现，需要按照大学组织的特性来构建制度和聘任教师，进而营造良好的研究氛围和提高学术生产力。清华确立了学术独立的办学宗旨后，逐渐

[①]《就职演说》，载梅贻琦：《中国的大学》，北京理工大学出版社2012年版，第27页。

[②]《在1932届毕业典礼上的讲话》，载梅贻琦：《中国的大学》，北京理工大学出版社2012年版，第203页。

[③] 梅贻琦：《国立清华大学二十五周年纪念日致全体校友书》，《清华校友通讯》1936年第3卷第1—5期，第12—13页。

[④] 戴克光：《清华大学今后应负之责任》，《清华周刊》1929年第32卷6期，第2页。

改变以外国教员为主的教师结构，缩减外国教员，延聘中国教员，特别是聘任学成归国的学子担任母校教员。年轻的留美教授由于深受西方民主主义文化的熏陶和"五四运动"的影响，对清华实行校长负责、职员治校的管理体制以及教员地位低于职员的现状表示不满，也深感北京大学在蔡元培的领导下实施的教授治校所带来的新鲜活力，于是纷纷要求参与清华改革。1924年2月教育部公布的《国立大学条例令》，"评议会"和"教授会"再次写进官方文件，评议会成员由"校长、正教授、教授互选若干人"组成，教授会人员由"正教授、教授"组成，评议会被赋予"评议学校内部组织及各项章程暨其他重要事项"的权力，教授会被赋予"规划课程及其进行"的权力。① 虽然没有规定教授在评议会成员中的名额或比例，但允许教授参与学校最高决策，实为清华实施教授治校提供了制度保障。迫于社会形势的要求和校内教师施加的压力，加上曹云祥本身就有民主作风，1926年2月曹云祥提出《学校改良之计划》，"表示在校务、教务、学生'三方面皆本教授治校之方针，分设委员会以期速行改革，务使学校得一新面目，而满校内外之希冀"② 。1926年4月15日清华颁布《清华学校组织大纲》，规定"组织方面采用教授治校之原则"，设立"教授会"和"评议会"。③ 清华教授治校的体制由此开始。1926年4

---

① 《教部国立大学条例之公布》，《教育杂志》1924第16卷第3期，第1—2页。
② 清华大学校史研究室编：《清华大学一百年》，清华大学出版社2011年版，第46页。
③ 《清华学校组织大纲》，《清华周刊》1927年第27卷第11期，第492—496页。

月19日，清华学校举行了历史上的第一次教授会；1926年4月26日，清华学校举行了历史上的第一次评议会，清华教授治校的体制开始正式运转。很显然，清华学校设置评议会和教授会的推动力量主要来自教师群体。

但是新生的制度非常脆弱，清华教授治校的体制并非波澜不惊。1928年罗家伦到任后，与评议会和教授会一起发动了"专辖废董"运动，1929年5月国务会议议决清华大学由外交部改归教育部专辖，同年6月教育部命令撤销清华大学董事会。由于评议会和教授会在"专辖废董"运动中发挥了主导性的作用，教授组织再一次在争取自身权利的过程中尝到胜利的滋味，于是要求教授治校的呼声更高。清华教职员大会通过的《清华学校组织大纲》规定，评议会"以校长、教务长及教授会互选之评议员七人组织之，校长为当然主席"，评议会之职权包括"规定全校教育方针"、"议决各学系之设立"、"议决校内各机关之设立、废止及变更"、"制定校内各种规则"和"审定预算决算"等。教授会"由全体教授及行政部各主任组织之，由校长为主席，教务长为副主席"，教授会有"选举评议员及教务长"、"审定全校课程"和"议决向评议会建议事件"之职权。《清华学校组织大纲》还规定，对于某些事项，"评议会在议决之前，应先征求教授会意见"，"评议会之议决，经教授会三分之二之否定时，应交评议会复议"。[①] 然而，罗家伦上任时带来南京国民政府批准但未经清

---

① 《清华学校组织大纲》，《清华周刊》1927年第27卷第11期，第493—494期。

华教授同意的《国立清华大学条例》。该条例规定，董事会议决清华大学"重要章制"、"教育方针"、"预算"等，"以本大学全体教授组织"的教授会具有审议"课程之编制"、"学生之训育"、"学生之考试成绩及学位之授与"、"其他建议于董事会或评议会之事项"之职权，"以校长、教务长、秘书长及教授会所互选之评议员四人组织"的评议会之职权包括"制定大学各部分之预算"、"审议科系之设立或废止"、"拟定校内各种规程"和"建议于本大学董事会之事项"。①对比1926年的《清华学校组织大纲》和1928年的《国立清华大学条例》，教授会选举的评议员人数由7个减少为4个，教授会选举"教务长"之职权被取消，评议会"制定校内各种规则"之职权改为"拟定校内各种规程"，评议会"规定全校教育方针"之职权被取消，教授会和评议会的力量明显有所削弱，加上罗家伦"党国要人"的政治背景以及所进行的"廉洁化"和"纪律化"改革触动学生的利益，逐渐引起师生公愤。

考虑到校内局势的变化，罗家伦校长做出了让步。1929年6月清华大学颁布了《国立清华大学规程》，规定设立"以校长、教务长、秘书长、各院长及教授会所互选之评议员七人组织"的评议会，职权包括"议决重要章制、审议预算"及其他重要事项，设立"以全体中国教授组织之，外国教授亦得同等参加"的

---

① 清华大学校史研究室编：《清华大学史料选编（第2卷·上册）》，清华大学出版社1991年版，第139—141页。

教授会，职权包括"审议教课及研究事业改进之方案、学风改进之方案、学生考试成绩、学位授予、建议评议会以及校长或评议会交议之事项"。[①] 相比较而言，"新的《国立清华大学规程》较之《国立清华大学条例》，提高了评议会和教授会的权力，但是并未恢复教授会对校长以下行政主管人员的选举权和对评议会决议的否决权。"[②] 后来罗家伦与评议会达成了协定，"各院院长的产生，是由教授提名，每院二人，由校长于二人中择一聘任，每两年改选一次，但连选得连任。"[③] 评议会席位中教授一边获得了压倒性的优势，清华大学教授治校的体制由此奠定。不过，由于学生风潮和阎锡山势力的影响，以及罗家伦激进的扩张政策而导致整理清华计划遭到政府否定，1929 年 4 月罗家伦提出辞呈，虽经教育部长大力挽留，罗家伦居清华校长之名直到 1931 年 4 月吴南轩就任，但清华大学在这两年的时间里，在某种意义上实际等于没有校长，校务由教务长、秘书长及各院院长组成的校务会议维持。对此，朱自清这样说，"清华的民主制度，可以说诞生于民国十八年。十八年到二十年，这两年多实际上没有校长，但学校一切，如常的进展，于是民主精神的表现，到民主制度的

[①] 清华大学校史研究室编：《清华大学史料选编（第 2 卷·上册）》，清华大学出版社 1991 年版，第 142—146 页。

[②] 秦惠民、付春梅：《20 世纪二三十年代清华大学"教授治校"制度及其文化意蕴》，《高等教育研究》2013 年第 3 期，第 83 页。

[③] 冯友兰：《五四后的清华》，载钟叔河、朱纯编：《过去的大学》，长江文艺出版社 2005 年版，第 134—135 页。

确立。"①

1930年6月，军阀阎锡山直接任命乔万选接掌清华，清华大学教授会认为这不符合正式政府任命国立大学校长的法定程序，遂师生抵制。"驱罗拒乔"的成功和1929—1931年间清华大学在评议会和教授会的治理下校务得以顺利开展，使教授群体感受到组织的力量和民主的价值，民主管理的体制逐渐深入人心。1931年4月，吴南轩就任清华校长，吴南轩认为教授的责任在于治学，校长的责任在于治校。由于理念的分歧，导致吴南轩在实践中不顾清华教授会选举学院院长的惯例，再加上他的政治身份背景，造成清华师生的反对，引发"驱吴风波"。经过"专辖废董"、"驱罗拒乔"、"驱吴风波"以及期间教授治校体制的顺利运行，清华大学教师群体不但在与校长的权力斗争中增强了凝聚力，而且增强了教授治校的信心和决心。1931年12月梅贻琦掌校后，遵从了大学民主决策的管理制度，接纳了清华教授治校的做法，直到1948年底解放军进驻清华大学。

清华大学教授治校奠定了清华民主管理的制度基础，提高了教师和学者的地位，彰显了学术至上的治学理念，有利于教授表达自己的权益。但同时也表明大学教师立身的资本是学术。不管从教授治校的管理理念来看，还是从教育宗旨来看，清华大学都坚持以学术为本。而要发展学术，清华大学必须尊重教授和优

---

① 朱自清:《清华的民主制度·代序》，载梅贻琦:《中国的大学》，北京理工大学出版社2012年版。

待教授，教授必须以学术为业。之所以如此说，是因为教授是大学研究学问的主体，而从事研究需要闲暇时间和免于物质牵绊的压力，因此大学必须尊重教授和优待教授。教授之所以必须以学术为业，是因为教授只有以学术为业，才能掌握"道"或者学术，教授才值得大学尊重和优待，正所谓"师道尊严"，没什么学问的教授是不值得大学尊重和优待的。备受后人尊崇的陈寅恪，"在清华时，不论天气多冷多热，他常乘车到大高店军机处看档案。"[1] 朱自清教授在欧洲休假期间，多次梦到被清华解聘。1931年12月5日，朱自清在日记中写道，"这两天夜里做了一些奇怪的梦。在其中一个梦里，我被清华大学解聘，并取消了教授资格，因为我的学识不足。"[2] 1932年1月11日，朱自清又在日记中写道，"梦见我因研究精神不够而被解聘。这是我第二次梦见这种事了。"[3] 他还多次自责说自己是一个"挥霍者"，同时反复提醒自己要"继续致力于你的工作"。在学术氛围浓厚和强者如林的清华大学，即使是教授，也不敢轻易放松学问。

要优待教师，就需要经费支持。相对于其他学校来说，清华有雄厚的资金优势，其经费来源于美国退还超收的庚款，"连同本息共美金28992261元，自1909年起至1940年为止，分32年按月

---

[1] 陈哲三：《陈寅恪先生轶事及其著作》，载俞大维等：《谈陈寅恪》，传记文学出版社1978年版，第100—101页。

[2] 朱自清著、李钢钟整理：《朱自清日记（1931.11.4—1932.1.31）》，《新文学史料》1981年第2期，第246页。

[3] 同上书，第254页。

退还，供清华办学及派遣留美之经费，每年平均1812500元。……除了因国内外战事，国民政府停付庚款，中基会二十一年度无收支外，其余各年中基会收款约在银元300至500余万元之间。但这些收款都放入清华基金，并非如数拨给清华使用。尽管如此，清华在国难时期仍为全国大学经费最充沛的一所学校。"[1]1931年，梅贻琦在就职演说中谈道，"清华的经济，在国内总算是特别的好，特别的幸运。……比较国内的其他大学，清华的经济，总不能算少，而且比较稳定了。"[2]1933年，梅贻琦在总结一年来的校务时说，"以清华经济言，倘不受意外变动，每年可供给二三十人留学，而不致影响于全校之发展。"[3]1937年，梅贻琦再次提到，"关于本校基金问题。五年以后本校所领庚款将付清，届时之办法最关重要者，为经济稳固。所幸本校基金付托得人，数年以来经中基会各董事之善于处理，逐年增加，就现在估计，倘中途不发生意外，可积有成数，而以其每年利息，足可维持校中各项事业之继续进行。"[4]

充裕稳定的办学经费为清华的改革和发展提供了坚实的物质基础。据查证，清华大学在抗日战争前图书馆的藏书量逐年增

---

[1] 苏云峰：《从清华学堂到清华大学（1928—1937）：近代中国高等教育研究》，生活·读书·新知三联书店2001年版，第77—79页。

[2] 梅贻琦：《就职演说》，载刘述礼、黄延复编：《梅贻琦教育论著选》，人民教育出版社1993年版，第9—10页。

[3] 清华大学校史研究室编：《清华大学史料选编（第2卷·上册）》，清华大学出版社1991年版，第25—26页。

[4] 《回顾与前瞻——在建校26周年纪念会上的讲话·代序》，载梅贻琦：《中国的大学》，北京理工大学出版社2012年版，第68页。

加（见表 4-4），在实验室建设、实验设备之购置等方面倾注了大量的经费。可惜战争导致的内迁，使得清华来不及也难以将全部实验仪器设备搬到昆明，致使一些科研工作因为不能实验而不得不终止。据 1945 年 12 月 19 日《清华大学图书损失简报》消息，清华抗战时期仅图书一项就"确实损失应为 173720 册（包括在重庆北碚被日机炸毁者）。此外尚有民国二十六年后自海外运来中国时途中损失者。"[①]

表 4-4　清华大学图书馆历年中西文图书统计

年度	中文书册数	西文书册数	合计
1928	67200	36714	103914
1929	124100	40667	164767
1930	150000	47068	197086
1931	159496	52800	212296
1932	168310	59075	227385
1933	177027	66394	243421
1934	189176	75222	264389
1935	210274	83989	294263
1936	226948	91314	318262

资料来源：苏云峰：《从清华学堂到清华大学（1928—1937）：近代中国高等教育研究》，生活·读书·新知三联书店 2001 年版，第 105 页。

[①] 朱育和、陈兆玲：《日军铁蹄下的清华园》，清华大学出版社 1995 年版，第 90 页。

二、清华大学学术休假制度的历史沿革

要了解清华大学的学术休假制度,首先得了解清华学术休假制度的历史,这得从清华学校的教师进修与任用制度说起。

据记载,周诒春掌管清华期间(1913.10—1918.1),提到学术独立的条件之一就是"对中外、新旧教员应一视同仁,均应同样之待遇,享受同等权利。学校应供给教员在职进修的机会,以充实新知。"[①]周诒春校长的中外教员同等享有在职进修机会的思想在1921年形成制度并付诸实践。1921年3月清华学校"制定的外国教员、本国教员任用规则,本国教职员游学规则等,经外交部批准,本年8月起施行。"[②]此处所说的教员游学与任用规则,其实包括了教员学术休假的条文。研究清华的专家苏云峰提出,曹云祥掌管清华期间(1922.4—1928.1),"他修改原教员休假办法,增加名额与津贴,使教员能安心出国进修。"[③]这里"修改原教员休假办法"表明教员休假办法在其掌校之前就已存在。据清华教授庄泽宣在1922年的记载,"查本校教员任用规则……本国教员在校服务五年以上确有劳绩,并曾在国内外专门以上学校毕

[①] 苏云峰:《从清华学堂到清华大学(1911—1929):近代中国高等教育研究》,生活·读书·新知三联书店2001年版,第63页。
[②] 清华大学校史研究室编:《清华大学一百年》,清华大学出版社2011年版,第32页。
[③] 苏云峰:《从清华学堂到清华大学(1911—1929):近代中国高等教育研究》,生活·读书·新知三联书店2001年版,第73页。

业者，准赴外国游学一次。游学时支半薪，并与以官费。来往川资，欧美每次美金五百六十三元，日本每次一百五十元。外国教员每六年休息一年，闻与以原薪及川资。"①清华有外国教员休假制度和本国教员休假出国游学制度的事实得以再次确认。

　　清华学校时期教员出国休假办法并不是一纸空文。1924年《清华周刊》记载，"本校教职员在校任事多年者，照例可请假休息一年或由校中津贴赴美考察或研究一年，本年赴美者，闻系戴志骞与钟文鳌二先生。戴先生将去考察美国图书馆情形及再进著名大学谋图书学术之精深研究。钟先生亦将进校深造，有暇更欲游览该国名胜，并闻钟先生赴美后，钟夫人即将启程回粤云。"②同年《清华周刊》再次记载，"本校教职员章晓初先生、钟文鳌先生、戴志骞将于本年夏季赴美。"③还是这一年，《申报》记载，"本年教职员休假赴美者，有图书馆主任戴志骞君及教员章寅君"④，其中的章寅君，应该就是章晓初先生。因为《申报》在1924年再次报道，"章晓初君，湖北黄陂县人。北京师范大学毕业，任北京清华国文教授五年。现定于二十二日与清华学生同乘提督公司约弗逊总统号赴美入哥伦比亚大学研究教育学。"这表明1924年清华"照例"出国休假的教职员有章晓初、钟文鳌、戴志骞。1925年的《清华周刊》报道，"本校教职员，服务五年

---

① 庄泽宣：《教员待遇问题》，《清华周刊》1922年第267期，第6—7页。
②《职员赴美》，《清华周刊》1924年第311期，第39页。
③《教职员留美》，《清华周刊》1924年第316期，第28—29页。
④《清华学生出洋留学之沪闻》，《申报》1924年6月24日第14版。

后，可以请求学校准予出洋，求更深学问。本年教职员中，请求出洋者，有余日宣、郑之蕃、马约翰、吴汉章等诸先生。闻校中资送教职员出洋名额，每年先以二名为限。"[1] 马约翰先生曾回忆，"大约在一九二五年……在同一年，我就出国（休假赴美）进修去了。"[2]

清华大学在 1928 年 8 月更名为国立清华大学后，并没有完全延续清华学校时期的学术休假制度。据清华校史室提供的消息，1928 年 2 月 16 日清华评议会决议："教职员休假调查及考察津贴，暂缓 1 年举行。"[3]1928 年 12 月罗家伦校长在报告中说，"教授薪金之标准及等级，拟取中山大学、中央大学、北平大学等校为标准再定。教授出洋研究办法，原则上承认，办法另定，休假亦不成问题。将来每年并特派一人，以特殊人材为准，至外国留学，以作本校教授之准备，办法将来由评议会定之。"[4] 从中可以看出，罗家伦校长赞同教授出洋休假，但不赞同之前教授出洋的办法，他希望重新修订教授出洋办法，以实现"廉洁化"和"学术化"的办学目标。1929 年 7 月 18 日评议会议决"修正通过《教职员休假规程》"，并"准陈福田、陈达二教授休假"[5]。新修订

---

[1]《更上一层楼》，《清华周刊》1925 年第 337 版，第 50 页。

[2] 马约翰：《我在清华教体育》，载钟叔河、朱纯编：《过去的大学》，长江文艺出版社 2005 年版，第 120 页。

[3] 清华大学校史研究室编：《清华大学一百年》，清华大学出版社 2011 年版，第 52 页。

[4] 清华大学校史研究室编：《清华大学史料选编（第 2 卷·上册）》，清华大学出版社 1991 年版，第 157 页。

[5] 清华大学校史研究室编：《清华大学一百年》，清华大学出版社 2011 年版，第 61 页。

的《教职员休假规程》取消了原出国休假研究给予川资和月费的规定,导致出国休假研究的补偿标准有所降低。

《教职员休假规程》[①]

第一条 教授如按照契约及服务规程继续服务满五年而本大学愿继续聘任其担任教授者,得休假一年。如在国内休息一年而不兼职者得支半薪,休息半年而不兼职者得支全薪。如赴国外研究者得支全薪,但不另给旅费。休假期过一年者不再支薪。凡不续聘者不得援例。

第二条 凡每学系教授休假,其所任功课应由该系教授分担,不得因此增加教授。

第三条 各学系每年休假人数,以不妨碍前项规定之实行为限,但至多不得过二人。

第四条 主任以下之职员如服务在五年以上而成绩卓著者得休假半年,如不兼职者仍支原薪。

第五条 事务员以下职员如服务在五年而成绩卓著者得休假三月,仍支原薪。

第六条 校长如服务五年者得休假一年,与教授休假办法相同。但如有特别事由因公出国时,得酌支公费并不受此项年限规定。

第七条 如教职员在校服务中途离职在一年以上者,不

[①]《国立清华大学一览》,民国十九年刊行,第156页。

得并离职以前之年月扣算。

第八条　本规程自公布日施行。

这里有必要澄清清华大学首次学术休假的教师名单。虽然评议会已经批准陈福田、陈达二教授休假。不过1929年9月23日陈福田当选为评议会成员。① 按照清华的规定，评议会成员是每年选举一次的，评议会是学校最高的立法机构，需要处理的事情有很多，清华是不可能让一个已经批准休假的教授担任评议员的。据清华档案资料显示，陈福田教授"十二年八月到校，十八年未休假，十九年拟行休假"②，因此出现1930年6月24日评议会再次批准陈福田休假的事情。③ 根据陈达先生年谱记载，1923年陈达于哥伦比亚大学博士毕业后任职清华，1926年任清华社会学系主任，1930年1月陈达赴夏威夷大学讲学，6月再赴日本考察，8月底返校。④ 如果说清华评议会在1929年批准陈达先生休假，那么陈达先生在1929年底或1930年初休假出国的可能性很大。另外，陈达先生于1935年再次学术休假，按照5年1次的休假惯例，如果陈达先生是1930年休假，那么下次休假最早应该是在1936年。由此可见，陈达先生在1929年就开始学术休假。

---

① 清华大学校史研究室编：《清华大学一百年》，清华大学出版社2011年版，第62页。
② 清华大学档案资料，案卷编号：1-2:1-126:1-035。
③ 清华大学校史研究室编：《清华大学一百年》，清华大学出版社2011年版，第64页。
④ 田彩凤：《陈达先生年谱》，《清华大学学报（哲学社会科学版）》1995年第2期，第95页。

苏云峰先生认为1929年休假的两位教师是吴可读和李济，[①]事实并非如此。清华大学档案记载，吴可读教授"十二年八月到校，十八年未休假，十九年始行休假"[②]。李济于1925年8月以讲师身份受聘清华研究院，而讲师在当时是指学有专长的兼课教师。[③]1929年李济就任中央研究院历史语言所考古组主任，虽然1929年9月作为新聘教授任职清华社会学系，[④]但受聘后不久就放弃了清华专任教授的岗位，此后一直任职中央研究院。按照惯例，兼课教师没有资格享受清华的学术休假权利，况且李济在清华兼课的年限并没有达5年。

至此，清华学术休假制度的历史事实已经很清晰，清华在1921年就有教员休假规则，清华升为国立大学后，最早于1929年实施学术休假制度，当年休假出国成行的是陈达教授。至于1921年清华学术休假制度条文的具体内容，除了前文庄泽宣先生的简略叙述外，目前找不到完整的文字记录。

受多种因素的影响，1929年后清华大学学术休假制度经历过多次变更或修订，其中影响较大的则是1930年和1932年的学术休假制度。由于下文专门陈述了1930年学术休假制度的修订过

[①] 苏云峰：《从清华学堂到清华大学（1928—1937）：近代中国高等教育研究》，生活·读书·新知三联书店2001年版，第117页。
[②] 清华大学档案资料，案卷编号：1-2:1-126:1-035。
[③]《清华学校研究院缘起及章程》，《北京大学日刊》1925年4月13日第2版（第1667期）。
[④] 清华大学校史研究室编：《清华大学一百年》，清华大学出版社2011年版，第62页。

程和文本内容，故此处不再赘述。1931年梅贻琦上任后，清华大学对教师管理制度进行了比较规范化和系统化的修订，将《专任教授休假条例》和《教员助教休假及研究津贴条例》进行了合并整理，最后在1932年形成了《国立清华大学教师服务及待遇规程》，其第7章专门规定了学术休假，原文如下：

《国立清华大学教师服务及待遇规程》[①]

第七章　休假

第四十四条　本章各条于本大学专任教师适用之。

第四十五条　本大学教授如按照本规程连续服务满五年而本大学愿续聘其任教授者，得休假一年，如不兼事支半薪，或休假半年如不兼事支全薪；但曾经休假一次者，须连续服务六年，方得再享休假权利。

第四十六条　本大学教授，如欲在休假期内，作研究工作者，应先填写教授请求休假研究单，详具研究计划，经评议会通过后，方得享受下列第四十七、四十八、四十九、五十各条之待遇。

第四十七条　本大学教授，在休假期内，赴欧研究者，除支半薪外，由本大学给予来往川费，各美金五百二十元。此外给予在外研究经费，每月美金一百元。

第四十八条　本大学教授，在休假期内，赴日本研究者，除

[①] 王学珍、张万仓编：《北京高等教育文献资料选编（1861—1948）》，首都师范大学出版社2004年版，第691页。

支半薪外，由本大学给予来往川费，各日金一百五十元。此外给予在外研究经费，每月日金一百五十元。

第四十九条　本大学教授，在休假期内，赴欧美或日本研究者，由出国日起，至起程回国日止，须满十个月，不满十个月者，其研究费，应按月减发。

第五十条　本大学教授，在休假期内，留国研究者，得支全薪；如赴远地调查者，其旅费得提出详细预算，经评议会核定支付，但其总数，不得过五百元。

第五十一条　本大学教授，曾享受本规程第四十七或四十八或五十条之权利者，于休假期满后，至少须返校服务一年，并须详具研究报告，至下次请求休假研究时，评议会应以上次研究成绩为参考。

第五十二条　本大学如在课程或经费上，有特殊困难情形，经评议会通过，得请已届休假期之教授，延期休假一年。其延期之一年，应计入下届休假前之服务年限以内。

第五十三条　本大学教授，已届休假时期而请求延期休假者，如继续在校服务，得保留其休假权利；但延期之年限，不得计入下届休假前之服务年限内。

第五十四条　本大学教授，每年休假人数，每学系教授人数在十一人以下者，不得过二人，满十二人者，至多不得过三人。

第五十五条　本大学各学系，不得因教授休假而增聘教授，但于必要时，得酌聘讲师。

第五十六条　本大学教授，经特种契约聘定者，不得享受本章权利。

第五十七条　本大学专任讲师、教员及（全时）助教，连续服务满五年，成绩优异，愿在国内专做研究，拟有具体计划，经评议会通过，而同时不兼他职者，得休假研究一年，支全薪；如须赴远地调查者，其旅费得提出详细预算，经评议会核定支付，但其总数不得过五百元。

第五十八条　本大学专任讲师、教员及（全时）助教，连续服务满五年，成绩优异，愿赴欧美或日本专做研究，拟有具体计划，经评议会通过，得支领学费，并照本规程第四十七、四十八条，按半数支给川资及研究费，但不得支薪。

第五十九条　本大学专任讲师、教员及（全时）助教，改任他种专任教师者，其未改任前在校服务年限，仍计入休假前服务年限内，且休假待遇，照改任后之地位办理。

第六十条　本大学专任讲师、教员及助教休假者，每年每学系共不得过一人。

第六十一条　本大学专任教师，在休假期内，作研究工作，得有本校津贴者，应于休假年终，将研究结束，报告本校。

第六十二条　本大学专任教师，因事连续请假二月以上者，不过一年者，或因病请假二月以上者，须于休假前，补足服务年限，方得享受休假权利；其因事请假过一年者，其假前服务之年限，不得计入休假前服务年限内。

梅贻琦掌校后，清华大学的学术休假制度并非一成不变。1934年2月，评议会"修正通过《教师服务及待遇规程》第57

条的条文,规定专任讲师、教员、助教(在休假期内赴欧美或日本研究者)一律由校加给学费(实验等费除外)"[1]。1937年6月评议会议决,"休假教授休假期内在外作学术演讲应以1个月为限。"[2]"卢沟桥事变"后,清华大学内迁至长沙,1937年9月评议会议决:"本学年出国研究教授暂缓出国,在国内研究者,照在校服务教授薪俸成数支薪。"[3]为了恢复教授休假研究考察办法,1939年5月24日,倪俊等13教授联合致信梅贻琦,"清华教师休假赴国内外研究考察办法,为本校原有优良制度之一种,关系教师学业及学校前途甚大,应请学校自本年暑假起,恢复旧制。"[4]在教师的强烈要求下,1939年5月27日,评议会"同意《清华大学教师国内休假办法》下学年度照常实行,教授以10名为限,专任讲师教员及全时助教以5名为限。关于国内研究如赴远地调查者其派费仍以500为限,惟遇特别需要提经评议会核准后得酌量增加,但总额不得过1000元。"[5]清华大学根据学校内外部环境的变化和教师发展的需要,同意实施学术休假办法,但休假地点仅仅限制在国内。

由于教师分类的变化和战争造成经费与教师数量的减少,

---

[1] 清华大学校史研究室编:《清华大学一百年》,清华大学出版社2011年版,第82页。
[2] 同上书,第101页。
[3] 同上书,第104页。
[4] 清华大学校史研究室编:《清华大学史料选编(第3卷·上册)》,清华大学出版社1994年版,第282页。
[5] 清华大学校史研究室编:《清华大学一百年》,清华大学出版社2011年版,第117页。

1939年清华大学评议会修订了《国立清华大学教师服务及待遇规程》。与1932年的《国立清华大学教师服务及待遇规程》相比，前后规程有关学术休假的规则都是19条，且都是针对专任教师，变化之处有二。一是由于专任教师的类别发生了变化，致使学术休假开放对象的表达发生了些许变化。1932年规程中清华专任教师包括教授、教员和助教，1939年规程中的专任教师包括教授、副教授、专任讲师、教员和助教，规程中凡是适用教授的休假规则，同样适用副教授；凡是适用教员和助教的休假规则，同样适用专任讲师。另外，两个规程中的休假办法都适用于全体专任教师，因此学术休假开放对象的变化只是形式上的称谓变化。二是首次先期服务年限的要求发生了变化，1932年规程要求教授、教员和助教的先期服务年限是5年，1939年规程则均要求6年。至于补偿标准和服务要求等内容，前后没有变化。

1940年5月22日，金希武等49名教授为恢复教授出国休假办法，联合致信梅贻琦校长。1940年6月17日，清华大学第八次评议会议决，"当由学校相机设法办理"[①]。1940年6月，评议会同意"恢复本校《教师服务及待遇规程》第46条关于教授休假之规定"[②]。1943年6月，清华评议会议决："本校教师国内休假研究所需考察之旅费改定至多以4000元为限，抄写人员纸

---

① 清华大学校史研究室编：《清华大学史料选编（第3卷·上册）》，清华大学出版社1994年版，第285页。
② 清华大学校史研究室编：《清华大学一百年》，清华大学出版社2011年版，第122页。

张费用改定以2000元为限（教师出国研究者得支川旅补助费如上数）。"[1]后来，清华大学根据学科发展需要和国内国际政治环境的变化，适时对学术休假制度做出修订或调整。1944年9月7日第24次评议会上，梅贻琦校长报告，"联大上月所规定关于教授休假出国担任职务之待遇办法：a.本校教授出国担任职务除系由本校推选者外，在离校期间概不支付薪津；b.本校教授在休假研究期间概不兼任有给职务（研究奖金不在此例），但可于两年内保留休假研究权利。"[2]抗战胜利后，清华大学开始返校北上。1946年4月4日，清华评议会议决："国内及国外休假研究在下学年度均暂停1年。但本学年已通过而未实行之国内休假人员，得院长、系主任允许后，仍得于下学年内完成其休假计划。"[3]

总的来说，1932年的清华大学学术休假规程比较成熟，后来将之修订或暂停主要是基于政治环境的变动和经济状况的变化。

三、教师、校长与学术休假制度的生成

任何一项大学教师发展制度的设计，必定会考虑教师利益和学校利益的平衡，否则得不到支持，大学教师发展制度就会形同虚设或难以持久运行。从现有资料来看，清华大学是民国时期学

---

[1] 清华大学校史研究室编：《清华大学一百年》，清华大学出版社2011年版，第137页。
[2] 清华大学校史研究室编：《清华大学史料选编（第3卷·上册）》，清华大学出版社1994年版，第288页。
[3] 清华大学校史研究室编：《清华大学一百年》，清华大学出版社2011年版，第151页。

术休假制度实行时间最长的国立大学，这种稳定性的背后一定有其内在的利益表达机制和平衡机制。为了真实和深入地了解教师和学校在学术休假制度运行过程中的立场和双方的利益协调机制，现以吴宓作为教师利益的代表、罗家伦先生作为大学利益的代表来揭示他们如何利用学术休假制度来表达各自的立场和主张各方的权利。

1928年，吴宓听说自己苦爱的毛彦文欲留学美国，而温德先生告诉吴宓"美金2000元可留学法国一年"，为了"相偕赴法"和"省费"，吴宓萌生了休假出洋的心理，"欲暂弃职事，借筹款项，赴法留学一年。"[①]1929年8月24日，也就是毛彦文离沪赴美的当日，吴宓写道："既有1500元在握，更加今年所储之1000元，则宓决于明年夏赴法留学一年矣。"1930年3月24日，吴宓见系主任王文显教授，"言宓拟以休假留学法国一年。王谓宓所授课本年可暂停，宓去对学校并无妨碍云。宓又荐（一）郭斌龢（二）陈逵二人。王记其名，以备后来选聘。旋即函罗校长，请出洋留学一年。"[②]可见，为了不致因休假影响教学，吴宓在教学安排上采取了行动。

1930年4月2日，吴宓在日记中记载："上午草成公函一通，提议修改《本校教授出国休假出洋留学章程》，恢复1928年以前之制。文云'凡本校教授，于休假期中，赴外国研究者，应支半

---

① 吴宓著、吴学昭整理：《吴宓日记（第4册：1928—1929）》，生活·读书·新知三联书店1998年版，第131页。

② 吴宓著、吴学昭整理：《吴宓日记（第5册：1930—1933）》，生活·读书·新知三联书店1998年版，第43页。

薪，并按学生例，给予来往川资及留学费。'自持公函走访杨振声、冯友兰、叶企孙等评议员，凡八人，均签名于上。乃以函交冯君转与罗校长。此案若获通过，则宓定可赴欧矣。"[1]显而易见，吴宓并不满意《教职员休假规程》中的教授出国休假待遇，因此非常希望通过此举恢复1928年以前的休假补偿标准。按照1929年6月制定的《国立清华大学规程》的规定，评议会"以校长、教务长、秘书长、各院长及教授会所互选之评议员七人组织之"，当时清华大学有文学院、理学院、法学院，因此当年清华大学一共有13位评议员（包括6位当然评议员和教授会选举的7位评议员），吴宓本人当年也是评议会成员之一，吴宓提案中签名的评议员共有8位，显然占据评议会全体成员的多数，因此按照同意人数过半为通过的通例，吴宓所持的教授出国休假出洋留学案应该可以通过。1930年4月24日的《吴宓日记》中有这样一段话："开评议会，宓等于公函中所提原案，竟得通过。惟罗校长加以修改，复增各种限制。（一）视学校经费充足否。（二）本系可否认其离开。（三）须具详细留学研究计划，由评议会审查通过，方可照准。（四）归后须有研究成绩报告。"[2]这说明之前的教授出国休假出洋留学办法限定不多，吴宓对校长做出的限制没有表示不满。罗家伦校长之所以要提出多种限制，与其所提的"廉洁化、

---

[1] 吴宓著、吴学昭整理：《吴宓日记（第5册：1930—1933）》，生活·读书·新知三联书店1998年版，第48页。
[2] 同上书，第48页。

学术化、平民化、纪律化"的"四化"目标是分不开的，或者说1929年《教职员休假规程》贯彻了罗家伦校长的办学目标。除此之外，吴宓还提及，"是日罗氏屡云吴雨僧君之提案云云。宓侃然对众直言，声明此提案乃本于平日所闻诸多教授谈论之意见，只不过恢复1928年以前之旧制，至临时乃由杨振声、冯友兰与宓协议，杨作稿而宓笔写者。又经评议员四五人之副署连名。故虽宓为今岁出洋之一人，此案绝非宓之私图。原函虽经校长失落，在座诸评议员均当可证明云云。"①该日记信息表明，新的学术休假制度是杨振声拟稿，吴宓誊抄后由评议员冯友兰转交罗家伦校长的，恢复教授学术休假制度反映了教授的普遍心愿。吴宓在1930年4月2日和4月24日的日记中均提到"恢复1928年以前之旧制"，不仅再一次印证了前文清华在1928年以前就存在学术休假制度的事实，而且采取行动恢复旧制中的补偿标准，利用具有"议决重要章制"职权的评议会来谋取教师群体的利益。

1930年6月4日，清华大学评议会召开，吴宓记录了当时的会议结果和众教授的休假主张，"议及教授休假留学案，因本日否决学生所要求各案，故未敢以教授此案表决通过，然众意佥同，俟下次会时再表决公布。至旅费一层，陈福田君主张欧美一律，按照学生例，美金520元。宓排众议力和之，众卒从之。"②这表明陈

---

① 吴宓著、吴学昭整理：《吴宓日记（第5册：1930—1933）》，生活·读书·新知三联书店1998年版，第62页。
② 同上书，第82页。

福田和吴宓二人为提高教授休假的补偿标准起到了一定作用。1930年6月16日,"校评议会修正通过《专任教授休假条例》《教员助教休假及研究津贴条例》。"[1] 其中《专任教授休假条例》原文如下:

《专任教授休假条例》[2]

(1930年6月16日通过)

第一条 专任教授如按照契约及服务规程继续服务满五年,而本大学愿继续聘任其担任教授者,得休假一年。如在国内休假一年,而不兼职者,得支半薪;休假半年而不兼职者,得支全薪。如国外研究者,应准支半薪,并按学生条例给予月费学费及往来旅费,但不给他项费用。休假期过一年者,不得再支薪金月费及学费。凡不续聘者不得援例。

凡赴欧美研究者,出国时由本大学给予川资美金五百二十元,返国时由留美监督处给予川资美金五百二十元,月费每月美金八十元;留英者月费每月美金壹佰元。由留美监督处按月发给,全年以十二个月计算。

凡专任教授,经特种契约聘定者,不得享受上项待遇。

第二条 凡赴国外研究之教授,应先将在国外研究之具体计划交由系主任、院长、校长,提交评议会核准后方得享受前条规

---

[1] 清华大学校史研究室编:《清华大学一百年》,清华大学出版社2011年版,第64页。
[2] 王学珍、张万仓编:《北京高等教育文献资料选编(1861—1948)》,首都师范大学出版社2004年版,第623页。

定之待遇。

第三条 凡赴国外研究之教授，于休假期满后至少有服务本大学一年之义务。

第四条 凡遇本大学在课程或经费上有特种困难情形时，得由系主任、院长、校长提交评议会核定教授休假延期之年限，但该教授仍得保留其休假之权利于延期后享有之。

第五条 凡每学系教授休假，其所任功课应由该系教授分担，不得因此增加教授。

第六条 各学系每年休假人数，以不妨害前项规定之实行为限，但至多不得过二人。

第七条 如专任教授在校服务中途离职至一学年者，不得并离职以前之年月计算（离职半年者，其离职时期，必须补足）。

第八条 本规程自公布日施行。

很显然，《专任教授休假条例》第1条中，赴国外研究"准支半薪"、"给予学费及来往旅费"，赴欧美研究给予川资"美金五百元二十元"，吴宓先生和陈福田先生的利益诉求得以实现。《专任教授休假条例》第2条至第7条的内容，则完全反映了罗家伦校长的利益主张，不仅考虑了学校经费的可承受性和学校的教学安排，而且强调休假教师要提交具体的休假报告和返校服务的要求，尽管当时没有将"归后须有研究成绩报告"添加进条文中，但考虑了离职后的年资计算问题。罗家伦校长的主张既符合自己改革清华的目标要求，也符合当时国际上的通行做法，所以虽然对学术休假做出了种种限制，但教授普遍没有异议。

为恢复清华教授休假办法费尽心思的吴宓，于《专任教授休假条例》通过后的第8天，即1930年6月24日得到评议会赴法休假的批准，一起准予休假的还有陈福田和叶企孙，因此不难理解为何叶企孙积极签名支持吴宓恢复休假旧制，陈福田主张赴欧美休假的旅费援引学生标准，他们是清华大学教授休假制度中教师群体利益的代表和受益者。虽然罗家伦校长在《专任教授休假条例》通过之前的两个月离开了清华，但他维护学校利益的主张写进了《专任教授休假条例》中，并对清华以后的学术休假制度产生了长远影响。需要引起注意的是，吴宓先生利用制度化的渠道为教师群体谋取利益，教师和校长民主、公开地表达各自的权益，而且所表达的内容都非常具体，具有可操作性。在这个过程中，评议会的确成为表达教师权益的重要组织。

同样值得一提的是清华大学教员助教的利益诉求行为。据浦江清在日记中记载，1929年2月22日晚，"舜若（引者注：施汝为）来邀，至彼室，见多人在座。彼等在讨论如何要求学校恢复教员助教在服务若干年后可派送留美，由校中任全费或半费之事。余既无意于留美，故亦不发表意见。但结果被推为请求之起草员。"[①]这说明当时清华教员尤其是年轻助教希望出国进修。1930年6月16日，校评议会修正通过《教员助教休假及研究津

---

① 浦江清：《清华园日记　西行日记（增补本）》，生活·读书·新知三联书店1999年版，第35页。

贴条例》。邀请浦江清参与讨论恢复助教休假和出国研究办法的施汝为，于1930年7月4日得到评议会的议决，"给予物理学系助教施汝为出国研究津贴"[①]。作为新助教休假制度修订案的起草者，浦江清也于1933年5月3日得到评议会休假赴欧的批准。[②]这说明即使是普通的大学教师，他们在利益表达的过程中也是有一定的话语权的，学校也考虑普通教师的利益，否则《教员助教休假及研究津贴条例》不会在不到4个月的时间内得以通过。

抗日战争全面爆发后，清华大学于1937年9月宣布暂停学术休假制度，18位教授在西南联大时期联名向校长致信，要求"改善待遇"，"我校教员待遇原不优厚，所恃以调剂者唯在年功加俸、定期休假二端，现休假之制既行停止，加薪之例又复废弛，诚令人惶惑不解也"。[③]可以看出，清华大学教授普遍将学术休假视为教师的一种待遇或利益，这或许就是教授们积极采取措施维护自己学术休假权益的重要原因。

四、清华大学学术休假制度的运用

1. 历年来的学术休假人数

1928年清华"改大"后，除了1937年9月由于抗日战争导

[①] 清华大学校史研究室编：《清华大学一百年》，清华大学出版社2011年版，第65页。
[②] 同上书，第77页。
[③] 清华大学校史研究室编：《清华大学史料选编（第3卷·上册）》，清华大学出版社1994年版，第331页。

致高校播迁，清华大学教师休假研究办法停至1939年恢复，以及1946年下半年由于西南联大结束和清华大学复校而暂停1年外，清华大学学术休假制度的实施就没有间断过，这说明清华大学学术休假制度的实施具有稳定性。在1929—1948年间持续运行的18年时间里，就所查阅的资料来看，清华大学教师学术休假的名单如表4-5。

表4-5　1929—1948年清华大学教师休假名单

年度	人数	教师名单
1929	1	陈达
1930	6	吴可读、吴宓、陈福田、叶企孙、施汝为、薛愚
1931	3	朱自清、温德、金岳霖
1932	8	杨树达、毕莲、翟孟生、刘崇鋐、熊庆来、陈岱孙（陈总）、孔繁霱、马绍援
1933	13	孙光远（孙塘）、吴韫珍、浦薛凤、陈寅恪、冯友兰、王文显、吴有训、艾克、邓以蛰、蔡可选、高崇熙、浦江清、涂文
1934	14	蒋廷黻、萨本铁、杨武之、陈桢、张奚若、施嘉炀、萧蘧、戈定邦、叶公超（叶崇智）、黄子卿、王化成、沙玉彦、周鸿经、黄夏千
1935	17	刘文典、钱稻孙、李继侗、叶麐、萨本栋、陈达、郑之蕃、石坦安、史국良、王裕光（王明之）、容启东、沙玉清、褚士荃、孙瑞衍、邹文海、谢兆芬、雷兴翰
1936	13	周培源、孙国华、蔡方荫、吴可读、余肇池、赵人㨗、张泽熙、马约翰、李濂、杨凤岐、倪因心、石磊、赵德洁

续表

年度	人数	教师名单
1937	13	雷海宗、赵忠尧、张子高、袁复礼、周先庚、萧公权、顾毓琇、张为申、王谟显、陈鸿远、陈汉标、俞平伯、余冠英
1939	5	闻一多、王力、赵凤喈、冯景兰、张印堂
1940	6	朱自清、刘崇鋐、张席褆、彭光钦、章名涛、浦江清
1941	2	金岳霖、夏翔
1942	5	陈铨、沈有鼎、曾远荣、严晙、刘文典
1943	17	王信忠、陈省身、孟昭英、霍秉权、赫崇本、徐贤修、钟士模、张听聪、郑沛嶛、苏汝江、周培源、陈福田、周新民、李谟炽、李景汉、戴世光、冯友兰
1944	2	吴宓、孙绍先
1945	4	王宪均、袁复礼、闵嗣鹤、姜维章
1946	3	俞大钹、张为申、高仕功
1947	11	吴达元、赵访熊、范绪筠、周先庚、叶楷、刘崇乐、许维遹、田方增、刘好治、王佐良、苏良赫
1948	20	吴柳生、庄前鼎、李宪之、郭世康、朱自清、李继侗、吴晗、张奚若、杨业治、余瑞璜、黄子卿、张印堂、徐毓枬、陶葆楷、董树屏、王德荣、周荣德、杨捷、赵养昌、张家骅
合计		163

说明：1937年受战争影响，已经批准休假的刘仙洲和叶企孙主动放弃休假。

资料来源：

(1)清华大学校史研究室编：《清华大学一百年》，清华大学出版社2011年版，第52—168页。

(2)《国立清华大学1932—1936年度教师申请休假出国研究计划、休假教师名单及往来函件》，见清华大学档案资料，案卷编号：1-2:1-126:1。

从实际休假的教师来看，1929—1936年间，清华大学有75位教师休假[1]，其中教授和副教授有53人次，约占休假教师总数的70.7%；专任讲师、教员、全时助教共有22人，约占休假教师总数的29.3%；1929—1948年间，清华大学教师休假共163人次，其中教授或副教授有125人次，约占休假教师总数的76.7%；专任讲师、教员、全时助教共有38人，约占休假教师总数的23.3%，这些专任讲师、教员、全时助教有施汝为、薛愚、马绍援、浦江清（1933年）、涂文、戈定邦、沙玉彦、周鸿经、黄夏千、容启东、沙玉清、褚土荃、孙瑞衍、邹文海、谢兆芬、雷兴翰、余冠英、李濂、杨凤岐、倪因心、石磊、赵德洁、夏翔、孙绍先、闵嗣鹤、姜维章、高仕功、张为申、田方增、刘好治、李宪之、王佐良、苏良赫、郭世康、周荣德、杨捷、赵养昌、张家骅。在民国时期清华大学教师的历史上，"人数最多的一九三六年度，全校教师有二百一十余人，其中有教授九十人，几占全体教师的一半。"[2]因此总体而言，无论战前还是战后，全校休假教师人数较多，其中教授和副教授占多数，专任讲师、教员、全时助教相对较少。苏云峰先生也认为，"以教授级人数最多，讲师、教员

---

[1] 苏云峰先生统计1929—1936年间清华有70位教师休假，其资料来源于《清华同学录》（1937年附录），见苏云峰：《从清华学堂到清华大学（1928—1937）：近代中国高等教育研究》，生活·读书·新知三联书店2001年版，第117页。笔者没能查阅到苏云峰所言《清华同学录》。

[2] 清华大学校史编写组编：《清华大学校史稿》，中华书局1981年版，第144页。

及助教较少。"①

之所以讲师、教员、助教数量相对较少，原因可能有二。一是办学经费有限，学校不得不对休假教师资格做出限制。学校规定"专任讲师、教员及助教休假者，每年每学系共不得过一人"，教授每年每学系共不得过2—3人，这样较多的有教学和研究经验的教授或副教授休假，有利于保证休假的效能。二是为了优待教授和扶助年轻有为者。清华大学对教授一直"图之至亟"，而对潜心学术的年轻人给予发展的机会，要求其在校服务期间"成绩优异"，②因此讲师、教员、助教休假得请教授证明其成绩优异。例如，1932年张子高、李运华、高崇熙、黄子卿、萨本铁等5位教授为教员马绍援休假事宜联名致函理学院院长叶企孙，认为马绍援"玉石黾勉、潜心学术、成绩优异，殊属有不可多得之人材"③。1936年陈桢、戴芳澜、吴韫珍为助教石磊赴德国休假研究联名致信梅贻琦，"查本校助教连续服务满五年，成绩优异，愿赴国外研究者得休假研究一年。兹本组石磊君颇合上项规定"④。1936年冯友兰、邓以蛰、金岳霖为助教李濂休假事联名致函梅贻琦，认为"李濂先生连续服务已满五年，平日对于研究工作极为

---

① 苏云峰：《从清华学堂到清华大学（1928—1937）：近代中国高等教育研究》，生活·读书·新知三联书店2001年版，第117页。
② 清华大学校史研究室编：《清华大学史料选编（第2卷·上册）》，清华大学出版社1991年版，第180页。
③ 清华大学档案资料，案卷编号：1-2:1-126:1-011。
④ 清华大学档案资料，案卷编号：1-2:1-126:1-061。

努力，现所提出休假研究计划亦尚详细"，因此"推荐请提交评议会准予在国内休假研究并给予旅费伍百圆"。①

2. 学术休假目标

关于教师休假的预期活动目标，可以通过清华1929—1948年间教师的休假申请函或休假计划来了解。1933年陈寅恪致函梅贻琦，"下学年第二学期起至暑假休假半年"，申请在国内休假，目的是"藉资调养"②，据吴宓先生所言，陈寅恪"素弱"和"多病"③。郑之蕃在致梅贻琦校长函中提到，"因精力欠佳，明年拟请休假半年或一年。"④就笔者所掌握的资料而言，除了陈寅恪和郑之蕃两教授申请休假外，其余教师在研究计划中都没有提及休养或身体欠佳的问题。譬如，余肇池"拟就管理方面作较为普通之考察"⑤，周培源"继续近在中国物理学报（第1卷第3期）中所发表关于《相对论之膨胀宇宙论》之研究工作"和"借此休假之便到国外收集关于力学史的材料以作编辑该书之参考"，⑥张泽熙"拟在美国德国日本专事研究及调查其设备组织等以为将来

---

① 清华大学档案资料，案卷编号：1-2:1-126:1-065。
② 清华大学档案资料，案卷编号：1-2:1-126:1-068。
③ 吴宓著、吴学昭整理：《吴宓书信集》，生活·读书·新知三联书店2011年版，第434页。
④ 清华大学档案资料，案卷编号：1-2:1-126:1-067。
⑤ 清华大学档案资料，案卷编号：1-2:1-126:1-041。
⑥ 清华大学档案资料，案卷编号：1-2:1-126:1-040。

我校或可与铁道部合设一研究所之筹备"及其他研究与调查事宜,[①]赵人携的休假计划是,"大部时间研讨统计学之理论与方法及德法两国公共统计机关之组织及工作,小部研究近今欧西币制之变更实况与理论,根据假中并拟就统计学及货币学作有系统之教科书材料之搜集与编撰。"[②]孙国华除了做研究外,还打算"利用彼校之图书馆补充历年在校所授之心理学讲稿"和"旁听彼校之高级生理学",[③]倪因心"预备在柏林大学听讲,择定导师,研究农业政策及合作事业"和"赴丹麦考察农村事业",[④]石磊准备赴德国研究"食用黑穗病菌与其寄主茭白之关系"[⑤],李瀌"欲借此休假之机会,继续作中国美学史之研究"[⑥],朱自清拟休假期间研究"散文(包括骈散二体)之发展"[⑦],刘崇鋐拟"编一《十九世纪英国史》"教材,有余暇再研究"十九世纪英国之自由思潮"和"十九世纪中英两国关系"。[⑧]1940 年,章名涛"拟利用休假期间,用学习工程者之立场研读数学,并择其有关电工者汇编《电工数学》一册。一方面可以探求其真理;又一方面使后学者获一

---

① 清华大学档案资料,案卷编号:1-2:1-126:1-042。
② 清华大学档案资料,案卷编号:1-2:1-126:1-044。
③ 清华大学档案资料,案卷编号:1-2:1-126:1-045。
④ 清华大学档案资料,案卷编号:1-2:1-126:1-057。
⑤ 清华大学档案资料,案卷编号:1-2:1-126:1-062。
⑥ 清华大学档案资料,案卷编号:1-2:1-126:1-066。
⑦ 清华大学校史研究室编:《清华大学史料选编(第 3 卷·上册)》,清华大学出版社 1994 年版,第 290 页。
⑧ 同上书,第 292—293 页。

参考"①。雷兴翰、容启东、邹文海、谢兆芬等年轻教师申请出国留学并获得学位。

由此可见,清华大学绝大多数教师预期的休假活动都是研究或考察,即要么编书撰文,要么实验探究,要么考察或调查,要么收集资料,他们希望通过休假来增长学识和提高自己的教学与研究水平。

3. 学术休假的经费补偿

为了促使休假教师能够安心和全心从事研究,清华大学给予休假教师的待遇是比较好的。1930年清华大学《专任教授休假研究条例》规定,"国外研究者,应准支半薪,并按学生条例给予月费学费及往来旅费……凡赴欧美研究者,出国时由本大学给予川资美金五百二十元,返国时由留美监督处给予川资美金五百二十元,月费每月美金八十元。"除了按照规定给予薪酬外,对于休假期内做研究工作者,还给予一定的川资、研究费(即月费,留学者学费当月费)。1930年尚在欧洲休假的吴宓先生指出,"以美金计,出国150,回国150,在巴黎每月38,伦敦60,牛津50,已足用(省俭办法)。"②按照这种补偿标准和消费标准,教授即使不动用薪金,清华大学所给予的补偿费用也比较充裕。据

---

① 清华大学校史研究室编:《清华大学史料选编(第3卷·上册)》,清华大学出版社1994年版,第289页。
② 吴宓著、吴学昭整理:《吴宓书信集》,生活·读书·新知三联书店2011年版,第164页。

统计，1935年清华大学支付给休假教师的出国川资和两期月费总数超过3万元，如果加上回国川资和第3期和第4期的月费（见表4-6），可推知仅1935年清华大学支付给休假教师的川资和月费就达6万余元。由于不少教师需要整理资料，为了节约休假教师誊抄资料的时间，清华大学学术休假制度允许休假教师根据实际需要雇请助手，而费用由学校支付。如1940年浦江清为了完成一部《元剧诂训辞典》，就曾申请雇用助理之事。"请求学校能按国内研究如需要时得领研究津贴之例，给予雇用书记、制卡片之费约五百元，以进行此事"[1]，不过由于战争阻隔，浦江清最后在西行中度过自己的休假，雇请助理只好作罢。又据闻一多反映，"期间曾依国内研究条例呈请休假一年，并由系中专聘助理员一人襄助研究。比蒙评议会全案通过，准予施行。"[2]1947年6月评议会议决给予23位1947学年度休假者研究补助费，10月评议会"准给中国文学系教授许维遹本学年国内休假研究补助费（抄写用），等于每月薪津（生活补助费）10%"[3]。可见学术休假制度需要高额的经费做基础。

---

[1] 清华大学校史研究室编：《清华大学史料选编（第3卷·上册）》，清华大学出版社1994年版，第294页。

[2] 黄延复整理：《梅贻琦1937—1940来往函电选》，载中国社会科学院近代史研究所近代史资料编辑部：《近代史资料（总102号）》，中国社会科学出版社2002年版，第26页。

[3] 清华大学校史研究室编：《清华大学一百年》，清华大学出版社2011年版，第163页。

表 4-6　1935 年清华大学休假教师的川资和月费记录

姓名	出国川资 美元	出国川资 国币	回国川资 美元	回国川资 国币	第一期月费 应发外币	第一期月费 国币	第二期月费 应发外币	第二期月费 国币
刘文典		500.00						
石坦安	520.00	1326.00	520.00	1326.00	£72.00	889.92	£72.00	964.80
钱稻孙		500.00						
陈　达	520.00	1513.20			£72.00	961.92	£72.00	964.80
史禄国	520.00	1336.40	520.00	1336.40	£72.00	1000.08	£72.00	964.80
萨本栋	520.00	1424.80			G300.00	822.00	G300.00	816.00
李继侗	520.00	1331.20			£20.00	256.40	£124.00	1589.68
叶　麐	520.00	1395.10			G300.00	812.12	G300.00	816.00
王明之	520.00	1378.00			G300.00	795.00	G300.00	816.00
雷兴翰	520.00	1378.00			G150.00	397.50	$305.00	829.60
容启东	520.00	1263.60			G150.00	408.00	$350.00	952.00
邹文海	520.00	1336.40			£36.00	461.52	£64.00	857.60
谢兆芬	520.00	1331.20			G150.00	384.00	G251.00	750.49
沙玉清	520.00	1253.20			£36.00	430.20		
褚士荃	520.00	1253.20			£36.00	430.20	£36.00	482.40
孙瑞珩	520.00	1268.80			£36.00	437.04	£36.00	482.40
		19789.10		2662.40		8485.90		11286.57

说明：①1935 年清华大学共有 17 位教师休假，由于郑之蕃申请国内休息，故没有列入表。刘文典和钱稻孙两教授申请国内研究故没有月费，但赴日本考察，按规定国内研究赴远地考察支付的旅费总数至多 500 元。
②出国休假教师的回国川资由留美监督处发放，故"回国川资"一栏空白。由于石坦安与史禄国均为外籍教师，两教授回国川资提前发放。
③原表格中的第二期月费的国币总数为 10456.97 元，是没有计入雷兴翰的费用

（因美元支付），此处将雷兴翰的费用转为国币，因此总数有变。另外，沙玉清第二期月费的原始记录出现空白。

资料来源：根据清华大学档案资料案卷编号：1-2:1-126:1-079 和案卷编号：1-2:1-126:1-080 整理而成。

4. 学术休假制度的执行

制度功能的实现，还取决于制度的有效执行。从笔者所掌握的资料来看，清华大学能够比较严格地执行既定的学术休假制度，这主要表现为：

第一，统一要求提交休假申请和休假报告。教师服务年限达到休假要求，并不等于教师就可以擅自休假。实际上，根据清华大学档案馆的资料，不管是清华数学系的元老郑之蕃，还是以考据见长的陈寅恪，抑或是传说中狂傲的刘文典，甚至是外籍教师，如果想休假，都必须提前提交申请，否则不予休假。当然，这也是清华维持教学秩序的需要。浦薛凤回忆说："依据清华规定，教授初次任教满五年，得先期拟就出国研究计划，经过系院转报校长核定"[①]，这也在一定程度上说明欲休假者必先提出申请。自 1932 年开始，按照《国立清华大学教师服务及待遇规程》规定，休假结束后，申请研究或考察的教师要向学校提交休假报告。1940 年，朱自清"接办事处来函，嘱报告休假研究工作情形"[②]。

---

① 浦薛凤：《万里家山一梦中》，台湾商务印书馆 1983 年版，第 152 页。
② 清华大学校史研究室编：《清华大学史料选编（第 3 卷·上册）》，清华大学出版社 1994 年版，第 291 页。

据《梅贻琦日记（1941—1946）》记载，1941年4月3日，"请王力、冯景兰、张印堂各作简单报告，关于上年休假研究期间在安南、西康及迤西之见闻"[①]。再如助教杨凤岐，评议会已经通过他休假研究"赴英国伦敦大学读西洋近代史及近代国际关系史"的申请，但"因该计划太广泛，恐短期内难以收效，故拟改赴意大利专攻意大利史，以期学有专精"，因此请评议会"重予审查"。[②]

第二，自觉遵守和严格执行不影响课业的准假原则。一般而言，清华教师在申请休假前，都会与本院或本系的已届休假期的同事进行沟通与协商。1932年，熊庆来致信梅贻琦，"来服务本校截至本年一月已实满五年，前援例请求自本年二月起休假赴欧研究，曾经评议会通过照准。惟现因敝系应添教授尚未聘就来，所任功课遽难卸责，拟继续服务一学期至暑假再行出国。"[③]1936年，赵德洁致函梅贻琦，"客岁本拟请求休假，嗣因与系中邹文海先生服务年限冲突，于是延至今年。"[④]1940年，刘崇鋐在休假申请信中提到，"历史学系本年届休假期者，有雷海宗先生及鋐二人……雷先生拟保留权利暂不呈请。"[⑤]1944年，吴宓致梅贻琦的信函中提到，"前于民国三十二年三月，曾由本大学评议会议决，准

[①] 梅贻琦著，黄延复、王小宁整理：《梅贻琦日记（1941—1946）》，清华大学出版社2001年版，第20页。

[②] 清华大学档案资料，案卷编号：1-2:1-126:1-051。

[③] 清华大学档案资料，案卷编号：1-2:1-126:1-008。

[④] 清华大学档案资料，案卷编号：1-2:1-126:1-060。

[⑤] 清华大学校史研究室编：《清华大学史料选编（第3卷·上册）》，清华大学出版社1994年版，第293页。

如宓所请，民国三十二年至三十三年度，给予休假一年在案。旋因系中需人，故宓于三十二年七月十七日自请取消休假。"①1947年，"因课业关系，商得已准休假教授气象学系李宪之、土木工程学系吴柳生各延期1年，机械工程学系教员郭世康延期1年"②。

第三，严格执行请假过一年假前服务年限清零的制度。1932年出台的《国立清华大学教师服务及待遇规程》规定，"本大学专任教师……其因事请假过一年者，其假前服务之年限，不得计入休假前服务年限内。"③1937年，系主任朱自清函告梅贻琦，言杨树达想"请假一年，希望保留休假权利"，梅贻琦明确答复"不能保留"。④抗战胜利后复校北上，考虑到辗转困难和服务年资，1947年7月18日，清华大学评议会讨论通过"本校教师在校服务已满7年（未满7年者不论）暂时请假离校，其请假期间不超过两年者得于返校任教满两年后申请休假待遇"⑤的决定。可见，清华大学还是有原则地坚持既定的先期服务年限休假规则。

第四，严格管理休假经费。1938年6月21日，梅贻琦手谕秘书处，告知战争加紧，下半年休假暂停，"去夏准备出国各教

---

① 清华大学校史研究室编：《清华大学史料选编（第3卷·上册）》，清华大学出版社1994年版，第301页。
② 清华大学校史研究室编：《清华大学一百年》，清华大学出版社2011年版，第163页。
③ 清华大学校史研究室编：《清华大学史料选编（第2卷·上册）》，清华大学出版社1991年版，第181页。
④ 黄延复：《梅贻琦1937—1940来往函电选》，载中国社会科学院近代史研究所近代史资料编辑部编：《近代史资料（总102号）》，中国社会科学出版社2002年版，第6页。
⑤ 清华大学校史研究室编：《清华大学一百年》，清华大学出版社2011年版，第161页。

授已领川资月费者,应通知交还会计科,以资清理,将来办法恢复时再行发给可也"[1]。1940年萧公权休假期满后,来信言返校困难并请辞教授职务,为此梅贻琦将萧公权的信给陈岱孙和张奚若阅览。时任政治学系主任的张奚若于1940年7月10日函梅校长关于萧公权休假逾期不归事,"惟事实既已如此,学校自应索还所领薪金,以维校章,而杜效尤。倘万一萧先生于接到学校此种通告后,藉口事实上无此能力而图规避,则请在奚若薪金内每月扣还百元,以至扣清为止。奚若虽非富有,然为明责任、维校章,不能不如此办理也。再,此种建议全出至诚,绝非虚伪形式,如不幸萧先生果不恳还或不能还,则只有如此办理,绝不宜有任何客气之处。"他还列出催款账单,指出应归还一年薪金3917.75元(包括研究补助费),已扣还出国旅费及月费320元(国币)。[2] 据此梅贻琦批复,"下学年既不返校,廿八年度所支薪金应请归还,前欠川资未清之数为3917.75元,亦请便中清还。"[3] 紧接着在1940年7月15日,清华大学第23次校务会议议决,"本校教授、副教授休假研究期满后,因故不能返校服务者,应将休假研究期

---

[1] 黄延复:《梅贻琦1937—1940来往函电选》,载中国社会科学院近代史研究所近代史资料编辑部编:《近代史资料(总102号)》,中国社会科学出版社2002年版,第18页。

[2] 清华大学校史研究室编:《清华大学史料选编(第3卷·上册)》,清华大学出版社1994年版,第327—328页。

[3] 黄延复:《梅贻琦1937—1940来往函电选》,载中国社会科学院近代史研究所近代史资料编辑部编:《近代史资料(总102号)》,中国社会科学出版社2002年版,第37—38页。

内所领薪金及研究补助费归还学校。"[1] 清华大学开始以制度化的方式处理休假后未返校服务的事宜。

1941年10月30日，梅贻琦函章名涛、浦江清、刘崇鋐，提出休假届满当照章返校，照例提交休假报告和返校服务，否则照章"将休假研究期内所领薪金及研究补助费归还学校……盖本校此项办法因内外之种种关系不得不有从严之考核。惟战区交通梗阻，返校旅途自亦不无困难，兹为补救起见，经提校务会议议决，现留战区各休假研究教师，凡于本学期内返校者，除到校之月照送薪津外，另由校补发薪津两个月（现每月薪金及各项津贴合计约六百余元），作返校旅费津贴"[2]。1943年度赴美休假的王信忠、陈省身、霍秉权、孟昭英、徐贤修、钟士模、张昕聪、郑培缪、苏汝江、赫崇本等10位教师向学校共借款21.3万元，到期后梅贻琦做出归还款项的批示或安排。[3]

可见，无论是在提交休假报告还是返校服务事宜方面，学校都严格照章办事，但又不失体谅之心。

5. 学术休假制度的实施成效

为了客观了解清华大学教师休假后的学术贡献，本书依据教师提交的休假报告，以其中的陈述内容或提供的线索来判断和统

---

[1] 清华大学校史研究室编：《清华大学史料选编（第3卷·上册）》，清华大学出版社1994年版，第288页。
[2] 同上书，第328—329页。
[3] 同上书，第314页。

计教师休假期间的研究成果。由于资料的散佚和流失,目前找到的只有 10 份休假报告,虽然数量不多,但不存偏见统统纳入统计范围,而且窥一斑而见全豹,这些报告比较客观地反映了学术休假期间的科研成果。

表 4-7　清华大学部分教师休假期间的学术产出统计

姓　名	专著或专利数	论文或报告数	备注
浦薛凤		2	自称休假时"在欧洲起稿新政治学",沈乃正认为其研究方法具有革命性,体现了学术独立的精神;休假期间"搜集《近代政治思潮》之原料即翻阅绝版或不易购置之原文著作而详作笔记",萧公权认为浦薛凤撰写的《西洋近代政治思潮》是"一部成熟渊博而客观的西洋近代政治思想史"
高崇熙		5	中国无机化学的开拓人
周培源		2	自报 5 篇论文,为撰写大学物理系课本到国外收集关于力学史的材料
朱自清	3		期间编写的中学教学指导用书影响很大,另外还抄集了先秦散文资料
冯景兰		5	计测制十万分之一路线地质图 11 幅,五千或一万分之一矿区地质图 6 幅,地质剖面图等 20 余幅,采集地质标本 50 余箱,编写的《川滇铜矿纪要》1942 年获教育部学术审议会三等奖

续表

姓　名	专著或专利数	论文或报告数	备注
王力		5	自报研究有7种，手录东方语言参考资料（法文及英文）共400页，其中自述"费时最久颇有所知者为越南语"，其撰写的国际公认研究汉越语的权威论著《汉越语研究》（1948）的汉越语资料就是此间收集的
闻一多	1	4	自报成果25篇（包括未完成的），此间撰写的《楚辞校补》是闻一多生前唯一学术专著，被学术界公认为提高了一个时代的《楚辞》研究水平，该著作1943年获教育部学术审议会二等奖
金岳霖	1		撰写《知识论》，自述"一年内共写完十一章，约三十余万言30万字"，《知识论》是其花精力最多的一本书
陈省身		6	有2篇在国际数学顶尖杂志《数学纪事》（*Annals of Mathematics*）上发表，其中1篇为160页长文
孟昭英	1		获得美国专利1项，在美研制雷达关键器件（保密研究），参与战时雷达的创始性研究，誉为微波波谱的先驱
小计	6	29	

说明：此表格中的专著和专利、论文和报告是指在休假期间已经完成且被杂志、出版社或有关部门采纳的研究成果，还在进行中或未收到杂志刊发信息的成果没有纳入统计数据。

资料来源：

(1) 清华大学校史研究室编：《清华大学史料选编（第3卷·上册）》，清华大学出版社1994年版，第289—313页。

（2）《国立清华大学1932—1936年度教师申请休假出国研究计划、休假教师名单及往来函件》，见清华大学档案资料，案卷编号：1-2:1-126:1。

从表4-7中可以看到，10位教师在休假期间（均1年）从事研究或调查工作，所撰写完成的著作有5部（另有1项专利），完成研究论文或调查报告29篇。平均而言，每位教师休假1年可以完成专著（或专利）0.6种，发表论文或学术报告2.9篇（仅冯景兰提交的是调查报告，另外孟昭英涉密未公开的研究成果未计入）。相比1934—1936年教育部所调查的全国专科以上学校教师14%的发表率和1928—1937年间清华大学教师37.9%的发表率，全国专科以上学校平均每一教员在2年半时间内进行的专题研究仅1种左右，1928—1937年间清华大学教师之从事研究者每人平均在10年的时间内发表专著2.4种，论文4.7篇，译书与书评均为0.7本。[1] 按照这个统计结果，清华大学休假教师的发表率为100%，是教育部所调查全国专科以上教师发表率的7.1倍，是清华大学全体教师的2.6倍；如果以10年为比较范围，清华大学休假教师每人平均发表专著6部，发表论文（包括报告）29篇，分别是清华大学教师之从事研究者的4.3倍和6.2倍（即使将休假教师的研究报告或者将清华大学从事研究的教师的编译与书评算入论文数量，休假教师的论文发表也分别是后者的5.1倍和

---

[1] 苏云峰：《从清华学堂到清华大学（1928—1937）：近代中国高等教育研究》，生活·读书·新知三联书店2001年版，第120页。

4.8倍）。同时，从发表率和成果数量角度来说，北京大学1935—1945年64%的发表率明显低于清华大学休假教师100%的发表率，每年北京大学休假教师的专著和论文分别是清华大学的15%和44%。从数量来看，清华大学学术休假制度的成效高于北京大学学术休假制度的成效。在创造力成果产出方面，无论是专著数量还是论文数量，清华大学休假教师的人均成果数量是不休假但从事研究教师的4—6倍。笔者认为这是一种井喷现象，之所以如此，是因为教师脱离繁杂的课业与校务，有专门的时间将平日的教学所得或者思考所得形成文字，从而达到学术成果"集中爆发"的程度。需要指出的是，当时学术界并不以学术成果数量取人。梅贻琦曾说过，"学术的造诣，是不能以数量计较的。"[1]当时学术界特别强调研究成果的原创性。

除了休假教师人均的研究成果数量惊人，教师休假的学术影响也非常大。这表现在以下几个方面：

一是促进了学科知识的发展。科研是生产知识的活动，学科知识的生产是大学教师的重要任务。不少教师在休假期间所取得的研究成果成为所在领域的力作或代表了当时的前沿标准。如闻一多的《楚辞校补》被学术界公认为提高了一个时代的《楚辞》研究的水平，并获教育部学术审议会二等奖；冯景兰受尽颠沛流

---

[1]《就职演说》，载梅贻琦著：《中国的大学》，北京理工大学出版社2012年版，第27页。

离之苦,将调查所得撰写成《川滇铜矿纪要》,最终获教育部学术审议会三等奖;陈省身休假期间的研究成果在国际顶尖数学杂志发表,而且还与普林斯顿大学的教授合著书稿[1],孟昭英休假期间参与美国雷达关键器件研究,成为中国甚至国际雷达领域的先驱。

二是积蓄了学术发展的力量。除了著书立说,一些休假教师限于研究资料或研究设备的短缺,就利用休假的机会收集资料或做实验,如浦薛凤到德国收集西洋政治思潮资料和请教伦敦政治经济学院政治学权威拉斯基(H. J. Laski)教授,王力到越南收集越南语资料,这些最后都成为他们扛鼎之作中资料的重要来源。1936年,蔡方荫打算休假赴美"致力于土壤力学之研究",是因为"现下国内研究此科甚少,至大学中更无有此项设备者"。[2]当然,要达到这个程度,休假教师需要有国际视野,要放眼世界去收集资料和发展学术。所以不难理解,为何那么多教师在申请函中希望出国考察或收集资料或者利用国外先进设备,同时可以想象,教师在休假期间潜心学术,刻苦钻研,虚心向学,营造了良好的学术研究氛围,开阔了学术视野,为后续的研究和学校的发展注入活力。朱自清透露,"国文教师做久了,生活越来越狭窄,

---

[1] 清华大学校史研究室编:《清华大学史料选编(第3卷·上册)》,清华大学出版社1994年版,第313页。

[2] 清华大学档案资料,案卷编号:1-2:1-126:1-046。

所谓'身边琐事'的散文,我慢慢儿也写不出了。恰好谢谢清华大学,让我休假上欧洲去了一年。回国后写成了《欧游杂记》和一些《伦敦杂记》。那时正是'身边琐事'的小品文已经腻了,而且有人攻击。"① 看来即使休假时在欧洲观光游览的朱自清,也多了不少心得。

三是促进了中外学术交流。1936年,梅贻琦在其《五年来清华发展之概况》中陈述,"本校休假教授,赴外国研究,亦常有就近为外国大学挽任讲学者。"② 萨本栋就以学术休假名义出国讲学。据报道,"本校物理学教授萨本栋博士,近年对于应用向量及张量于电路论,研究甚多。重要结果,先后在本校理科报告第一种发表,甚为国外同行所注意。因此问题,外国学者正在进行者,甚不乏人,去年美国电机工程学会曾对此项问题专门开一讨论会。萨先生已发表之结果对于此类研究已居领袖地位。本年度萨先生休假出国,抵美后,先有美国阿亥阿(Ohio)州立大学电机工程系约请演讲。近有美国雅理(Yale)大学电机工程学院约请演讲。"③1935年生物系教授李继侗先生利用休假之机,出席世

---

① 《从清华到联大》,载朱自清著:《朱自清自传》,江苏文艺出版社2011年版,第145—177页。
② 清华大学校史研究室编:《清华大学史料选编(第2卷·上册)》,清华大学出版社1991年版,第45页。
③ 《萨本栋教授在美讲学》,《清华校友通讯》1936年第3卷第8—9期,第12页。

界植物学会。① 休假教师出国演讲或者参加学术会议，促进了中外学者之间的学术交流。

当然，这些成绩的取得，与清华大学休假制度能够有效促进教师的流动分不开。通过对清华大学1929—1948年间教师休假地点的统计，得知曾经申请在国内休假的有陈寅恪、杨树达、刘文典、钱稻孙、郑之蕃、李濂、俞平伯、余冠英、闻一多、王力、赵凤喈、冯景兰、张印堂、朱自清、刘崇鋐、张席禔、彭光钦、章名涛、浦江清、金岳霖、刘文典、冯友兰、汤用彤、张景钺、吴宓、罗常培、许维遹、吴晗、张奚若，共29人次，约占休假总人次的17.8%。其中，在抗日战争前申请国内研究的教师有陈寅恪、杨树达、刘文典、钱稻孙、郑之蕃、李濂、俞平伯、余冠英等8人（其中业已批准休假的刘仙洲和叶企孙受抗战影响主动放弃休假待遇以参与学校的西迁工作），占战前休假总人数的10.7%，当时刘文典、钱稻孙、李濂虽然申请国内休假，但还去日本考察参观，这表明清华大学教师休假主要是想到国外交流学习。之所以如此，与清华大学追求学术独立的教育宗旨是分不开的，所以在待遇上也偏向国外休假，以引导师生出国交流学习，在国际舞台上产生学术影响力。难怪1939年倪俊等13名教授呈函梅贻琦，要求恢复教授休假办法和提高国内休假考察研究

---

① 《暑期新闻》，《清华暑期周刊》1935年第10卷第1期，第30—31页。

者之待遇。原函的部分内容是,"按旧章,国内休假与国外休假之待遇,相差甚远,且国内休假所补助之旅费,实不足实地工作之用。"①

除了从休假报告了解教师的休假情况外,我们还可以从教师的来往书信或人物传记来了解相关情况。杨树达在其《积微翁回忆录》中透露,自己在休假期间撰写了《形声字声中有义略证》一文②,这篇文章刊发在《清华学报》1934年第9卷第2期上,陈寅恪看到后于1934年4月10日(旧历)致信杨树达,"顷读大作,精确之至,极佩极佩!公去年休假半年,乃能读书,弟则一事未作,惭羡惭羡!"③可见陈寅恪先生认为杨树达休假研究成效明显,今天北京大学将杨树达的这篇文章纳入20世纪文字学的大事记中④,足见这篇文章的影响力。当然,这里陈寅恪则是自谦之词。1932年申请休息半年的陈寅恪先生,在休假不久就撰写了《四声三问》,1933年12月杨树达在日记中称其"立说精凿不可易,以此足证外来文化之输入必有助于本国之文化,而吾先民不肯固步

---

① 清华大学校史研究室编:《清华大学史料选编(第3卷·上册)》,清华大学出版社1994年版,第282—283页。
② 卞僧慧、卞学洛编:《陈寅恪先生年谱长编(初稿)》,中华书局2010年版,第161页。
③ 陈寅恪:《陈寅恪集·书信集》,生活·读书·新知三联书店2001年版,第174页。
④《20世纪文字学大事记》,北京大学《儒藏》编纂与研究中心2007年记录,http://www.ruzang.com/displaynews.asp?id=374。

自封，择善而从之精神，值得特记为后世师法者也。"[1]1934年暑假休假结束，陈寅恪先生于当年8月就投入到"中国中古史"的研究当中了。1935年10月，陈寅恪填写教育部高等教育司《全国专科以上学校教员研究专题调查表》，该表内容显示，从1934年8月到1935年7月，陈寅恪撰写了《武曌与佛教》和《三论李唐氏族问题》2篇文章，这2篇文章同时刊发于1935年第5卷第2期《中研所历史语言研究集刊》。[2]据《浦江清日记》所述，"二十二年夏，以服务满七年，提出休假出国研究，赴欧留学，由清华资助半公费。秋间由沪搭意大利Conte Verde船赴欧，与冯芝生（友兰）先生、浦逖生（薛凤）先生、蔡旭岚（可选）先生等同行。与冯芝生同游意大利，历罗马、那波利、佛罗伦萨、威尼斯、米兰等地至巴黎，转伦敦。"[3]在与冯友兰赴东欧诸国名都"游览观光"后，浦江清去柏林大学听课和普鲁士邦家图书馆阅读做笔记、收集资料和购置名著[4]。1935年雷兴翰赴威斯康星大学留学，第二年获得硕士学位；1935年容启东赴芝加哥大学留学，第三年获得博士学位。"由学校资助夏翔1941年赴美国春田大学

---

[1] 杨树达:《积微翁回忆录》，北京大学出版社2007年版，第54页。
[2] 卞僧慧、卞学洛编:《陈寅恪先生年谱长编（初稿）》，中华书局2010年版，第170页。
[3] 浦江清:《清华园日记·西行日记（增补本）》，生活·读书·新知三联书店1999年版，第242—243页。
[4] 清华大学档案资料，案卷编号：1-2:1-126:1-023。

深造，获硕士学位（1943年），钟士模1943年赴美国麻省理工学院深造，获科学博士学位（1947年）。"[1]这再次说明，不管是申请休息还是申请考察、研究、留学，清华教师实际上都会自觉利用休假机会著书立说、编写教材、实验研究、购买书籍和设备、攻读学位或观光考察，主要精力则用在研究或考察上，年轻教师则主要倾向于攻读学位。

---

[1] 方惠坚、张思敬主编：《清华大学志》，清华大学出版社2001年版，第544页。

第五章　国立大学学术休假制度的历史审思

第一节　学术休假制度建立的动因

民国时期，为什么有的国立大学建立了学术休假制度，而有的却没有？为什么有的较早建立了学术休假制度，而有的较晚才建立？换句话说，推动国立大学建立学术休假制度的动因是什么？到底是哪些因素在起着重要的推动作用？通过梳理和分析学术休假制度的产生背景、国立大学引入学术休假制度的本土环境以及国立大学学术休假制度的生成过程，便有了如下答案。

一、学术本位的理念驱使

思想是行动的先导。学术休假制度之所以在一些国立大学建立，除了教育政策的引导和学术救国的政治诉求外，关键还在于大学内部秉承学术本位的办学理念，这是前文在追溯大学学术休假制度源起过程中所获得的认识，也是一种发生学意义上的解释。

在世界范围内，学术休假制度首创于1880年的哈佛大学。当时哈佛大学的校长埃利奥特上任后，就到德国考察大学教育。埃利奥特特别推崇德国学术型的大学观、学术自由的理念和"教学与研究相结合"的培养方式。为了"将哈佛大学改造成为现代研究型大学"[1]，埃利奥特非常尊重知识，格外尊重教师，并坚定地认为，"大学是教师的集合体，是知识的仓库，是真理的寻求者。"[2] 为了招徕霍普金斯大学的文献学教授莱曼来校任教，埃利奥特对教育制度进行了创新，改变了以往不定期优待教师休假的做法，将学术休假制度化和常规化。[3]

北洋政府时期，北京大学开创了国立大学建立学术休假制度的先河。当时北京大学的校长是上任不到1年的蔡元培，与埃利奥特一样，蔡元培非常认同德国古典的大学观。1912年蔡元培就任教育总长时，就试图将大学改造为学术研究机构。执掌北京大学后，蔡元培在多个场合强调，"大学者，研究高深学问者也。"为了将北京大学办成一所研究型大学，蔡元培不仅非常重视聘请有"积学"和"造诣"的教员，而且非常重视学术制度的建设。为了吸引有学问的教师来校任教和促进教师发展，1917年教育部首次发布学术休假政策后，同年北京大学评议会就议决通过《派遣大学教员出洋留学案》，第二年教育部核准了《北京大学校长学长正教授派赴外国考察规程》。

---

[1] Charles William Eliot. http://www.harvard.edu/history/presidents/eliot.
[2] 王英杰：《大学校长与大学的改革和发展——哈佛大学的经验》，《比较教育研究》1993年第5期，第2页。（William Bentinek Smith, *Harvard Book 350th Anniversary Edition*, Harvard University Press,1986.）
[3] Kenneth J. Zahorski. *The Sabbatical Mentor: A Practical Guide of to Successful Sabbaticals*. Bolton Mass: Anker Publishing,1994: 5.

大学教师是学术职业者，他们从事的是一种精神生产活动，不能产生直接的物质财富。大学既然树立了学术为本的大学理念，就必须做出让教师有丰富的闲暇时间和免于物质牵绊压力的制度安排，即所谓的"厚待遇而崇学术"，大学必须尊重教授和优待教授。由于埃利奥特和蔡元培在思想深处认为大学应该以学术为本位，他们都尊重知识和优待教师，学术休假制度遂应运而生，成为尊重知识和优待教师的一个制度化措施。因此我们不得不承认，学术本位的大学观是催生学术休假制度的思想动因，也就是说，德国播种了学术休假制度的因，美国结下了学术休假制度的果，北大采摘了德美大学学术休假制度的因与果。19世纪下半叶至20世纪20年代左右，美国大学普遍处在向研究型大学进军或已转型为研究型大学的阶段，在此期间大学纷纷设立学术休假制度。民国伊始，德国古典的大学观在我国教育界盛行，国立大学正在为发展学术而上下求索，学术休假制度也在那时开始引入国立大学。可以这么说，学术本位的大学观是学术休假制度建立的思想催化剂。

二、教师主导的联合推动

民国时期，大学内部的最高立法机关主要有两种，一是评议会，二是校务会议。由于政治原因，前者主要是北洋政府时期大学内部常见的最高立法机关，后者主要是南京国民政府时期大学内部常见的最高立法机关。大学内部的最高立法机关通常会随政权的更替而发生变动，由于大学内部环境的不同，少数大学内部的最高立法机构并没有更换。学术休假制度作为大学的一种内部规则，其建立主要由大学内部的最高立法机构评议会或校务会议决定。

尽管有投资观的学术休假思想和福利观的学术休假思想，在不同的教师或决策者眼中，学术休假制度所表达的意义不尽相同，但不管是从投资角度而言还是从福利角度来说，教师始终是学术休假的直接受益人。理论上讲，需要是引发人行动的内在力量，教师应是推动学术休假制度建立的主导力量。那么，实际情况又如何呢？

在评议会中，具有独立教师身份的评议员在评议会成员中占多数席位，代表教师利益的提案容易获得评议会的通过。1917年北京大学评议会通过的《派遣大学教员出洋留学案》，是"前理科各教员所提出之派遣大学教员出洋留学案"，另外，理科学长夏元瑮和预科教授沈尹默都积极主张教员定期出洋留学，当时夏元瑮和沈尹默都是评议员，最后评议会顺利通过《派遣大学教员出洋留学案》。为了获得1928年以前的教授休假待遇，1930年吴宓积极联合其他评议员，使得清华大学评议会修正通过了《专任教授休假条例》。1930年清华大学的《教员助教休假及研究津贴条例》，也是在施汝为、浦江清等教员助教的力量联合下促成通过的。抗日战争爆发后，清华大学教师休假制度暂停，1940年清华大学49名教授联合致信梅贻琦校长，致使教授休假制度早日得以恢复。这些情况表明，教师利用教师团体的力量或评议会组织的力量推动学术休假制度得以建立或恢复,教师是推动学术休假制度建立的主导力量。

1929年《大学组织法》出台后,大多数国立大学内部的最高审议机构是校务会议,武汉大学、山东大学、暨南大学等国立大学的学术休假制度就由校务会议决定。在1948年《大学法》出台以前,校务会议中具有独立身份的教师代表席位数并不确定,也就无法推定教员是推动学术休假制度建立的决定性力量。不过,民国时期不少拥有行政身份的代表怀有"学高于政"的观念,或者说持有学术本位的观点,所以即使一些国立大学教师代表在校务会议席位中的比例低于具有行政职务代表的比例,但学术休假制度依然得以顺利通过,这实际上是学术本位的大学观在起支配作用。

三、富有远见的校长支持

虽然大学学术本位的办学理念是催生学术休假制度的深层原因,教师是推动学术休假制度建立的决定性力量。但学术休假制度要变为现实,还与校长对学术休假制度的认识有关。按照相关的法律法规,国立大学的校长不仅掌管全校性事务,而且有权聘任教师,甚至不少校长还决定秘书长、各学院院长和教务长的人事任免。因此,虽然民国时期大学内部规则是由校级最高立法机构制定的,但其成员大多是由校长聘请的,因此校长的理念与观点对制度的建立至关重要。

当时，有两种学术休假观：一种是认为学术休假是大学教师的一种福利或待遇，是大学招徕教师来校任教的一种激励性措施，或者是大学对教师既往工作所采取的一种肯定和奖励性措施；另一种是认为学术休假是大学对教师发展的一种投资性措施，教师可以利用学术休假调整身心和钻研学术，进而反哺大学的人才培养和科学研究。持前一观点的校长不一定排斥学术休假，但并不一定采取制度化的手段，可能会因人而异给予临时性的学术休假待遇，这种休假不是规则性或者周期性的休假。持后一种观点的校长则往往比较赞同实行学术休假制度，认为学术休假能够促进学术的发展。

事实上，国立大学校长并不极端地支持一种观点而反对另一种观点，他们会认为学术休假既是一种福利也是一种投资。一般而言，大学校长更加重视学术休假的投资作用。如果他们认为休假对学术发展有效用，那么这些校长就会积极推动学术休假制度的建立。1907年哥伦比亚大学托管委员会在一份报告中陈述，"目前大学普遍建立的授予教授周期性休假的制度，不是为了教授本人，而是为了大学教育。"在讲究效用的美国，哈佛大学、康奈尔大学、哥伦比亚大学、加利福尼亚大学分别于1880年、1885年、1890年、1899年建立学术休假制度，这些大学能够实施学术休假制度长达二三十年甚至更长，这本身就反映了学术休假制度是有价值的。

从国立大学（或其前身）建立学术休假制度时在任校长的教育经历来看，清华学校的校长是金邦正（康奈尔大学毕业）、交通大学的校长孙科（哥伦比亚大学毕业）、国立青岛大学的校长是杨振声（哥伦比亚大学与哈佛大学毕业）、四川大学的校长任鸿隽（康奈尔大学和哥伦比亚大学毕业）、暨南大学的校长何炳松（就读于加利福尼亚大学、毕业于普林斯顿大学）、山东大学的校长赵畸（曾就读于哥伦比亚大学），他们求学于美国率先实施学术休假制度的大学，且当时"投资观"的学术休假思想在美国大学占主导地位，因此这些国立大学校长难免会受到当时美国大学学术休假思想的影响。从已收集到的资料来看，罗家伦、梅贻琦、邹鲁更加强调学术休假的学术效用。如罗家伦要求提交"研究计划"和"研究成绩"，梅贻琦先生认为学术休假对教师而言是一种"权利"或"待遇"，但对大学而言是一种"义务"，邹鲁认为休假可以"增进学识及休养身心之机会"，不能不说他们的学术休假思想含有"投资"的观点。不过，虽然这些校长知道学术休假具有投资作用，但对于短视的校长来说，就不一定能够积极支持，因为学术是讲求创新的，而创新思想和创新成果不是一朝一夕就可以获得的。

四、大学相关制度的激发

制度是具有激励或约束作用的规则。学术休假制度能够在国立大学得以广泛建立，其实也受到国立大学相关管理制度的激励。

一是民主管理制度。1912年南京临时政府成立后，民主管理成为众多组织运行的原则，大学民主管理的组织基础是大学评议会和教授会。1927年南京国民政府成立后,大部分国立大学的校务会议逐渐代替了评议会,行政权力有所加强,学术权力有所弱化。即便如此,教授席位在校务会议中仍占一定比例,教授在校务会议中也有决策权,而不仅仅是有参与权。而且民国时期国立大学普遍非常尊重教授,大学教授也多受过西方民主精神的熏陶,不能容忍独裁的教育制度。这种民主的教育管理制度为教授和校长表达各自的利益诉求提供了机会和可能。

二是教师聘任制。民国时期,大学实行教师聘任制。大学校长或者学界同行认为某教师学术水平高和教学效果好,该教师就容易获聘,但教师并不依附于大学,可以自由流动,教师的去留主要取决于个人的学术水平和教学效果。学问高,教师就容易获得久聘;学问低,教师就容易遭到解聘。在学问高低决定教师去留的情况下,即使教师长时间休假,他也不会随意挥霍时间。在欧休假期间,朱自清因为英语水平不高而影响学问的增进时,多次自责,称自己是一个"挥霍者",还多次梦见被清华解聘,不能不说教师聘任制使得大学教师有一种向学的压力和动力。

三是教师专任制度。政府和大学提倡教师以专任为原则。北洋政府时期教育部对专任教师兼职或兼课做出了"禁止性"的规定,南京国民政府时期教育部对专任教师兼课或兼职行为做出了"限制性"的规定,即对兼课或兼职的内容、时间与地点做出了限制。[①]另外政府还出台办法，奖励久任大学教师，改变大学教师"学而优则仕"的价值取向，鼓励大学教师以学术为终身职业。国立大学学术休假制度的申请对象，其实就是专任教师，这反过来有利于教师职业向专业化方向发展。

正是由于民国时期国立大学实行民主管理制度、教师聘任制、教师专任制度，使得大学行政人员和教师能够民主表达自己的利益诉求，大学教师必须以学术作为安身立命的资本，而"发展高深学术"是国立大学重要的办学宗旨，所以契合大学和教师双方利益的学术休假制度能够在国立大学得以大面积建立。

第二节 学术休假制度功能实现的要件

不少国立大学建立了学术休假制度，但最后有的学术休假制度成为具文，有的学术休假制度半途夭折，有的学术休假制度却比较持续地发挥着重要作用。是什么在制约着学术休假制度功能的发挥？通过反思国立大学学术休假制度的制定和实施的过程，不能不说受到以下因素的影响。

[①] 梁晨:《民国国立大学教师兼课研究——以北京大学、清华大学为例》,《南京大学学报（哲学·人文科学·社会科学版）》2011年第3期，第101—111页。

一、安全和平的社会环境

自古以来，中国的知识分子就有浓厚的忧国忧民情怀。民国时期战争不休、政局不稳，北洋政府时期军阀混战，南京国民政府时期又有抗日战争及后来的国共内战。在战争的阴影下，作为新式的知识分子，大学教师难免会为动荡的国家、流离失所的人民和个人的前途而忧心忡忡。为此，有些处在休假期间或休假返校的教师，会响应政府的号召或参加某种党派的活动，如北大陈启修教授就在休假期间加入国民党和共产党，吴俊升休假返校后和周炳琳利用休假时间到国民政府任职，燕树棠、秦瓒、陈雪屏等教授也在休假期间转投政界。

动荡的政治环境不仅容易改变国立大学休假教师的去向，还直接影响学术休假制度的实施和教师的休假成效。全面抗日战争爆发后，为抗战救国，国民政府削减国立大学的办学经费，许多国立大学因经费支绌和政局动荡一度暂停学术休假制度。1937年北京大学和清华大学由于学校内迁，不得不暂停休假，已经批准休假的教师，只能被迫放弃休假。学术休假制度的功能最终是由人来实现的。如果休假者的生命和安全这些基本的需要都无法满足和保障，那么休假者就不能安心按照计划完成休假目标。1940年，浦江清在其《休假中之研究计划略述》中陈述休假期间的打算，"以读书为第一义"，"以完成一部《元剧诂训辞典》为鹄的……制元曲词汇之全部卡片"。但是，战争的加剧，使休假期间送母到上海的浦江清，不得不滞留上海，后历尽艰险，千里迢迢从上海赶赴昆明，其预定的休假计划，也难以全部兑现。1937年9月，俞平伯休假期满，日军据京后，为照顾年逾七十的老亲，不得不"滞迹京尘"，不能到昆明为校服务。

正是因为动荡的政治局势导致社会环境的不稳定，一些国立大学暂停了学术休假制度，一些休假教师无心学术转投政界，一些休假教师为国家或个人改变休假计划，使得国立大学学术休假制度的功能未能得到有效的发挥。

二、充裕稳定的办学经费

办教育需要聘请教师职员、建设房屋校舍、购买仪器设备、添置图书资料，而这一切都离不开经费。民国时期，一大批理想主义者齐聚校园，引进先进的教育理念，改革落后的教育制度，希冀用他们的智慧和热忱在祖国创办出世界知名大学；但由于战争和政治的影响，民国时期相当多的大学经常出现办学经费支绌，导致一些国立大学无法将学术休假制度付诸实施，或者即使实施，也随着办学经费的时断时续而时停时启。

北京大学是我国最早建立学术休假制度的国立大学，但北京大学的教育经费并不稳定，受到北京大学与教育部的关系以及政局的影响。由于经费紧张，1924—1925年后的一段时间，北京大学的学术休假制度不了了之。蒋梦麟上台后，由于其与政府的密切关系、政局的日趋稳定以及蒋梦麟较强的经费筹措能力，北京大学的办学经费逐渐稳中有增，1934年学术休假制度得以恢复。不过总体上，北京大学经费并不是特别宽裕，因此其学术休假制度规定每年每系不得超过1人，1935年又将休假数额限制在7人以内。"卢沟桥事变"后，国家投入紧缩，北京大学资助的学术休假制度不得不暂停，直到战后才开始恢复。经费的不足或限制，导致北京大学学术休假制度缺乏连续性，每年休假的人数也不多，北京大学学术休假制度的影响力有限。

1935年国立山东大学制定学术休假制度，但由于战争导致办学经费拮据，1938年教育部不得不下令"暂行停办"山东大学。"皮之不存，毛将焉附。"山东大学的学术休假制度随着山东大学的暂停而中止。1946年山东大学复办，紧接着在第二年就出台了学术休假制度。1935年和1947年山东大学的校长都是赵畸，他留学于哥伦比亚大学，在任期间两度制定学术休假制度，可谓非常重视学术休假制度。但由于办学经费枯竭导致大学暂停，山东大学的学术休假制度没有持续发挥作用。

清华大学由于有美国退回来的庚款做保障，所以办学经费一向比较充裕和稳定。同样是学术休假制度，清华对于出洋考察或研究，给予休假教师的补偿标准普遍高于其他学校。清华大学教师并不会因为休假离职而显著影响待遇，在无须担忧家庭生活和个人发展的经济压力情况下，教师休假的积极性就高，所以除战争期间外，清华大学历年休假教师的人数都不少。清华大学学术休假的成绩也最蔚为壮观，以至当时和后来国内只要提及学术休假，首先想到的就是清华大学的学术休假。

值得一提的是，在办学经费拮据的情况下，国立大学积极利用国家和外国组织的力量资助学术休假，拓展了学术休假经费的来源渠道，最大限度地满足教师休假进修的愿望，这是比较难能可贵的。

三、高薪以养学的年薪制

民国时期，专任教师的薪酬往往实行年薪制，一年按 12 个月计算，教师按月领取固定的薪资。按照国立大学的休假研究规程，不管教师申请休养还是研究、考察，都是以当年的薪酬标准支薪的。一般休假 1 年支半薪，休假半年支全薪。如果选择研究、考察，有的学校还会提供来往川资或研究补助费、学费等。实际上，国立大学教师日常的薪酬和休假期间的薪酬多采用年薪制方式支付，薪酬的多少比较固定。这种薪酬制度的设计不至于使教师因休假而收入锐减。当然，与固定薪酬相伴随的是，国立大学教师的薪酬在当时比较高，在抗日战争前，大学教师属于中上等级收入的人群，这种高收入有利于休假教师安心钻研学术，即当时所谓的"厚待遇而崇学术"，或今天称谓的"高薪养学"。

四、合理设计的休假制度

学术休假制度的合理设计影响学术休假功能的有效实现，具体表现在以下三个方面：

一是学术休假制度的可操作性。通过分析国立大学学术休假制度的文本形态（见表2-2和2-3），可知广东大学（1924年，中山大学前身）、中山大学（1929年和1932年）、武汉大学（1930年）、青岛大学（1931年）、成都大学（1927年）、四川大学（1935年）有学术休假制度，但内容都非常简略，整个学术休假制度仅一条，条目下也没有分款，虽然提到休假目标、开放对象、先期服务年限、补偿标准和休假时限，但不够细致，至于返校服务、休假人数额度以及休假计划或者休假报告的提交等基本没有提及。不仅如此，对于休假计划实现的流程，即向谁申请、谁来批准、谁来评估、批准的原则以及评估的技术都没有规定，导致整个学术休假制度非常空泛，缺乏可操作性。事实上，上述学术休假制度简略的大学，除了武汉大学、交通大学、青岛大学（改组为山东大学）后来细化了学术休假制度，教师休假才得以正式实施外，其他大学一直没有出台细化的学术休假制度，导致学术休假制度在中山大学、四川大学几乎成为一纸空文。反过来说，清华大学、北京大学、暨南大学、山东大学等国立大学由于颁布的学术休假制度比较细致且具有可操作性，不仅分条规定了学术休假制度的活动目标、开放对象、先期服务年限、休假时限、补偿标准、返校服务、休假计划和人数限额，强调了休假教师的权利和责任，而且还规定了申请和审批的主体和流程。正是由于内容相对明晰、步骤比较完整，所以这些国立大学的教师申请学术休假时有章可循，学术休假制度也因此得以照章实施。

二是学术休假材料的提交制度。大学教师有专业自主权，学校管理者一般无权干涉，这是世界大学的通例。但如果以此作为放任休假教师的理由，那就大错特错了。学校管理者无权评价休假教师的专业问题，但可以要求休假教师制订详细的休假计划和提交详细的休假报告，以提高学术休假的利用效率。从民国国立大学学术休假制度的文本内容和具体执行来看，学术休假制度详细的国立大学，一般都要求提交详细的休假计划，这样有利于教师通盘考虑自己的休假目标，合理分配自己的休假时间。从北京大学和清华大学的做法来看，两校都要求提交详细的休假计划，但1934年后北京大学不要求提交休假报告，而清华大学则要求，1941年王力、冯景兰、张印堂等3人向梅贻琦报告上年休假结果。南京国民政府时期教育部资助的休假也要求提交休假计划和报告。"查哈罗夫教授原拟进修计划拟定不合规定，由部令饬重拟。"[1]而且从国外的休假制度来看，提交休假材料成为越来越多大学的共性要求。当然，管理者不是专业同行，因此只能进行形式审查，不能进行内容审查。

三是休假期间有偿兼职的限制制度。国立大学普遍对休假教师的兼职兼课行为做出限制，规定休假教师兼有给职务或兼课，学校不再支薪，这间接表明国立大学希望休假教师能够专门休养身心或钻研学术。不过战争期间物价飞涨，教师薪酬的购买力大大下降，教师生计压力大，加上高校内迁后，许多高校师资紧缺，

---

[1] 朱师逊：《三年来国立各校院教授休假进修概况》，《高等教育季刊》1942年第2卷第2期，第52页。

国立大学允许休假教师兼课或兼职，但对兼课的量和兼职的性质做出了规定。总体来说，如果政府投入的教育经费有保障，休假教师兼有偿职务，国立大学就可以不支付休假教师薪酬。也就是说，在正常情况下，国立大学并不鼓励休假教师兼课或兼职，这样可以保证休假教师心无旁骛地休养身心或从事研究。

四是分类制定补偿标准。通过前文学术休假制度的文本分析可知，国立大学通常根据不同的休假目标给予不同的补偿标准，选择研究或考察的补偿标准往往高于选择休养的补偿标准，选择出国休假的补偿标准往往高于国内休假的补偿标准，这实际上是引导教师加强学术研究和提高学术水平。

五、教师合理流动的机制

学术休假是一种微观的教师流动机制，国立大学教师往往选择异地休假。通过微观流动，休假教师易于更新思想和缓解压力，保持发展的活力，并为大学带来新的思想。抗日战争前，休假教师的流动得到政府、大学和教师的理解和合作，政府在出国手续上尽可能为教师提供便利，减少不必要的附加条件；大学在经费许可和教学秩序不受影响的情况下，尽可能按照规定支持教师离校休假；大学教师有较强的自律精神，一般不会在自由的时空中挥霍时间和经费，也不会忘却自己的身份和责任。从国立大学休假教师流动的实际情况来看，还有三点经验值得推荐：

一是主动流动。学术休假是教师的权利，但是教师不申请学术休假，就不能自动享受学术休假的权利，因此学术休假应是教师主动选择的结果。教师主动选择休假，说明教师在做有准备的休假，他们对于休假目标和休假期间的去向有比较成熟的考虑，因此能够提高教师休假的成效。其实国外早期的大学学术休假制度同样如此，通常教师不能自动享受学术休假，休假只能是教师主动申请的结果。

二是有所选择地流动。国立大学教师非常注重休假期间的流向，即只要在接收单位许可下，国立大学教师通常会选择所在学科领域权威或有尖端设备的机构休假，或者到研究资源丰富的地区进行考察，这样有利于提高休假的成效。

三是不能频繁地流动。潘光旦先生有一句名言，"经常流动的人做不成学问，不流动的人也做不成学问，适当流动的人才能做学问。"休假制度赋予教师自由支配休假时间的权利，教师可以在此期间短期观光游历、考察或研究，但不能频繁流动。因为教师流动有利于教师在开放的学术环境中取长补短，但频繁的流动既会增加支出，又难以集中精力开展深入的研究。

六、自由开放的学术环境

学术休假制度的有效实施，除了需要物质的支持和制度的激励与约束外，还需要孕育和满足大学教师发展的精神文化环境，这主要表现在：

一是尊重教师自由表达的权利。科学就是求真理，而真理愈辩愈明，因此学术争鸣有利于学术的发展。但是学人由于价值观和研究方法的不同，相互之间难免产生隔阂，观点相近者惺惺相惜，观点相异者文人相轻，严重者则发展为派系斗争，一派容不下另一派，这样不利于教师自由地表达，也就不利于产生高质量的学术成果。民国时期，有的国立大学内部派系斗争厉害，同行之间以地缘或学缘关系论亲疏，以政治观点的冲突压制学人自由的表达，这容易挫伤学者从事学术研究的积极性，压抑学者个性思想的发展。要提高教师学术休假的成效，就必须尊重教师与同行自由交流的权利。

二是营造开放的学术环境。民国时期国立大学鼓励教师"离校"或"出国"休假，而这样的前提是，学术环境必须是开放的，教师在休假期间可以自由流动，教师所去机构的资源是开放的，学者之间关系平等，这样有利于休假教师利用对方丰富的学术资源开展学术研究，或者在平等对话中与学术界互动，从而吸收新思想和交换新观点。一句话，要营造开放的学术环境，提高学术休假的成效，有关方面必须减少教师出国的限制和扩大学术资源的开放力度，教师本人要有开放的心态接受别人的批评和负责的态度兑现学术休假的承诺。

三是积极建构学术共同体。学术共同体是一群志同道合的学者部落，部落成员间进行专业交流和精神对话。从理论上说，大学教师是一群以传授学术与生产学术为职业的群体，大学教师是否真的全身心投入到传授学术与生产学术的职业中去，还取决于大学特别是学科层面学术共同体的发展情况。杨树达勤于研修《汉书》且颇有成就，得到黄侃和陈寅恪的交口称赞，1932 年 5

月26日，杨树达在日记中记载，"两君为当代学人，其言如出一口；足见真实之业自有真赏音，益喜吾道之不孤矣。"[1]1945年6月9日，董彦堂读杨树达的新著后，去信赞曰："公此时手头无书，而能有如此新见，却属难得。……以公之博雅，从事于斯，贡献自不可量。"此时杨树达的心情是，"友朋谬奖，不可不努力也。"[2]在西南边陲的罗常培曾抱怨，"在昆明住了六年，颇有沉闷孤寂之感！第一，绝对的同行，像元任、方桂之类太少，偶尔写一点东西，错处没人修正，好处没人欣赏，仿佛在沙漠里想喝口水儿一样！"[3]教师从事的是一种高度专业化的精神文化活动，需要同行之间的对话交流和精神鼓励，这会潜移默化地影响着教师的情感归属和价值认同，进而成为一股无形的力量约束和激励教师的所思所行。正是因为民国时期有些国立大学有着浓郁的研究空气，使得休假教师在自由的时空中能够自觉践行自己的学术承诺。

第三节　学术休假制度的认同机理

为什么国立大学休假教师普遍选择发展学术？为什么休假教师在政治稳定的环境中，绝大多数都愿意去国外休假？是什么诱

---

[1] 杨树达：《积微翁回忆录》，北京大学出版社2007年版，第44页。
[2] 同上书，第160页。
[3] 罗常培：《罗常培致胡适》，载中国社会科学院近代史研究所中华民国史研究室编：《胡适来往书信选（中册）》，中华书局1979年版，第565页。

发他们做出了比较一致的选择？要回答这些问题，就需要了解大学教师认同学术休假制度的机理。

一、学术本位为价值导向

制度是为了实现某种目的而设计的活动规则，个人在自由状况下往往会选择满足自己需要的活动方式。判断一项制度的价值导向，可以从制度文本规定的活动目标与相关措施、申请对象的思想倾向与实际取向两方面来了解。

从政府制定的学术休假政策而言，无论是北洋政府时期教育部在1917年颁发的《国立大学职员任用及薪俸规程》，还是南京国民政府时期教育部在1940年颁布的《二十九年度国立专科以上学校教授考察或研究办法要点》，抑或是1941年颁布的《国立专科以上学校教授休假进修办法》，其休假目标皆限于考察或研究。也就是说，政府企图通过设立学术休假制度引导大学教师从事学术考察或研究。所以朱师逊先生说，学术休假的意义"不只是供给久任教授在定期服务后有较长的休养时间而已，主要地还在使他们有充分时间离校去实地考察或利用校外学术设备做进一步的研究或著述的整理，其结果教授本人的研究成绩固可继长增高，同时因学术新资料的吸收，教学的内容也可不致流于陈旧"[①]。

---

① 朱师逊：《三年来国立各校院教授休假进修概况》，《高等教育季刊》1942年第2卷第2期，第50页。

马大英也认为,"现行制度,教师有休假之例,休假的本意在进修。"①1946年,朱家骅发表《十五年来之中国教育》一文,指出:"高等教育之内容,虽在战时仍甚注意……规定进修办法,以资奖进。"②

国立大学学术休假制度规定的活动目标主要包括休息、考察、研究或进修4种。表面看来,考察、研究或进修是为了学术发展,休息与学术无关。实际上,尽管有些国立大学的学术休假制度允许教师有休息的权利,但是其补偿标准规定,若选择休息,那么休假期间就不得兼有给职务,进一步而言,这样可以保证教师利用休假调节身心,从而有利于休假教师返校后以健康的身心投入到教学与研究中,因此从长远来看,学术休假制度对休息的目标及对教师兼职的限制还是为了学校的教学与研究事业。从民国时期国立大学学术休假制度文本的分析结果来看,申请对象以教授为主,从事学术研究的补偿标准相对较高,相对较短的先期服务年限规定有利于增加学术研究的机会,这些都有利于广大教师在休假期间从事学术研究。

从申请休假教师的心理期待来看,教师通常希望通过休假加强学术研究和提高学术水平。曾担任清华大学历史系主任的蒋廷黻在回忆中说,"清华有两项重要措施是值得称道的。清华是一

---

① 马大英:《如何培植大学教师》,《政衡》1947年第2卷第5期,第135页。
② 朱家骅:《十五年来之中国教育》,《教育通讯(半月刊)》1946年第1卷第5期,第3页。

所国立大学，教职员待遇与其他同级大学是一样的，因此，它无法聘到杰出的学者任教。为此，评议会想出一个办法。就待遇的标准说，清华是按照教育部规定的，但清华另外规定有休假，并可供给休假旅资；上课钟点少，较其他大学进修的时间多；图书馆、化验室的经费也比其他学校充足。如果一个人为了拿薪水，就不必到清华来。此外根据清华评议会所拟定的规定，清华可以资助学者进修深造。以上规定，使清华建立一种看不见但却极有效力的延揽人才的制度。在那段时日中，我们能够从其他大学中挖来著名学者，他们来清华不是因为待遇优厚，而是为了做学问。"[1]1943年，罗常培觉得昆明信息闭塞，与外界交流少，就向胡适校长表达休假的意愿，强调倘得休假机会，会围绕学术展开工作。"再这样下去，没有进修的机会，不能改善环境，深恐要落伍了！因此我恳求您替这看了十年家的老伙计换一换空气。明年可以休假一年，如再请假一年，便可以在国外住两年。……我只希望有一个Fellowship［研究员职位］，让我可以自赡和赡家。我的目的是想把这几年在云南所得的材料，可以整理出来并印出来，国内既无办法，只好'乘桴浮于海'。为所写的东西更科学化、现代化，不能不出去看看Sapir、Bloomfield那一班人所领导的风气究竟如何？并增一些自己旁方面的修养。等第二年说话的流利一些，也想把中国语言学的概况介绍于友邦。……请您无论如何替我另想想法子。现在办护照须先受训，如有'佳音'，请

---

[1] 蒋廷黻：《蒋廷黻回忆录》，东方出版社2011年版，第133页。

速告知，以便准备为感！"[1]

从休假教师的行为结果来看，在所查阅的文献资料中，除了清华大学的陈寅恪和郑之蕃、北京大学的秦瓒、浙江大学的叶良辅申请休假期间休养身心外，其余的休假教师都选择考察、研究或进修。实际上，陈寅恪即使选择"休息"这种休假方式，在休假期间也是闲不住的，经常与杨树达、陈垣等学者切磋学问，而且在假中"作短文数篇"[2]，暑期休假结束后，紧接着就投入到"中国中古史"的专题研究中。叶良辅"例可休假一年，藉资摄养；但治学心切，编纂不辍，假期既满，继续授课。"[3]休假教师群体的思想和行为表明，发展学术是民国时期休假教师的首要选择。当然，这也符合当时知识分子学术救国和教育救国的主张。

学术休假制度的文本规定和休假教师的实践取向，都表现为学术本位的价值导向，这是学术休假制度得以认同的思想前提。由此可见，学术休假制度是一个功能多样、导向一致的教师发展制度。大学教师虽然有自由选择休假方式的权利，但休假教师休息、考察、研究或进修的最终目的，都是为了增长知识和提高学术水平。

---

[1] 罗常培：《罗常培致胡适》，载中国社会科学院近代史研究所中华民国史研究室编：《胡适来往书信选（中册）》，中华书局1979年版，第566—567页。
[2] 陈寅恪：《陈寅恪集·书信集》，生活·读书·新知三联书店2001年版，第129页。
[3] 朱庭祐：《叶良辅先生传》，《地质论评》1951年第2期，第1页。

二、利益契合为逻辑基础

"制度逻辑指某一领域中稳定存在的制度安排和相应的行动机制。这些制度逻辑诱发和塑造了这一领域中相应的行为方式。"[1] 利益是主体行为的原动力,是指"人们通过社会关系表现出来的不同需要",分为物质利益和精神利益、短期利益和长远利益等多种类型。教师的休假行为与国立大学的期望之所以会达成一致,根本原因就在于国家利益、大学利益与教师利益的契合是学术休假制度建立的逻辑基础。

从国家和社会角度而言,鸦片战争后,中国在世界上陷入被动挨打的境地。但真正引起清政府重视的,是中国在"甲午战争"中的惨败。"唤起吾国四千年之大梦,实自甲午一役始也!"清政府逐渐认识到洋务运动的局限、知识的力量和大学的价值,于是重视西学,设立高等学堂。进入民国以后,政府先后颁布《大学令》《大学规程》《国立大学条例令》和《大学法》等法律法规,强调大学应研究"高深学理"或"高深学术";教育部颁布的《直辖专门以上学校职员任用暂行规程》《国立大学职员任用及薪俸规程》《大学教员资格条例》等部令规章对大学教师任职资格的规定,是以其学历和学术成绩划分等级的;政府制定的

---

[1] 周雪光、艾云:《多重逻辑下的制度变迁:一个分析框架》,《中国社会科学》2010年第4期,第134页。

教师奖励政策，也是基于大学教师的学术水准和对大学的忠诚度为标准的。另外，随着"幼童留学"和"庚款留学"的实施，一批批归国的留学生开始宣传"科学救国"、"学术救国"和"教育救国"的思想，科学和学术逐渐被视为救国的武器。

从大学组织角度而言，当时各个国立大学所制定的大学章程或组织规程，都以研究学问为重要使命。在中央集权的政治体制下，政府的政策法令是大学制度建设和组织建设的重要依据；在大学内部自治空间相对较大的现实情况下，大学使命是指导大学制度建设和组织建设的内在依据。国立大学学术休假制度是在政府的政策引导下，主要由国立大学自主建立的旨在促进学术发展的一种教师发展制度。大学校长作为大学的代表人物，其言论也表达了大学的理想追求。蔡元培的大学"高深观"、罗家伦的研究"灵魂论"、梅贻琦的"大师论"、竺可桢的教授"灵魂论"，是对大学性质或教授作用非常精辟的概括。不仅如此，民国时期，国立大学、私立大学和教会大学之间竞争激烈，为了使所在大学崭露头角或者保持领先地位，各大学的校长纷纷竞聘有学术声望的教师，甚至将学术休假作为优待和延聘教师的手段，因为他们深知大学教师是办好大学的基础，学术休假是提高教师学术水平的一种途径。

从教师角度而言，随着科举制度的废除，一系列学术制度的建立，传统的知识分子"学而优则仕"的价值观逐渐土崩瓦解，大学教师安身立命的基础是"学术"，大学教师是以学术为生的职业者，大学教师的学术水平是由同行来认可的，大学教师的薪酬等级和晋升是以学术为基础的，即随着学术制度的建立和知识分子的转型，大学教师必须通过发展学术来建构自己的身份、塑造自己的权威地位和满足自己与家人的生计需要。1927年叶企孙先生提出，"大学校的灵魂在研究学术"[①]。朱自清在休假期间多次梦到因学问不足被清华大学解聘的情形，钱穆先生一度从傍晚到第二天晌午不间歇地与志同道合者谈论学术问题，许多学者在日记或回忆录中都反映当时教师普遍持有"学高于政"的观点，这些足以说明当时大学教师对学术认同程度之高。

由此可见，民国时期"发展学术"成为教师、大学、国家与社会的共同需要。实际上，当时教育界就已有"学战"的观点。一次叶企孙在教育学生的时候说，"一个国家与一个人一样，弱肉强食是亘古不变的法则，要想我们的国家不遭到外国人的凌辱，就只有靠科学！科学，只有科学才能拯救我们的民族。"[②]1941年中央大学校长罗家伦提出，"我们抗日不只是我国的兵找着敌人的兵来抗。而且，要我国的农找着敌人的农来抗，工找着敌人的工来抗，商找着敌人的商来抗，学校找着敌人的学校来抗。所以中央大学抗日的对象，就是敌人的东京帝国大学。"[③]学术休假

[①] 叶企孙:《清华物理学系发展之计划》,《清华周刊》1927年第27卷第11期，第538页。

[②] 王淦昌:《见物理系之筚路蓝缕　思叶老师之春风化雨》，载钱伟长主编:《一代师表叶企孙》,上海科学技术出版社1995年版，第49页。

[③] 罗家伦:《逝者如斯集》,传记文学出版社1981年版，第36页。

制度的设计逻辑，正是巧妙地将教师、大学、国家与社会的共同需要紧紧联系在一起，使得休假教师"休"而"不息"，"闲"而"不辍"。正是因为这样，所以在1940—1944年间教育部资助国立专科以上教授休假进修，有很多教授积极报名。而且从案例研究中的统计和分析结果来看，北京大学、清华大学的教师在休假结束后，学术成果数量有了不同程度的增加，学术影响力也不同程度地扩大了。

三、充电释放为作用机理

民国时期，大学实行教师聘任制。教师要想留下来，就需要获得学生和同行的认同，为此教师必须不断吸收新的知识和形成新的思想。同时，大学还有教学工作量的要求，如果课时量不够，就需要兼学校或学院的教务或杂务工作，否则就不能做专任教师。在这样的情况下，大学专任教师需要长时间投入到学校繁重的教学或其他琐碎事务中，工作久了，不仅容易引起身体疲劳和情绪紧张，而且容易导致视野狭隘、思维固化和知识陈旧，进而降低学术生产力。据考察，浙江大学欲聘请钱穆来校任教，钱穆致信王以中，以休假原因拒绝，对此竺可桢在1936年6月8日的日记中记载，"北大每五年可以休假一年。渠在北大已久，不愿放弃此权，故亦不能来。"[①] 可见，大学教师比较珍惜学术休假的权利。

---

① 竺可桢：《竺可桢全集（第6卷）》，上海科技教育出版社2005年版，第89页。

学术休假不同于其他的休假形式,是学术职业者所享有的一种长时间和周期性的带薪休假。在目前所能查阅到的学术休假制度文本中,北洋政府时期教育部规定校长、学长、正教授"赴国外"休假。南京国民政府时期教育部资助全国专科以上教员休假,要求"离校"休假,最后除了"齐敬鑫教授因教务羁身改在院内研究外",其他休假教师都先后离校从事考察或研究工作。至于国立大学制定的学术休假制度,休假地点由教师自主决定。从实际结果来看,根据前文对清华大学和北京大学休假教师的统计,发现1929—1936年间清华大学75名休假教师中,仅有8人在国内休假,其中刘文典、钱稻孙、李濂在休假期间还去日本考察;北京大学在1918—1936年间,除了郑奠因研究国学而留在国内休假外,所有的教师都申请出国休假。即使在战争期间出国困难的情况下,1937—1948年清华大学88人次的休假教师中,只有余冠英、闻一多、俞平伯、王力、赵凤喈、冯景兰、张印堂、浦江清、刘崇鋐、张席禔、彭光钦、章名涛、金岳霖、严睃、冯友兰、陈福田、吴宓、许维遹、张奚若、吴晗、朱自清(两次)等22人次申请在国内休假,有66人次申请在国外休假;1937—1948年间,北京大学除了周炳琳、燕树棠、秦瓒、陈雪屏没有出国休假外,其他休假的教师都申请出国休假。可见,在抗日战争以前,基本上所有的国立大学教师都选择出国休假,在抗日战争期间和抗战胜利后,大部分教师还是选择在国外休假。这些表明,无论是政府资助还是国立大学资助教师休假,绝大部分教师都选择"出国"或"离校"休假,学术休假俨然是教师流动的一种微观机制。民国时期国立大学并不反对休假者短期的旅游观光，吴宓、朱自清、浦江清等还在日记或休假报告中记述游览欧洲名都的见闻和感受。这种空间上的隔离、日常学术义务的免除和休闲时间的自由支配，能够有效减少甚至消除学校日常事务的烦扰，从而有利于休假教师有效恢复体能和消除心理压力，达到"整理好心情再出发"的效果。有的教师利用学术休假的机会，满足了自己尽孝道和家庭团圆的机会。1932年12月4日，杨树达记载，"自一九一九（民国八年）出游，两亲诞辰，余不能在家称觞者十三四年矣。今年，清华休假归来庆祝，诚大幸是也。"1933年1月25日，杨树达又记载，"是日农历除日，侍两亲进团年饭。出游以来，不在家度除夕十三年矣。"[①]

除了身心的调整，学术休假制度还激励教师到国外或异地考察、研究或进修，使教师了解最新信息、收集宝贵资料、发现前沿问题、使用新设备、掌握新方法。为此，朱自清不止一次流露出感谢清华给予他学术休假的机会。吴宓先生休假结束后，"归来拟以一年之力，完成《欧游杂诗》。又小说归来即着笔，新得灵感极多。"[②] 即使是竺可桢校长，为了创新大学管理制度，也迫切希望有休假进修的机会。1943年6月17日，"作函与叔谅，将公务员进修考察条例寄去。系国府公布，凡高等委任，任同一职

[①] 杨树达：《积微翁回忆录》，北京大学出版社2007年版，第46—47页。
[②] 吴宓著、吴学昭整理：《吴宓书信集》，生活·读书·新知三联书店2011年版，第186页。

务五年以上而成绩优良者，如学行、体格兼优，可以派赴国外考察一年。余即函叔谅，告以近年办大学已无发展余地，故甚愿出外一游。"① 当然，学术休假制度旨在提高学术水平，学术水平的提高需要高水平的学者、进取的研究团队、丰富的研究资料、先进的仪器设备等作为支持条件。大部分教师选择出国休假，也与当时我国科学落后的状况分不开。1936年蔡方荫教授申请到欧美从事土壤力学的研究，就因为"现下国内研究此科甚少，至大学中更无有此项设备者"②。1936年孙国华申请休假的理由之一便是，"利用彼校之图书馆补充历年在校所授之心理学讲稿，特别是动物心理学之讲稿。凡属应补之处均出自欧美较旧之杂志或专著而为国内各图书馆至今未能购买。"③ 显然，学术休假有利于教师开阔学术视野，丰富学术资源，提高教师学术发展的潜力。

学术休假制度除了有利于教师在学科知识或素养方面"充电"外，还有利于休假教师释放出学术成果，提高学术成果的产出率。这是因为休假制度使休假教师有了长时间连续性可自由支配的时间，其中有些教师利用这个时间将平日的教学所思所得诉诸文字，编写教材、撰写专著或者论文，达到厚积薄发的效果，这就是休假教师学术成果的人均数量高于非休假教师

---

① 竺可桢：《竺可桢日记（第四册）》，人民出版社1989年版，第686页。
② 清华大学档案资料，案卷编号：1-2:1-126:1-046。
③ 清华大学档案资料，案卷编号：1-2:1-126:1-045。

的一个重要原因。如金岳霖在休假的 1 年之内写完 1 部 30 余万字的《知识论》，闻一多在休假期间撰写 1 部惊世骇俗的《楚辞校补》。

正因为学术休假制度能发挥"充电"和"释放"的作用，所以学术休假制度在本质上是一种教师发展制度。正是认识到学术休假有利于教师的发展，所以庄泽宣提出，"七年进修的办法必须强制执行，教授若无进修机会，是高等教育自杀的政策。"[1] 而庄氏所说的七年进修，就是学术休假制度。抗战胜利后，不少国立大学建立了学术休假制度，1948 年中国教育学会大学教育研究委员会将"教授休假"纳入议题。[2] 浦薛凤后来在回忆中感叹"清华大学之休假研究规定，实是一项良好制度"[3]。建国后，不少专家学者向国家有关领导或管理部门建议恢复教授休假制度，如 1957 年 5 月 17 日，汤用彤"向中国科学院学部委员会第二次全体会议递呈书面发言……反对学术界对外闭关，主张恢复教授休假制度，派他们出去考察研究，加强与国际文化、学术界的交流和联系"[4]。1957 年 5 月 23 日，翦伯赞在中国科学院哲学社会科学部会议上提出，"应该建立工作五年，休假进修一年的制度。"[5] 中

---

[1] 庄泽宣：《高等教育革命》，《三民主义月刊》1933 年第 1 卷第 6 期，第 115 页。
[2]《中国教育学会拟订计划》，《申报》1948 年 9 月 11 日第 7 版。
[3] 浦薛凤：《万里家山一梦中》，台湾商务印书馆 1983 年版，第 159 页。
[4] 孙尚扬编：《汤用彤先生年谱简编》，载汤用彤：《汤用彤全集》，河北人民出版社 2000 年版，第 681—682 页。
[5]《科学院学部委员会会议开幕》，《光明日报》1957 年 5 月 24 日第 1 版。

国民主同盟中央委员会"科学规划问题"临时研究组的负责人曾昭抡、千家驹、华罗庚、童第周、钱伟长非常重视科学体制的建设，1957年6月9日的《光明日报》报道了这些科学家向国务院科学规划委员会提出的书面意见，"保证每个科学家每年有一定的时间连续从事研究工作。请政府考虑规定教授和研究员的休假进修制度。"[1] 曾任国立山西大学校长的徐士瑚于1983年参加全国政协会议，当时他在教育组"提出一个提案，即《提请教育部考虑早日规定高校教师任教七年休假一年的规定》，我是根据解放前清华大学的办法——任教七年，休假一年，公费到国外大学进修带参观访问"[2]。从民国走出来的大学教授或大学校长，在新中国成立后依然重视学术休假制度的恢复和重建，这在一定程度上表明民国时期学术休假制度在大学获得了广泛认同。

---

[1] 中国民主同盟中央委员会"科学规划问题"临时研究组:《对于有关我国科学体制问题的几点意见》,《光明日报》1957年6月9日第1版。
[2] 徐士瑚:《九十自述（续）》,《山西文史资料》2000年第9期，第54页。

结　语

第一节　结论

在一个高等教育后发外生型的国家和学术信息主要靠面对面对话与纸质媒介来获得的社会，为发展学术和救助国家，一群有教育和学术抱负的仁人志士将学术休假制度引入国立大学。回望和凝思国立大学学术休假制度引入、制定与实施的历史，一张俨然民国时期国立大学学术休假制度的知识图谱浮现在眼前，这个知识图谱就是本书想要说的研究结论。

一、学术休假制度的产生是学术专业化和学术为尊的结果

职业是指从业人员以自己的劳动或服务获取主要生活来源的工作类型。专业是一种专门的职业，有比职业更高的要求。马克斯·韦伯认为，学术专业（Academic Profession，也译为"学术职业"）存在"以学术为业"和"以学术为生"两种取向并包的学术专业，其中"以学术为业"是指学术专业者必须以学术工作获得物质报酬和生活来源，"以学术为生"是指从事学术是学术专业者的"天职"，"研究"是学术专业者的生命，"求知"本身是

学术专业的目的。① 综合起来说，获得丰厚的物质待遇、拥有强烈的学术使命感，是学术专业的应有要求。

清末以来，随着西学东渐的冲击、学术救国思想的驱动以及科举制度的废除，中国近代高等教育开始转型，学术职业开始在中国萌芽和发展。进入民国以后，随着留学生群体登上学术舞台并逐渐成为学术界的主力军，特别是蔡元培首任民国教育总长和留美生成为学术主导力量后，中国高等教育发生巨大变化。大学办学思想日益明确，学术制度日趋健全，大学教师日益认同自己的学术身份。苏云峰先生指出："在近代教育变革过程中，最可喜的一件事是教育专业化的出现。"② 李来容教授认为，自新文化运动兴起后至20世纪20年代中期，"现代学术呈现专业化、职业化和体制化的初步特征"③。正是由于学术专业的萌芽和发展，大学教师可以在学术社会中获得生存和发展的机会，这使得读书人逐渐改变"学而优则仕"的传统价值导向，树立"为学术而学术"的价值观念，因此，凡是有利于学术发展的制度都可能受到重视和引进。

学术休假制度是一种成本比较昂贵的教师发展制度，在民国

---

① 〔德〕马克斯·韦伯著、钱永祥译：《学术与政治》，广西师范大学出版社2010年版，第158—169页。
② 苏云峰：《中国新教育的萌芽与成长（1860—1928）》，（台湾）五南图书出版股份有限公司2005年版，第232页。
③ 李来容：《学术与政治：民国时期学术独立观念的历史考察》，《广东社会科学》2010年第5期，第115页。

时期办学经费捉襟见肘的情况下,实行学术休假制度并不是一件简单的事情。国立大学之所以会做出这种制度选择,还与当时学术为尊的学术环境有极大的关系。一方面,国立大学以发展高深学问为使命,教师是大学学术发展的主体,当时大学之间学术竞争激烈,大学必须依靠教师提高大学的水平和知名度。国立大学校长都深谙"厚待遇而崇学术"的道理,即使在学校经费支绌的情况下,还是尽量支给教师较高的薪俸。另一方面,国内学问出类拔萃的大学教师不多,大学教师深知"物以稀为贵"的道理和学术为尊的前提是学者为尊,因此会利用大学教师的学术优势和大学教师群体的力量维护自身的权益。

在学术专业化思想的引导和学术为尊思想的驱动下,大学和教师共同的利益都是学术。为此,大学必须做出满足大学教师免于物质牵绊和促进大学教师专业发展的制度安排。从制度设计而言,国立大学学术休假制度是一种能够满足大学教师的物质需求和学术诉求的制度,它坚持学术本位的价值导向,采取利益契合的制度设计逻辑,开放对象是专任教师,通过鼓励教师离校甚至出国以满足教师发展的需要。从制度的运行结果来看,国立大学根据教师提出的休假目标,依据规定提供相应的支持性措施,结果大学教师学术休假的成效比较显著,总体上休假教师的学术产出比不休假教师的产出高,大学的学术生产力也大大提升,得到时人的认可和政府的推崇。

二、学术休假制度是一种激励教师流动的教师发展制度

大学教师是保持大学生命力和提升大学影响力的关键，学习和研究是大学教师发展的关键，为此，激发大学教师的学习热情和培植大学教师的学术能力就成为大学的重要任务。近代中国大学是西方的舶来品，与西方大学相比，国立大学基础薄弱，在办学理念与办学制度、师资力量与水平、教学方法与课程资源、学术设备与材料等方面存在不小的差距。为了利用外国优质的教育资源来培植国立大学的教师，1929—1937年至少有62.5%的国立大学审时度势，采用国际高等教育经验建立了常态化的学术休假制度。多数国立大学学术休假制度是一种功能多样、以学术为本的教师发展制度。

为了激发教师休假研究特别是出国研究或考察的兴趣，国立大学往往根据不同的休假目标给予不同的补偿标准，同一大学内出国休假的补偿标准普遍高于在国内休假的补偿标准，这有利于激发大学教师出国休假的积极性，结果抗日战争前绝大部分教师的休假去向是外国。抗日战争以还，教师出国遭受经费和政治审查等多重障碍，即便如此，国立大学还是尽力鼓励教师出国或离校休假。这些表明，国立大学在学术休假制度的设计上是鼓励教师流动的。

大学教师离校或出国休假，摆脱了日常学术义务的烦扰，流向学术资源丰富的高校或研究机构，这有利于缓解职业倦怠，

提高教师的学术能力，丰富学术成果，达到"充电"和"释放"的双重效果，进而实现教师个人发展和专业发展的双重功效。

三、学术休假制度的实施以经费可承受与不影响课业为基本原则

在一个高等教育后发外生型国家，大学教师的发展尤为重要。但对于民国时期的国立大学来说，学术休假制度是一种成本比较昂贵的教师发展制度，大学需要支付休假教师额外的费用。民国时期国立大学的办学经费并不稳定，甚至在经费竭蹶的情况下，大学教师薪酬拖欠或按成发放的现象时常发生。为了不影响学校的正常运转，详细的国立大学学术休假制度文本都规定，大学经费如有困难情形，学校可以暂停或延迟大学教师的休假，即国立大学有权根据学校经费的情形，决定是否批准教师的休假申请。在实际运行过程中，因为经费困难，导致不少国立大学学术休假制度的运行出现停顿现象。即使经费相对充盈的清华大学，在全面抗日战争打响后不久，也做出了暂停休假办法的决定；在抗日战争局势尚不明朗的情况下，又做出了压缩教授和助教、教员、讲师休假人数的决定。

大学教师最基本的任务是教学，大学教师不能因为休假而影响大学正常的教学秩序或教学安排。当课业安排与教师休假产生冲突时，大学教师当以教学为重。实际上，国立大学在学术休假制度的文本规定和具体实施中，都坚持以不影响课业为教师休假的一个基本原则，同时强调不能因休假而增聘教授。少数国立大学如北京大学和暨南大学则采取了比较灵活的策略，即必要时可延聘兼任教师。

四、学术休假制度功能的实现需要多种条件的支持

民国时期，国立大学学术休假制度的设立是为了提供大学教师休养身心的时间和增加大学教师学术研究的机会，让大学教师感受到尊重和优待的同时，引导和激励大学教师发展学术。学术休假制度作为一种教师发展制度，并不能孤立地起作用，其功能的实现需要多种条件的支持。

从物质层面而言，学术休假制度功能的实现需要国家和社会提供充裕稳定的办学经费，使大学有足够的经费聘任有学术造诣的大学教师和支持学术休假制度的持续运转。抗战时期和抗战胜利后，国立大学办学经费的购买力一再下降，在许多国立大学无力承担教师休假费用的情况下，出现了教育部和国外组织出钱资助国立大学教授休假进修的现象，这种多方资助教师休假的形式促进了国立大学教师的发展。

从制度层面而言，学术休假制度功能的实现需要完善学术休假制度、实行教师专任制度、采取教师高额薪酬按年计算制度，让教师不能因休假而有后顾之忧，同时根据不同的休假目标给予不同的休假待遇，引导教师尽可能投身学术。另外，学术休假制度是一种通过教师合理流动以促进教师发展的一种制度设计，合理的流动机制是教师合理流动的前提。建立合理的流动机制，需要政府、大学、教师的相互理解和相互合作。

从精神层面而言，大学教师所从事的是一种高度专业化的精神文化活动，因此，需要构建大学教师自由表达和开放交流的学术环境，使教师在与同行观念冲突的过程中达到视阈的融合，在与同行思维碰撞的过程中获得智慧的启迪，在与同行分享知识的过程中逐渐认同自己的大学教师身份，使休假教师能在自由的时空中主动追求新知和承担责任。

另外，政治的触角无所不在，政治的动荡会引起社会的失调和影响社会的安定和平，这反过来会对学术休假制度运行的物质环境、制度环境和精神环境产生有形与无形的影响。因此，学术休假制度功能的实现，还需要安定和平的社会环境做保障。

第二节　讨论

虽然民国时期国立大学实行学术休假制度的历史已经消逝，但一些超越历史的看似相互冲突的学术休假思想却挥之不去，抽取这些思想展开讨论，虽然未必能形成一个令人满意的观点，但无疑有助于引起广泛的关注和深入的思考，进而促进当前我国大学学术休假制度的合理化建设。

一、学术休假的性质：福利还是投资？

从传统意义上说，福利的提供方不求回报，对于受益者而言，福利具有自利性和无偿性的特点；投资的提供方讲求收益，对于接受者来说，投资具有他利性和有偿性的特点，因此无论从提供者还是接受者而言，福利与投资是两个相互对立的概念。按照这个传统观点，如果学术休假是大学提供给教师的福利，那么教师没有义务向大学做出在休假期间学术进步的承诺，大学没有权力要求教师在休假结束后汇报学术活动的进展。

其实无论是福利还是投资，都是一个经济学的概念。学术休假是作为教师福利还是大学投资，在很大程度上取决于经济方面的制约，这表现在两个方面。一是大学是否需要支付教师额外的学术休假成本。如果大学需要支付额外成本，那么大学无疑希望教师对大学的发展有所回报。二是大学教师的供求状态。如果大学想要的教师数量奇缺难以聘到，那么大学可能提高待遇吸引教师来校或留校，或者教师会以此要求大学提高教师待遇。正因为民国时期国立大学为教师休假提供了高昂的成本，所以民国时期详细的学术休假制度都会要求教师有返校服务的义务，但民国时期的大牌教授，会理所当然地认为享受学术休假是自己的权利。

在讲求成本意识的今天，难以否定一个事实，世界知名大学几乎都旗帜鲜明地强调学术休假的主要目的是为了学术。斯坦福大学直言教师在学术休假期间应"专门追求学术兴趣,保持学术身份"[①]。耶鲁大学建筑学院要求拟休假的教师提交详细的申请计划,内容包括陈述"所拟研究的范围与重要性","研究和出版的可能性"以及"研究、出版或专业实践的意图"。[②]日本早稻田大学公然要求全职教师"全神贯注于研究和提高研究与教育"[③]。

不过,学术职业本身具有特殊性。教师作为学术职业者,其生存和发展必须依靠自身不断提高的学术水平。大学作为研究高深学问的学府,其声誉和发展端赖教师的学术造诣。教师利用学术休假从事研究工作,在满足自己需要的同时也满足了大学的需要。从这个意义上讲,学术休假是教师福利和大学投资的统一,教师福利和大学投资并不是非此即彼的关系。难怪布鲁姆认为,"一个成功的学术休假申请计划应该满足院校和教师双方的需要。"[④]

许多人会提出,大学教师已经有其他行业所没有的福利——寒暑假,学术休假制度不应该用作教师福利,这实际上是对大学寒暑假用途的一种认识误区。其实民国时期大学也有法定的寒暑假,但教师也并不认为寒暑假是消遣时间或纯粹的休息时间。

[①]《斯坦福大学教师手册》,http://facultyhandbook.stanford.edu/ch2.html。

[②]《耶鲁大学教师手册》,http://provost.yale.edu/sites/default/files/files/Faculty_Handbook_8_ 2013.pdf。

[③] 早稻田大学学术休假制度,http://www.waseda.jp/rps/en/fas/guide/overseas/period.html。

[④] Harry P. Bluhm. "The Sabbatical Leave Plan: Is It Meeting Faculty and Institutional Needs?", *Improving College and University Teaching*, 1976, 24(4): 208.

1915年,后来曾任教育部总长的范源廉就认为,休假的本意是提供"变换之机会和预备之机会"。1930年4月教育部颁发《修正学校学年学期及休假日期规程》,其第4条规定,专科以上学校的暑假以70日为限,各级学校年假一律定为3日,各级学校寒假一律定为14日,春假一律定为7日,此外还有8天各不相同的纪念假。综合起来计算,专科以上学校教师每年法定的休假时间共计102天。[1]唐若兰认为,"休假教育与课室教育实有相提并论之要。"[2]进而主张学生将暑假用于课外锻炼。"为师长者,凡于寒暑假及星期日,皆应轮流领导学生作课外活动,以补课室之不足也。"[3]据王子祜所述,"工程之学,教本与实习兼重,故土木工程有暑假地形及铁道测量,采冶工有春假及暑假之地质实习与矿冶旅行,机械工有暑假工厂实习。至于参观,则于课余随时举行,殊无限制也。"[4]可见,寒暑假的本意并不是供师生随意消遣的时间。

二、学术休假的方式:充电还是释放?

"充电"和"释放"是学术休假的作用机理。在这里问学术休假是"充电"还是"释放"这样一个问题,并不是否定休假过

---

[1]《修正学校学年学期及休假日期规程》,《教育部公报》1931年第3卷第21期,第47—50页。
[2] 唐若兰:《休假教育》,《教师之友》1936年第2卷第7期,第1013页。
[3] 唐若兰:《休假教育》,《教师之友》1936年第2卷第7期,第1015页。
[4] 王子祜:《国立各大学现用课本调查》,《图书评论》1933年第2卷第1期,第122页。

程中教师"充电"或"释放"的重要性，真正的意图是：休假教师可否将全部的时间用于阅读？或者休假教师可否将全部的时间用于旅行或者休息？休假的成效该如何评价？

从学术生产的角度来说，目前对"充电"成效的评价较难，因为教师"充电"后所吸收的新知识新思想，以活化的形式储存在大学教师的脑海中，没有转化为客观的可量化的成果，因此难以评定教师学术休假所取得的成效。而教师休假后"释放"出的新成果，则以可量化的论文、专著、教材、讲义或专利等形式表现出来，因此容易衡量和评价。如果教师在休假期间"读"而不作，该如何评定其休假结果？如果教师在休假期间从事与学科或专业不相关的工作，而以"充电"之名义汇报自己的休假成果，又该怎么办？"1994年，美国科罗拉多大学一名高薪行政官员想利用学术假读有关亚里士多德和莎士比亚的著作，然后重新找到学术研究的感觉。"结果反对声一片，"科罗拉多大学斯普林司分校校长不得不撤销曾做出的批准决定。"[①] 美国公众难以接受只孵化而不负责"下蛋"的休假。虽然目前我国高校教师的学术休假没有来自公众问责的压力，但如果无法对学术休假结果进行评定，就无法杜绝学术休假沦为纯粹学术福利的指责。不过退一步说，即使那些教师休假后"释放"出可量化的休假成果，也不能完全保证其成果是休假期间所做的。1931年2月25

[①] 王福友：《学术假研究：一个政策比较的视野》，《教育科学》2007年第2期，第73—74页。

日，吴宓致信拟申请休假出洋的浦江清，"如弟所拟研著之《中国文学史》或《元曲方言研究》，最好在中国即秘密作好，勿令人知。到英或法国后，再加以在此所得之资料，略为增改，不多费时力，然后在此提出公布，假为在此作成者。或在此（如《通讯》）以西文发表；或用为博士论文。总之在中国作成再出来，实上策。"① 这实际违背了清华大学出国休假制度设计的初衷。

从身心发展的角度而言，教师通过休假调节身心，而身心健康标准的衡量倒是不难。问题是，如果教师坚持将全部的休假时间用于休息或旅行，该不该批准教师的休假申请？在一个越来越重视教学质量和科研实力的社会，在一个信息瞬息万变的社会，如果教师不是身体不适，而将全部的休假时间用于休息或旅行，那么休假使得他与"学术"的距离渐行渐远，这样的休假也许对教师个人有利，但对学生、对学校反而不利，这样的休假申请理所当然地难以得到批准。虽然民国时期有教师申请在休假期间休养身心，但只是个别现象，而且他们当时的健康状况也的确需要调养。最关键的是，他们在自由的时空中，没有忘却自身作为大学教师的学术责任，即使申请休养身心，仍在孜孜不倦地从事研究，这种制度之外的影响因素不容忽视。

需要引起注意的是，当前许多大学的学术休假制度，严格禁止休假教师从事与学术工作无关活动。南京中医药大学规定，

---

① 吴宓著、吴学昭整理：《吴宓书信集》，生活·读书·新知三联书店2011年版，第181页。

"利用学术假从事与学术工作无关活动的，一经发现，扣发在此期间所发的工资和岗位津贴，并取消一次学术假资格。"[1]山东大学规定，"教师在学术休假期间，不应从事与学习、教学以及科研工作无关的活动，若发现有类似情况，即取消本次休假。"[2]这种不加限制地提出不能从事与学术工作无关活动的规定，会让教师难以区分自己的日常生活和休假活动，而且有种把教师当做学术机器的感觉，无疑会对教师造成压迫感和紧张感，这样的休假规定会让很多教师望而生畏。民国时期，国立大学一般规定，教师在休假期间不得从事有偿兼职活动，这种规定会让教师在身心调节的同时投身学术，或者在努力学术的同时放松心情。我们要知道，教师首先是一个人，即使其不休假，他也需要放松和调节身心。身心状态不好的人，其工作状态也好不到哪里去，反之亦然。教师作为专业人员，应该自主决定和安排休息、工作的时间，只要其生活和工作张弛有度，休假期间利用自己的经费进行短期不频繁的旅行观光活动，就不该过分指责，尤其是休假教师承担了连续多年的教学、科研或社会服务工作。我们应该反对休假教师绝对不能观光旅游的观点，支持休假教师可以自己出资享受短期频率不高的休闲旅游活动。

---

[1]《南京中医药大学教授学术假暂行办法》，http://rsc.njutcm.edu.cn/product_2_detail.aspx?id=131。

[2]《山东大学教师学术休假制度暂行办法》，http://www.rsc.sdu.edu.cn/2005new/CMS/model/display.php?id=1492。

三、学术休假的地点:国内还是国外?

民国时期,囿于国内学术资源的缺乏、学术水平的落后和学术沟通方式的局限,大部分国立大学教师选择去国外休假,这虽然可以理解,不过当时就有学者对教师去国外休假的普遍现象有过异议,主要问题集中在三个方面:

一是国内问题研究与资源利用的缺乏。据钱穆先生回忆,"曾建议学校,每学年教授休假,率出国深造。以吾国疆土如此之广大,社会情况如此之深厚,山川古迹名胜如此之星罗而棋布,苟使诸教授能分别前往考察研究,必对国家民族前途有新贡献。此事无下文。而七七事变骤起。……言念及此,怅悼何极。"[1] 在抗日战争时期,教育部资助休假教师基本都在国内,在出国困难的情况下,有些休假教师吸收和利用当地资源从事研究。朱师逷先生也提出,"今后继续办理,除对于有出国研究必要者设法俾能实现外,更应强调本国实际问题的研究。"[2] 不过整体来看,民国时期国立大学教师在国内休假的不多。虽然学者要放眼世界从事研究,但如果大家都不将所学用来解决中国问题,这本身也是令人匪夷所思的,何况出国休假费用不菲。因此对于出国休假,

---

[1] 钱穆:《八十忆双亲 师友杂忆(第2版)》,生活·读书·新知三联书店2005年版,第195页。

[2] 朱师逷:《三年来国立各校院教授休假进修概况》,《高等教育季刊》1942年第2卷第2期,第55页。

既应要求"做国内实在不能做的研究"[1]，又要有本国情怀，想到解决本国社会面临的问题，以推进中国的教育与社会发展。据蒋廷黻先生回忆，"有一段时间，清华有三位教授都能教政治思想，他们能从最早的柏拉图讲到当代的拉斯基，但却没有一个能讲授中国政治思想演进情形的。"[2] 在休假旅欧期间的浦江清，听到一美国人发出"中国人不注重本国文化，将来要吃亏"[3]的感叹。对于一个中国教师或学者来说，如果都去了解和研究国外的东西而疏于本国的历史、文化或国情，这算不上成功的教育、研究。

二是因语言障碍引起的出国休假成效不高问题。吴宓对从未出过国门但熟悉多门外语的浦江清说，"初到外国，人地生疏，居处隘，书籍散，不如在国内研究之便利。"[4] 朱自清在欧休假期间经常听不懂外国老师讲课的内容，还请私人教师辅导外语。对此，朱自清在日记中记载，"我感到把那么多的时间花在作业上未免有点冤。我现在急需的是提高阅读能力和扩大词汇量。"[5] 实际上，语言障碍浪费了朱自清的时间和费用，也影响其休假的心

---

[1] 翁文灏：《中国大学教育之一问题》，载清华大学校史研究室编：《清华大学史料选编（第2卷·上册）》，清华大学出版社1991年版，第216页。

[2] 蒋廷黻：《蒋廷黻回忆录》，东方出版社2011年版，第133页。

[3] 浦江清：《清华园日记·西行日记（增补本）》，生活·读书·新知三联书店1999年版，第97页。

[4] 吴宓著、吴学昭整理：《吴宓书信集》，生活·读书·新知三联书店2011年版，第181页。

[5] 朱自清著、李钢钟整理：《朱自清日记（1931.11.4—1932.1.31）》，《新文学史料》1981年第2期，第255页。

情。可见，教师的语言障碍影响教师休假的成本和效率，因此休假教师对所去国语言的熟悉程度，也应是考虑在国内还是国外休假的一个方面。

三是教师出国休假是否应限制学科的问题。北大郑奠"因研究国学无须出国"，沈尹默想去法国研究国学，胡适则反对研究国学者赴法国休假。何种学科何种领域的学者可在国内休假，也是一个值得讨论的问题。

另外，今天的学术环境与民国时期的学术环境有所不同，特别是学术资源网络化和我国某些学科的资源已经有一定优势，因此对于许多休假教师来说，无须走出国门，甚至足不出户，就可以在网络上获得优质的学术资源。相对于20世纪上半叶，今天的学术休假种类已经有了新的变化。过去的学术休假都是"常规学术休假"，强调教师流动，所以教师必须离校或出国，现在则有了一种新的学术休假形式——"住校学术休假"和"其他不同目的和不同休假时间的离职"。[1] 从2010年至2014年，中国科学技术大学国际功能材料量子设计中心接收了来自国内外多名学者1—6个星期时间不等的短期休假。[2]

根据教育部所提供的统计信息，2012年我国普通高等学校

---

[1] 黄小茹、李真真：《"学术假"制度促进科研创新能力研究》，《科技促进发展》2011年第7期，第69页。
[2] 《中国科学技术大学国际功能材料量子设计中心·学术休假》，http://icqd.ustc.edu.cn/fwjl/xsxj/201205/t20120515_135010.html。

专任教师共1440292人。[1] 据美国教育部在2014年5月提供的最新消息,2011年有学位授予权的高校的专任教师共有76.2万人。[2] 按照这些统计数据,可知我国高校专任教师是美国的1.89倍。美国经济发达程度和教育投入占GDP比例远高于我国,而美国许多大学,如即使在世界综合大学排名前100名以内的印第安纳大学,也认为"学术假是大学的一项昂贵的投资"[3]。

在学术环境发生改变与休假成本意识强烈的今天,结合我国高校专任教师数量庞大和教育投入偏低的现实,我们不能按照民国时期国立大学的普遍做法选择休假地点,而要根据我国社会需要、学术资源、大学办学经费、教师外语水平、学科领域等情况,在尽可能减少休假成本和最大限度地提高休假成效的基础上,做出到国内或国外休假的最佳选择,同时,大学也可以设立多样化的休假形式,以更好地满足教师和大学双方的利益。

四、学术休假的任务:教学还是科研?

民国时期,由于国内学术基础薄弱,国立大学的教学用书

---

[1]《各级各类学校校数、教职工、专任教师情况》,中华人民共和国教育部2013年教育统计数据,http://www.moe.gov.cn/publicfiles/business/htmlfiles/moe/s7567/201309/156899.html。

[2] NCES.Characteristics of Postsecondary Faculty, http://nces.ed.gov/programs/coe/indicator_cuf.asp.

[3] 王福友:《学术假研究:一个政策比较的视野》,《教育科学》2007年第2期,第73—74页。

主要来自原版西文课本。一些教师为了实现学术中国化和本土化，或者为了突破现有课本的局限，会利用休假时间收集资料、编写讲义或教材。当时整个学术界还强调"教学与研究"相结合，大学教师讲授的，往往是自己的研究心得；大学教师研究的，往往是其将要讲授的内容。当一门课讲授完了，教师就将其讲义整理出来予以发表。钱穆先生就是这样做的，"自余任北大中国通史课，最先一年，余之全部精力几尽耗于此。幸而近三百年学术史讲义已编写完成，随时可付印。"[①]

在强调学术创新的今天，大学教师是否可以利用休假时间编写教材？大学教师休假期间编写教材和从事学术研究孰轻孰重？2010年江苏师范大学制定《江苏师范大学学术假制度实施办法（试行）》，其"实施学术假制度，旨在为教师提供较为集中的时间从事科学研究，培育高水平科研成果，进一步提高教师的学术水平"，强调"教师使用学术假，主要任务是从事与本人科研项目有关的实验、调查、文献查新、撰写论著及学术访问等学术活动"，因此规定"申请人须是正在承担国家级或省部级重大科研项目的负责人"。[②]这样的规定是否合适呢？

自从高等教育的第二种功能明确提出后，特别是第二次世界大战后，学术逐渐成为大学发展的主导性力量，学术等同于原创

[①] 钱穆：《八十忆双亲 师友杂忆（第2版）》，生活·读书·新知三联书店2005年版，第164页。

[②]《江苏师范大学学术假制度实施办法（试行）》，江苏师范大学内部文件（2010年），http://kyw.xznu.edu.cn/s/111/t/819/e1/ac/info57772.htm。

性研究的观点非常盛行。大学教师聘任遵循"不出版即死亡"的规则，科研逐渐挤压教学，许多教师为了提高学术水平获得晋升，往往不惜牺牲教学。在这样的学术环境下，学术休假制度也受到一定的影响。据考察，印第安纳大学认为学术休假是大学的昂贵投资，希望休假教师做出创造性的成果，因此在申请说明中规定："通常情况下，写一本教材的计划也不能批准。"[1] 不过，1995年西玛和登顿的研究结果显示，有1%的教师在休假期间从事课程开发。[2]

自20世纪50年代始，美国大学在学费上涨的同时，却面临教育质量下滑的压力，大学生指责教学缺乏启发性，投诉教学质量不高，以致爆发了学生抗议运动。为了满足消费者的利益，美国大学开始认真对待学生和公众的指责，逐渐重视本科教育质量。20世纪50年代，美国大学建立了学生评教制度。20世纪60年代，密歇根大学建立了全美第一个高校教师发展机构——学习与教学研究中心。1990年，欧内斯特·博耶发表了《学术水平的反思：教授工作的重点领域》(*Scholarship Reconsidered: Priorities of the Professoriate*)，不仅首次提出"教学学术"的概念，而且还指出学术包括"发现的学术、整合的学术、应用的学术和教学的

---

[1] 王福友：《学术假研究：一个政策比较的视野》，《教育科学》2007年第2期，第75页。

[2] Celina M.Sima & William E.Denton. "Reasons for and Products of Faculty Sabbatical Leaves". *ASHE Annual Meeting Paper*.ERIC Document Reproduction Service NO.ED 391 420,1995:17-18.

学术"①4个方面，提出改革教师奖励机制，鼓励教师从事教学研究或课程开发工作。在此背景下，布鲁姆认为，"在高校里一个合适的学术休假计划的必备条件之一便是要为追求教学和科研的卓越而努力。"②沙利文指出，"学术休假期间频繁的研究活动使得教师忘记了其根本任务是教学。"③

　　教学是高校的基本任务。然而，科研仍是我国大学内部占压倒性的力量，教学受到忽视。为了扭转这种局面，我国政府先后出台了一系列提高本科教学质量的政策，一些大学也开始自主改革和重建校内规章制度，以满足人才培养的需要。在教学和研究都是高等教育基本功能的前提下，随着"教学学术"观点的提出以及教学质量受关注程度日高，一些已建立或准备建立学术休假制度的大学，不应该将科研作为批准教师休假或衡量教师休假成效的唯一标准，教学应该在其中占有一定的地位。

---

① Ernest L. Boyer. *Scholarship Reconsidered: Priorities of the Professoriate*. New Jersey: The Carnegie Foundation for the Advancement of Teaching, Princeton University Press, 1990:16.

② Harry P. Bluhm. "The Sabbatical Leave Plan: Is It Meeting Faculty and Institutional Needs?", *Improving College and University Teaching*, 1976,24(4):208.

③ Carl H. Boening & Michael T. Miller. "Research and Literature on the Sabbatical Leave: A Review". ERIC Document Reproduction Service No. ED 414777, 1997:4.

参考文献

一、原始档案

北京大学档案资料，案卷编号：BD1947056-5
北京大学档案资料，案卷编号：BD1947056-8/9
北京大学档案资料，案卷编号：BD1947067-26/27
北京大学档案资料，案卷编号：BD1947069
北京大学档案资料，案卷编号：BD1948150-1/2
清华大学档案资料，案卷编号：1-2:1-126:1
上海交通大学档案资料，案卷编号：LS8-3412

二、报刊

《北京大学日刊》1917年第6期
《北京大学日刊》1917年第10期
《北京大学日刊》1917年第22期
《北京大学日刊》1917年第58期
《北京大学日刊》1918年第123期

《北京大学日刊》1918 年第 150 期

《北京大学日刊》1918 年第 156 期

《北京大学日刊》1918 年第 219 期

《北京大学日刊》1918 年第 240 期

《北京大学日刊》1918 年第 267 期

《北京大学日刊》1920 年第 562 期

《北京大学日刊》1920 年第 715 期

《北京大学日刊》1924 年第 1428 期

《北京大学日刊》1925 年第 1667 期

《北京大学日刊》1925 年第 1668 期

《北京大学日刊》1925 年第 1748 期

《北京大学日刊》1926 年第 1912 期

《北京大学日刊》1932 年第 2862 期

《北京女子高等师范周刊》1924 年第 69 期

《北京市高师教育丛刊》1920 年第 4 期

《不忍》1913 年第 6 期

《出版周刊》1934 年第 82 期

《大学院公报》1928 年第 1 卷第 9 期

《大学杂志》1933 年第 1 卷第 3 期

《东方杂志》1925 年第 22 卷第 9 期

《东方杂志》1934 年第 31 卷第 1 期

《高等教育季刊》1941 年第 1 卷第 1 期

《高等教育季刊》1942 年第 2 卷第 2 期

《高等教育季刊》1943年第3卷第4期

《广东省政府公报》1932年第210期

《光明日报》1957年5月19日

《光明日报》1957年5月24日

《光明日报》1957年6月9日

《国立北京大学社会科学季刊》1924年第1卷第1期

《国立大学联合会月刊》1929年第2卷第3期

《国立暨南大学图书馆馆报》1937年第1期

《国立清华大学校刊》1929年第86期

《国立青岛大学周刊》1931年第1期

《国立山东大学周刊》1935年第109期

《国立山东大学周刊》1936年第168期

《国立山东大学校刊》1947年第21期

《国立山东大学校刊》1948年第25期

《国立四川大学周刊》1946年第16卷第4期

《国立武汉大学周刊》1948年第377期

《国立武汉大学周刊》1948年第381期

《国立西北大学校刊》1947年第29期

《国立浙江大学校刊》1947年第164期

《国立中山大学校报》1948年第15期

《国立中山大学校报》1948年第16期

《国立中山大学校友通讯》1943年第38期

《国立中央大学校刊》1947年第1期

《国学论丛》1927 年第 1 卷第 1 期

《海王》1944 年第 17 卷第 15 期

《河南大学校刊》1947 年第 15 期

《江苏省政府公报》1929 年第 301 期

《交大周刊》1948 年第 41 期

《交大周刊》1948 年第 44 期

《交大周刊》1949 年第 58 期

《教师之友》1936 年第 2 卷第 7 期

《教育部公报》1929 年第 1 卷第 7 期

《教育部公报》1930 年第 2 卷第 2 期

《教育部公报》1931 年第 3 卷第 20 期

《教育部公报》1931 年第 3 卷第 21 期

《教育公报》1917 年第 8 期

《教育公报》1920 年第 12 期

《教育通讯（周刊）》1939 年第 2 卷第 27 期

《教育通讯（周刊）》1940 年第 3 卷第 37—38 期

《教育通讯（半月刊）》1946 年第 1 卷第 5 期

《教育通讯（半月刊）》1947 年第 4 卷第 7 期

《教育通讯（半月刊）》1947 年第 4 卷第 8 期

《教育通讯（半月刊）》1948 年第 6 卷第 5 期

《教育杂志》1909 年第 4 卷第 10 期

《教育杂志》1912 年第 4 卷第 11 期

《教育杂志》1914 年第 6 卷第 6 期

《教育杂志》1914年第6卷第5期

《教育杂志》1922年第12卷第1期

《教育杂志》1924第16卷第3期

《教育杂志》1924年第16卷第8期

《教育杂志》1925年第17卷第2期

《教育杂志》1926年第18卷第9期

《教育杂志》1926年第18卷第9期

《教育周报（杭州）》1917年第163期

《吉长吉敦线铁道局公报》1929年第318期

《暨南校刊》1936年第160期

《科学》1915年第1卷第1期

《科学》1915年第1卷第5期

《科学》1936年第20卷第7期

《岭南大学校报》1948年第75期

《留美学生年报》1914年第3期

《民国汇报（言论教育版）》1913年第1卷第2期

《齐鲁大学校刊》1948年第70—71期

《清华暑期周刊》1935年第10卷第1期

《清华校友通讯》1936年第3卷第1—5期

《清华校友通讯》1936年第3卷第8—9期

《清华周刊》1921年第209期

《清华周刊》1922年第267期

《清华周刊》1924年第311期

《清华周刊》1924 年第 316 期

《清华周刊》1925 年第 337 版

《清华周刊》1925 年第 345 期

《清华周刊》1925 年第 348 期

《清华周刊》1927 年第 26 卷第 8 期

《清华周刊》1927 年第 27 卷第 11 期

《清华周刊》1927 年第 28 卷第 14 期

《清华周刊》1929 年第 32 卷第 6 期

《清华周刊》1934 年第 41 卷第 13—14 期

《全国学术工作咨询处月刊》1936 年第 11 期

《全国学术工作咨询处月刊》1937 年第 3 卷第 2 期

《三民主义月刊》1933 年第 1 卷第 6 期

《少年世界》1920 年第 1 卷第 1 期

《少年中国》1920 年第 2 卷第 6 期

《申报》1912 年 3 月 8 日

《申报》1912 年 4 月 5 日

《申报》1915 年 11 月 27 日

《申报》1917 年 5 月 3 日

《申报》1919 年 8 月 18 日

《申报》1920 年 2 月 23 日

《申报》1920 年 10 月 6 日

《申报》1923 年 1 月 20 日

《申报》1924 年 6 月 24 日

《申报》1926年2月25日

《申报》1926年4月1日

《申报》1933年1月8日

《申报》1933年7月11日

《申报》1933年11月28日

《申报》1937年5月20日

《申报》1941年8月29日

《申报》1947年4月30日

《申报》1947年5月5日

《申报》1947年7月10日

《申报》1947年7月26日

《申报》1948年9月11日

《申报》1948年10月6日

《史地学报》1922年第1卷第2期

《私立岭南大学校报》1928年第4期

《太平洋》1924年第4卷第8期

《铁道公报》1929年第9期

《图书馆学季刊》1931年第5卷第1期

《图书馆学季刊》1933年第7卷第3期

《图书评论》1933年第1卷第1期

《图书评论》1933年第2卷第1期

《文汇报》2010年2月27日

《外交公报》1926年第63期

《厦大校刊》1947年第2卷第3期

《湘报》1898年第165号

《湘学报》1898年第45期

《行政院公报》1931年第309期

《新教育》1919年第1卷第3期

《新教育》1919年第2卷第2期

《新青年》1918年第4卷第5期

《新教育》1922年第4卷第2期

《新闻资料》1948年第171期

《学部官报》1911年第151期

《燕京新闻》1939年12月8日

《燕京新闻》1948年3月22日

《浙大学生》1941年第2期

《政府公报》1917年5月5日第472号

《政衡》1947年第2卷第5期

《中华教育界》1914年第15期

《中华教育界》1947年第1期

《中华图书馆协会会报》1942年第17卷第1—2期

《中华图书馆协会会报》1947年第21卷第1—2期

《中国植物学杂志》1934年第1卷第1期

《周报》1945年第16期

《自然辩证法通讯》1986年第6期

三、资料集、著作

〔美〕阿特巴赫、伯巴尔、冈普奥特著,杨耕、周作宇主审:《21世纪美国高等教育:社会、政治、经济的挑战》,北京师范大学出版社2005年版

〔美〕本杰明·史华兹著、叶凤美译:《寻求富强:严复与西方》,江苏人民出版社1995年版

卞僧慧、卞学洛编:《陈寅恪先生年谱长编(初稿)》,中华书局2010年版

陈洪捷:《德国古典大学观及其对中国的影响(修订版)》,北京大学出版社2006年版

陈立夫:《全国高等教育概况》,教育部高等教育司1939年印行

陈能治:《战前十年中国的大学教育(1927—1937)》,台湾商务印书馆1990年版

陈学恂、田正平主编:《中国近代教育史资料汇编·留学教育》,上海教育出版社2007年版

陈寅恪:《陈寅恪集·书信集》,生活·读书·新知三联书店2001年版

〔美〕德本康夫人、蔡路得著,杨天宏译:《金陵女子大学》,珠江出版社1999年版

〔美〕队克勋著、刘家峰译:《之江大学》,珠江出版社1999

年版

方惠坚、张思敬主编:《清华大学志》,清华大学出版社2001年版

〔美〕费正清、费维恺编,刘敬坤等译:《剑桥中华民国史(1912—1949年)(下卷)》,中国社会科学出版社1994年版

高平叔编:《蔡元培教育文选》,人民教育出版社1980年版

高平叔编:《蔡元培全集(第3卷)》,中华书局1984年版

高平叔编:《蔡元培全集(第5卷)(1925—1930)》,中华书局1988年版

耿云志:《胡适年谱(修订本)》,福建教育出版社2012年版

顾潮编:《顾颉刚年谱》,中国社会科学出版社1993年版

《国立北京大学廿周年纪念册(规程一览)》,北京大学1917年编印

《国立清华大学一览》,民国十九年编印

贺国庆:《近代欧洲对美国教育的影响》,河北大学出版社1999年版

〔德〕黑格尔著、朱光潜译:《美学(第一卷)》,商务印书馆1979年版

蒋天枢编:《陈寅恪先生编年事辑》,上海古籍出版社1997年版

蒋廷黻:《蒋廷黻回忆录》,东方出版社2011年版

《交通大学校史》撰写组编:《交通大学校史资料选编(第二卷)》,西安交通大学出版社1986年版

教育部教育年鉴编纂委员会编:《第一次中国教育年鉴》,开明出版社1934年版

教育部教育年鉴编纂委员会编:《第二次中国教育年鉴》,商务印书馆1948年版

教育部:《全国专科以上学校教员研究专题概览》,商务印书馆1937年版

〔美〕吉尔伯特·罗兹曼著、国家社会科学基金"比较现代化"课题组译:《中国的现代化》,江苏人民出版社2003年版

季蒙、谢泳编:《胡适论教育》,安徽教育出版社2006年版

金岳霖:《形式逻辑》,人民出版社1979年版

〔美〕劳伦斯·维赛著、栾鸾译:《美国现代大学的崛起》,北京大学出版社2011年版

李方桂口述,王启龙、邓小咏译:《李方桂先生口述史》,清华大学出版社2003年版

李书华:《李书华自述》,湖南教育出版社2009年版

刘少雪主编:《中国大学教育史》,山西教育出版社2007年版

刘述礼、黄延复编:《梅贻琦教育论著选》,人民教育出版社1993年版

李先闻:《李先闻自述》,湖南教育出版社2009年版

李喜所:《留美生在近代中国的文化定位》,《天津社会科学》2003年第3期

梁启超:《中国近三百年来学术史》,团结出版社2005年版

罗家伦:《逝者如斯集》,传记文学出版社1981年版

罗卓夫、孙敬尧主编:《北京医科大学的八十年》,北京医科大学、中国协和医科大学联合出版社1992年版

〔美〕曼纽尔·卡斯特著、曹荣湘译:《认同的力量(第2版)》,社会科学文献出版社2006年版

〔德〕马克斯·韦伯著、钱永祥译:《学术与政治》,广西师范大学出版社2010年版

马叙伦:《马叙伦自述》,中国大百科全书出版社2012年版

马燕:《蔡元培讲演集》,河北人民出版社2004年版

梅贻琦著,黄延复、王小宁整理:《梅贻琦日记(1941—1946)》,清华大学出版社2001年版

梅贻琦:《中国的大学》,北京理工大学出版社2012年版

《南大百年实录》编辑组编:《南大百年实录(上卷·中央大学史料选)》,南京大学出版社2002年版

《南大百年实录》编辑组编:《南大百年实录(中卷·金陵大学史料选)》,南京大学出版社2002年版

潘光旦:《潘光旦教育文存》,人民教育出版社2001年版

潘懋元、刘海峰主编:《中国近现代教育史资料汇编·高等教育》,上海教育出版社2007年版

〔美〕帕森斯著、梁向阳译:《现代社会的结构与过程》,光明日报出版社1988年版

浦江清:《清华园日记 西行日记(增补本)》,生活·读书·新知三联书店1999年版

浦薛凤:《万里家山一梦中》,台湾商务印书馆1983年版

钱穆:《八十忆双亲　师友杂忆(第2版)》,生活·读书·新知三联书店2005年版

钱穆:《中国文学论丛》,生活·读书·新知三联书店2002年版

钱伟长主编:《一代师表叶企孙》,上海科学技术出版社1995年版

清华大学校史研究室编:《清华大学一百年》,清华大学出版社2011年版

清华大学校史研究室编:《清华大学史料选编(第1卷)》,清华大学出版社1991年版

清华大学校史研究室编:《清华大学史料选编(第2卷·上册)》,清华大学出版社1991年版

清华大学校史研究室编:《清华大学史料选编(第3卷·上册)》,清华大学出版社1994年版

清华大学校史编写组编:《清华大学校史稿》,中华书局1981年版

〔美〕齐锡生著,杨云若、萧延中译:《中国的军阀政治(1916—1928)》,中国人民大学出版社2010年版

曲世培编:《蒋梦麟教育论著选》,人民教育出版社1995年版

任继愈:《念旧企新——任继愈自述》,山西人民出版社1997年版

容闳:《西学东渐记》,湖南人民出版社1981年版

商丽浩:《政府与社会——近代公共教育经费配置研究》,河北教育出版社2001年版

山西省政府秘书处编印:《山西省资送大学教授暨专科学校专任教员留学考察办法》,《山西省政府行政报告》1935年4月发行

沈殿成主编:《中国人留学日本百年史(上册)》,辽宁教育出版社1997年版

〔日〕实藤惠秀著,谭汝谦、林启彦译:《中国人留学日本史》,北京大学出版社2012年版

孙宏云:《中国现代政治学的展开:清华政治学系的早期发展(1926—1937)》,生活·读书·新知三联书店2005年版

苏云峰:《从清华学堂到清华大学(1911—1929):近代中国高等教育研究》,生活·读书·新知三联书店2001年版

苏云峰:《从清华学堂到清华大学(1928—1937):近代中国高等教育研究》,生活·读书·新知三联书店2001年版

苏云峰:《中国新教育的萌芽与成长(1860—1928)》,(台湾)五南图书出版股份有限公司2005年版

邰爽秋等主编:《历届教育会议议决案汇编》,教育编译馆1936年版

汤用彤:《汤用彤全集》,河北人民出版社2000年版

王东杰:《国家与学术的地方互动:四川大学国立化进程(1925—1939)》,生活·读书·新知三联书店2005年版

王杰、祝士明编著:《学府典章:中国近代高等教育初创之研究》,天津大学出版社2010年版

王立诚:《美国文化渗透于近代中国教育——沪江大学的历史》,复旦大学出版社2001年版

王文俊主编:《国立西南联合大学史料四（教职员卷）》,云南教育出版社1998年版

王学珍、郭建荣主编:《北京大学史料（第二卷·一：1912—1937）》,北京大学出版社1993年版

王学珍、郭建荣主编:《北京大学史料（第二卷·三：1912—1937）》,北京大学出版社1993年版

王学珍、郭建荣主编:《北京大学史料（第四卷：1946—1948）》,北京大学出版社2000年版

王学珍、王效挺、黄文一、郭建荣主编:《北京大学纪事（1898—1997）》,北京大学出版社2008年版

王学珍、张万仓编:《北京高等教育文献资料选编（1861—1948）》,首都师范大学出版社2004年版

汪一驹著、梅寅生译:《中国知识分子与西方》,（台湾）久大文化股份有限公司1991年版

王运来:《江苏高等教育的早期现代化》,人民出版社2001年版

王宗光主编:《上海交通大学史（第四卷）》,上海交通大学出版社2011年版

〔美〕魏定熙著,金安平、张毅译:《北京大学与中国政治文化（1898—1920）》,北京大学出版社1998年版

吴大猷:《吴大猷文录》,浙江文艺出版社1995年版

吴惠龄主编:《北京高等教育史料（第一集：近现代部分）》,北京师范学院出版社1992年版

吴俊升:《教育生涯一周甲》,传记文学出版社1976年版

吴民祥:《流动与求索——中国近代大学教师流动研究(1898—1949)》,浙江教育出版社2006年版

吴宓著、吴学昭整理:《吴宓日记(第4册:1928—1929)》,生活·读书·新知三联书店1998年版

吴宓著、吴学昭整理:《吴宓日记(第5册:1930—1933)》,生活·读书·新知三联书店1998年版

吴宓著、吴学昭整理:《吴宓书信集》,生活·读书·新知三联书店2011年版

〔加〕许美德著、许洁英译:《中国大学1895—1995:一个文化冲突的世纪》,教育科学出版社2000年版

许小青:《政局与学府:从东南大学到中央大学》,中国社会科学出版社2009年版

严复:《救亡决论》,《国闻报汇编(上卷)》,广雅书局1903年版

杨东平主编:《大学精神》,辽海出版社2000年版

杨树达:《积微翁回忆录》,北京大学出版社2007年版

杨扬:《自叙与印象:蔡元培》,上海三联书店1997年版

〔美〕亚瑟·M.科恩、卡丽·B.基斯克著,梁燕玲译:《美国高等教育的历程(第2版)》,教育科学出版社2012年版

叶维丽著、周子平译:《为中国寻找现代之路:中国留学生在美国(1900—1927)》,北京大学出版社2012年版

俞大维等:《谈陈寅恪》,传记文学出版社1978年版

〔加〕约翰·范德格拉夫、伯顿·克拉克等编著,王承绪、张维平等译:《学术权力——七国高等教育管理体制比较》,浙江教育出版社 2001 年版

《第三次中国教育年鉴》,(台湾)正中书局 1957 年版

张圣华编:《蔡元培教育名篇》,教育科学出版社 2007 年版

张研、孙燕京主编:《民国史料丛刊:全国教育会议报告·乙编(第 1044 册)》,大象出版社 2009 年版

张研、孙燕京主编:《民国史料丛刊:文教·高等教育(第 1048 册)》,大象出版社 2009 年版

张研、孙燕京主编:《民国史料丛刊:文教·高等教育(第 1064 册)》,大象出版社 2009 年版

张研、孙燕京主编:《民国史料丛刊:文教·高等教育(第 1070 册)》,大象出版社 2009 年版

张研、孙燕京主编:《民国史料丛刊:文教·高等教育(第 1073 册)》,大象出版社 2009 年版

张研、孙燕京主编:《民国史料丛刊:文教·高等教育(第 1079 册)》,大象出版社 2009 年版

张研、孙燕京主编:《民国史料丛刊:文教·高等教育(第 1089 册)》,大象出版社 2009 年版

张研、孙燕京主编:《民国史料丛刊:文教·高等教育(第 1090 册)》,大象出版社 2009 年版

张研、孙燕京主编:《民国史料丛刊:文教·高等教育(第 1093 册)》,大象出版社 2009 年版

张研、孙燕京主编：《民国史料丛刊：文教·高等教育（第1095册）》，大象出版社2009年版

张研、孙燕京主编：《民国史料丛刊：文教·高等教育（第1098册）》，大象出版社2009年版

张研、孙燕京主编：《民国史料丛刊：文教·高等教育（第1103册）》，大象出版社2009年版

张研、孙燕京主编：《民国史料丛刊：文教·高等教育（第1104册）》，大象出版社2009年版

张玉堂：《利益论——关于利益冲突与协调问题的研究》，武汉大学出版社2001年版

张之洞著、李凤仙评注：《劝学篇》，华夏出版社2002年版

中国蔡元培研究会编：《蔡元培全集（第3卷）》，浙江教育出版社1997年版

中国第二历史档案馆编：《中华民国史档案资料汇编（第三辑·教育）》，江苏古籍出版社1991年版

中国第二历史档案馆编：《中华民国史档案资料汇编（第五辑第一编·教育）》，江苏古籍出版社1994年版

中国第二历史档案馆编：《中华民国史档案资料汇编（第五辑第二编·教育）》，江苏古籍出版社1997年版

中国社会科学院近代史研究所近代史资料编辑部编：《近代史资料（总102号）》，中国社会科学出版社2002年版

中国社会科学院近代史研究所中华民国史组编：《胡适来往书信选（中册）》，中华书局1979年版

《中华教育文化基金董事会第七次报告》，1932年刊行

《中华教育文化基金董事会第八次报告》，1933年刊行

《中华教育文化基金董事会第九次报告》，1934年刊行

《中华教育文化基金董事会第十次报告》，1935年刊行

《中华教育文化基金董事会第十一次报告》，1936年刊行

钟叔河、朱纯编：《过去的大学》，长江文艺出版社2005年版

"中央研究院"近代史研究所：《抗战前十年国家建设史研讨会论文集（上册）》，台湾商务印书馆1985年版

竺可桢：《竺可桢全集（第6卷）》，上海科技教育出版社2005年版

竺可桢：《竺可桢日记（第一册）》，人民出版社1984年版

竺可桢：《竺可桢日记（第四册）》，人民出版社1989年版

朱育和、陈兆玲：《日军铁蹄下的清华园》，清华大学出版社1995年版

朱自清：《朱自清自传》，江苏文艺出版社2011年版

〔日〕佐藤慎一著，刘岳兵译：《近代中国的知识分子与文明》，江苏人民出版社2006年版

四、研究论文

蔡磊砢：《"萧规曹随"？——蔡元培与蒋梦麟治校理念之比较》，《北京大学教育评论》2008年第3期

陈明远：《蔡元培主持北京大学期间的教员资格和薪俸标准》，

《社会科学论坛》2011年第3期

陈舜芬:《台湾地区大学院校教师休假进修状况之研究》,(台湾)《教育研究所集刊》1990年第32期

邓小林:《民国时期国立大学教师之聘任》,四川大学博士学位论文2005年

丁石孙、袁向东、张祖贵:《几度沧桑两鬓斑,桃李天下慰心田——段学复教授访谈录》,《数学的实践与认识》1994年第4期

冯秀芳、戴世强:《周培源先生学术思想初探》,《力学与实践》2006年第5期

高平叔:《北京大学的蔡元培时代》,《北京大学学报(哲学社会科学版)》1998年第2期

高平叔:《蔡元培的游学生涯》,《群言》1995年第3期

高平叔:《蔡元培生平概述(上)》,《民国档案》1987年第3期

黄小茹、李真真:《"学术假"制度促进科研创新能力研究》,《科技促进发展》2011年第7期

胡炳生:《中国拓扑学的奠基人——江泽涵》,《中国科技史料》1995年第1期

康耘坤:《云南大学首次组织专家学术休假活动》,《思想战线》1995年第6期

梁晨:《民国国立大学教师兼课研究——以北京大学、清华大学为例》,《南京大学学报(哲学·人文科学·社会科学版)》2011年第3期

李来容:《学术与政治:民国时期学术独立观念的历史考察》,《广东社会科学》2010年第5期

林杰:《美国大学的学术休假制度》,《比较教育研究》2008年第7期

李迅:《汪伪时期筹办伪"国立上海大学"始末》,《上海大学学报(社会科学版)》2002年第6期

李子江、李子兵:《国外高校教师队伍建设的经验与特色》,《大学教育科学》2006年第1期

刘超:《清华物理与晚近中国——兼论旗舰大学与民族国家的互动》,《清华大学教育研究》2011年第3期

刘超:《"清华学派"及其终结——谱系、脉络再梳理》,(香港)《二十一世纪》网络版,2005年第40期

刘超:《中国大学的去向——基于民国大学史的观察》,《开放时代》2009年第1期

刘恩允、韩延明:《大学教师专业化的内涵、问题与对策》,《教育发展研究》2007年第6A期

刘红、刘超:《老清华史学共同体之命途——从梁启超到雷海宗》,《清华大学教育研究》2012年第5期

罗园:《哈佛大学教师管理制度研究》,湖南师范大学硕士学位论文2009年

马勇:《现代中国知识分子的悲剧:以"挽留蔡元培"为中心》,《史林》2009年第6期

郄海霞:《美国主要研究型大学教师队伍管理的特点及启示》,

《比较教育研究》2006年第4版

青宁生:《遗泽绵绵——高尚荫百年祭》,《微生物学报》2009年第7期

秦惠民、付春梅:《20世纪二三十年代清华大学"教授治校"制度及其文化意蕴》,《高等教育研究》2013年第3期

邱均平、邹菲:《我国内容分析法的研究进展》,《图书馆杂志》2003年第4期

桑兵:《晚清民国的知识与制度体系转型》,《中山大学学报(社会科学版)》2004年第6期

商丽浩:《限制兼任教师与民国大学学术职业发展》,《浙江大学学报(人文社会科学版)》2010年第4期

田彩凤:《陈达先生年谱》,《清华大学学报(哲学社会科学版)》1995年第2期

田正平、于潇:《教育决策民主化的最初尝试——民初临时教育会议考察》,《高等教育研究》2010年第1期

王福友:《学术假研究:一个政策比较的视野》,《教育科学》2007年第2期

王立:《美国大学教师发展研究:历史的视角》,华东师范大学博士学位论文2012年

汪林茂:《从传统到近代:晚晴浙江学术的转型》,中国社会科学出版社2011年版

王宁:《代表性还是典型性?——个案的属性与个案研究方法的逻辑基础》,《社会学研究》2002年第5期

王英杰:《大学校长与大学的改革和发展——哈佛大学的经验》,《比较教育研究》1993年第5期

吴大猷:《早期中国物理发展的回忆》,《物理》2005年第3期

吴锦旗:《战时大学教授的国民党化问题研究》,《学术探索》2010年第5期

《就〈北京大学校史〉说几句话——顺答陈平原君》,《北京大学学报(哲学社会科学版)》1998年第3期

吴艳:《闻一多先生西南联大教学考》,《中国文化研究》2010年第3期

吴再生:《吴有训大学教育思想及其在清华的实践——以高水平科学研究支撑的高质量大学教育》,《清华大学教育研究》2012年第3期

肖朗:《中国近代大学学科体系的形成——从"四部之学"到"七科之学"的转型》,《高等教育研究》2001年第6期

肖卫兵:《中国近代国立大学校长的管理权限与产生机制》,《复旦教育论坛》2012年第5期

肖玮萍:《中国近代大学外语专业人才培养研究》,厦门大学博士学位论文2013年

肖兴安:《中国高校人事制度变迁研究》,华中科技大学博士学位论文2012年

许德珩:《纪念"五四"话北大——我与北大》,《北京大学学报(哲学社会科学版)》1979年第2期

徐士瑚：《九十自述（续）》，《山西文史资料》2000年第9期

徐演、张昌山、张志军：《文史大家徐嘉瑞》，《云南大学学报（社会科学版）》，2012年第4期

杨向奎：《五四时代的胡适、傅斯年、顾颉刚三位先生》，《文史哲》1989年第3期

严平、陈怀宇：《1919年哈佛中日留学生之比较研究》，《中国人民大学教育学刊》2011年第4期

叶赋桂：《教育改革不能回避历史》，《复旦教育论坛》2009年第3期

叶赋桂：《梅贻琦的大学人才思想与实践》，《国家教育行政学院学报》2004年第3期

殷宏章：《未完成的回忆录（续三）》，《植物生理学通讯》1995年第1期

余斌、夏珣：《地方本科高校教师发展——美国丹佛大都会州立学院的经验》，《教育发展研究》2011年第11期

于胜刚：《回望与凝思：北京大学评议会制度的历史变迁（1915—1932）》，《高教探索》2013第5期

余子侠：《抗战时期高校内迁及其历史意义》，《近代史研究》，1995年第6期

张凤平：《民国时期清华大学（学校）学术休假制度初探》，中山大学硕士学位论文2012年

张藜：《萨本铁的前半生》，《中国科技史杂志》2006年第4期

张友余:《杨武之先生年谱》,《清华大学学报(哲学社会科学版)》1998年第1期

赵明:《近代中国对"权利"概念的接纳》,《现代法学》2002年第1期

周殿福:《忆我国实验语音学的奠基人刘半农》,《徐州师范学院(哲学社会科学版)》1984年第2期

周雪光、艾云:《多重逻辑下的制度变迁:一个分析框架》,《中国社会科学》2010年第4期

朱庭祐:《叶良辅先生传》,《地质论评》1951年第2期

朱自清著、李钢钟整理:《朱自清日记(1931.11.4—1932.1.31)》《新文学史料》1981年第2期

左玉河:《从传道之师到大学教员:现代学术研究职业化趋向》,《安徽史学》2007年第1期

五、外文资料

Academic Senate for California Community Colleges. *Sabbaticals: Benefitting Faculty, the Institution, and Students*, Spring 2007

Academic Senate for California Community Colleges. "Sabbaticals: Effective Practices for Proposals,Implementation and Follow-Up". ERIC Document Reproduction Service NO.ED519 295, 2008

August W. Eberle, Robert E.Thompson. *Sabbatical Leaves in Higher Education*. Bloomington Indiana: Student Association of Higher

Education in Indiana University, 1972

Bai, Kang & Miller T.Michael. "An Overview of the Sabbatical Leaves in Higher Education: A Synopsis of the Literature Base". ERIC Document Reproduction Service NO.ED 430 471,1999

Carl H. Boening & Michael T. Miller. "Research and Literature on the Sabbatical Leave: A Review". ERIC Document Reproduction Service NO. ED 414 777.1997

Carter V. Good. *Dictionary of Education (Second edition)*. New York: McGraw Hill Book Co., Inc,1959

Celina M. Sima & William E. Denton. "Reasons for and Products of Faculty Sabbatical Leaves". ASHE Annual Meeting Paper. ERIC Document Reproduction Service NO. ED 391 420, 1995

Cooper, L. *Sabbatical Leave for College Teachers*. Taxas: University of Cincinnati,1931.

David E. Leveille. "An Emerging View on Accountability in American Higher Education". Research & Occasional Paper Series: CSHE. 8.05 Center for Studies in Higher Education, 2005

Diss. Daugherty, Hayward Marshall, Jr. "Sabbatical Leaves In Higher Education", Indiana University, 1979

Edith Ruebsam. "Sabbatical Leave in Land-Grant Institutions". *Bulletin of the American Association of University Professors (1915-1955)*. 1947,33(4)

Ernest L. Boyer. *Scholarship Reconsidered:Priorities of the Professoriate*. New

Jersey:The Carnegie Foundation for the Advancement of Teaching, Princeton University Press, 1990

Harry P. Bluhm. "The Sabbatical Leave Plan:Is It Meeting Faculty and Institutional Needs?". *Improving College and University Teaching*, 1976, 24(4)

Henry G. Bennett and Schiller Scroggs. "Sabbatical Leave". *The Journal of Higher Education*, 1932, 3(4)

Jones, David Michael (1989). Sabbatical Leave Programs in Community Colleges: An Analysis of Terms, Concepts, and Metaphors. Illinois: Illinois State University, 1989

Kenneth Eugene Eble & Wilbert James Mckeachie. *Improve Undergraduate Education through Faculty Development*. San Francisco, CA: Jossey-Bass,1985

Kenneth J. Zahorski. *The Sabbatical Mentor: A Practical Guide of to Successful Sabbaticals*. Bolton Mass:Anker Publishing,1994

Mark H. Ingraham and Francis Perkins. *The Out Fringe:Faculty Benefits Other Than Annuities and Insurance*. Madison and Milwaukee: University of Wisconsin Press, 1964

Miller,Michael T.; Bai, Kang; Newman, Richard E. A. "Critical Examination of Sabbatical Application Policies: Implications for Academic Leaders". *College Quarterly*, 2012, 15(22012)

Oscar J. Campbell. Chairman. "Systems of Sabbatical Leaves". *AAUP Bulletin*, March 1931(17)

Rios, Jose. B. *Sabbatical Leave Policy and Practices in Selected Pennsylvania Institutions of Higher Education*. University of Pittsburgh, 1983

Robert E. Thompson. *Sabbatical Leaves in Higher Education*. Bloomington Indiana:Indiana University, 1972

Stickler W. Hugh. "A Study of Sabbatical Leaves Policies and Practices in State Universities and Land-Grant Institutions(1957-1958)". *Higher Education*,1959(14)

The New Encyclopaedia Britannica Macropaedia. Chicago, IL: Encyclopaedia Britannica Inc., 1985(28)

Thompson, R. E. *Sabbatical Leaves in Higher Education*. Michigan: Indiana University, 1972.

Walter Crosby Eells. "The Origin and Early History of Sabbatical Leave". *AAUP Bulletin*, 1962, 48(3)

Walter Crosby Eells & Ernest V. Hollis. "Sabbatical Leaves in American Higher Education: Origin, Early History and Current Practices". *Bulletin*, 1962(17)

六、网络资料

A Brief History of JHU, http://webapps.jhu.edu/jhuniverse/information_about_hopkins/about_jhu/a_brief_history_of_jhu/index.cfm

Charles William Eliot, http://www.harvard.edu/history/presidents/eliot

Jorgensen,Vern F.. Aspects of Existing Sabbatical Leave Policy Within California Community Colleges. http://eric.ed.gov/?q=Sabbatical+Leave+Policy&id=ED101769

Mamiseishvili, Ketevan; Miller, Michael T. Faculty Sabbatical Leaves: Evidence from NSOPF, 1999 and 2004. http://eric.ed.gov/?q=Sabbatical+Leave&id=EJ897461

《20世纪文字学大事记》,http://www.ruzang.com/displaynews.asp?id=374

《江苏师范大学学术假制度实施办法（试行）》（徐师大科〔2010〕1号），http://kyw.xznu.edu.cn/s/111/t/819/e1/ac/info57772.htm

刘超:《"清华学派"及其终结——谱系、脉络再梳理》,《二十一世纪》2005(40), http://www.cuhk.edu.hk/ics/21c/supplem/essay/0503075g.htm

《南京中医药大学教授学术假暂行办法》,http://rsc.njutcm.edu.cn/product_2_detail.aspx?id=131

《山东大学教师学术休假制度暂行办法》,http://www.rsc.sdu.edu.cn/2005new/CMS/model/display.php?id=1492

《斯坦福大学教师手册》,http://facultyhandbook.stanford.edu/ch2.html

《耶鲁大学教师手册》,http://provost.yale.edu/sites/default/files/files/Faculty_Handbook_8_2013.pdf

《早稻田大学学术休假制度》,http://www.waseda.jp/rps/en/fas/guide/overseas/period.html

中国科学技术大学国际功能材料量子设计中心,《学术休假》,http://icqd.ustc.edu.cn/fwjl/xsxj/201205/t20120515_135010.html

中华人民共和国教育部,《各级各类学校校数、教职工、专任教师情况》,http://www.moe.gov.cn/publicfiles/business/htmlfiles/moe/s7567/201309/156899.html

后　记

　　我对教育史的兴趣由来已久，但真正从事教育史研究，还是进入南京大学教育研究院攻读博士期间才有的事。

　　当我下定决心将高等教育史作为我的攻博方向后，我便主动开始阅读史学理论和史学著作，以弥补自己史学素养的不足。在阅读的过程中，我经常有抑制不住的高兴，也时常有一种门外汉的感觉，因为我逐渐对历史、史料、方法、思想的含义和价值有了重新认识，慢慢地树立了较为强烈的学术自觉意识。我发现，喜欢历史和研究历史是两码事。对我而言，喜欢历史是因为历史书籍里面有许许多多有趣的人物故事，研究历史则要在浩如烟海的史料中梳理甚至建构出一个个完整的故事。我开始对小而实的研究尤感兴趣，这是因为范围小的选题做起来容易驾驭和出新成果。同时，我越来越接受这样的观点：一项研究的结论可能被修正，但至少要保证收集的资料有据可查，获取的数据真实可靠，这是因为可查的史料和可靠的数据不仅有利于后续者的研究，而且有利于养成尊重学术的态度和避免出现以讹传讹的研究。

　　本书是在我的博士学位论文基础上修改而成。我很感谢我的导师南京大学教育研究院王运来教授将我引入中国近代高等教育史的大门，教我如何看待史料和运用史料，导师对我的鼓励和肯定极大地激发了我的研究热情。在教育研究院的大家庭里，老师们的指导和点拨让我茅塞顿开，同学们之间的相互砥砺让我备感温暖。在南京大学这座学术殿堂里，我多次旁听历史学系和社会学系老师的课，也多次聆听人文社会科学高级研究院举办的讲座，多学科领域的学术活动开阔了我的视野，活跃了我的思维。我不得不承认，正是南京大学的温润和浸染再次点燃了我的学习热情！至今回想起来，如果没有老师们的引领、同学们的帮助和多学科的自主学习，我不可能在三年时间内顺利完成博士学位论文！

本书是我在教育史领域所做的一次全新尝试，也是到目前为止我用时最多、用心最专的一次学术研究。从当初论文选题到如今书稿付梓的整个过程用时五年。其中用时最多的是收集、整理和核实史料，有时为了确认档案中的一个草写字耗时半天，有时为了整理一个表格而忙碌几天，有时为了确定一个文本的制定时间查阅几天资料而不得，甚至原本设想的个案研究对象因有些大学民国档案的不开放而中途放弃。虽然收集资料困难，甚至一度因此重新思考选题，但我从来没有真正放弃学术休假制度史的研究工作，我深深体会到因为爱所以坚持的道理。即使毕业后，我仍然不时地修改论文，有时是理顺一段话，有时是更新一个表格，有时是校对一个名字，有时甚至是增加一个注释。我的研究并没有停留在历史事件的考订和描述上，在分析和解释历史事件时我也颇为用心。除了注重结合学术休假制度设计的初衷和运行的结果进行分析外，我经常站在国立大学场域的角度思考和解释学术休假制度的产生与发展，站在学术休假制度利益相关者的角度去分析和解释学术休假制度的制定与实施。

我是一个比较幸运的人。在南京大学教育研究院学习的日子里，我有幸得到同门陈滔娜、张玥、刘敏、全守杰等博士和同班曹俏俏、钱铭、冯晖、高黎等同学的热心帮助。在收集资料的日子里，我陆续得到清华大学档案馆文书档案部朱俊鹏主任、南京大学图书馆采访部方德生老师、北京大学档案馆工作人员、华中师范大学东西方文化交流中心工作人员、厦门大学档案馆戴岩馆长、上海交通大学档案馆盛懿馆长、上海《全国报刊索引》专题检索服务区屠秀丽老师、南京市图书馆民国文献区工作人员、浙江大学周谷平教授、江苏第二师范学院刘敏博士的帮助。在论文开题、预答辩、盲审、正式答辩过程中，龚放教授、冒荣教授、许庆豫教授、程晋宽教授、张红霞教授、汪霞教授、余秀兰教授、操太圣教授、曲铭峰副教授、宗晓华副教授以及教育部盲审专家对毕业论文提出了宝贵的修改建议。毕业后我重返工作单位，收集民国资料愈加困难，苏州大学周川教授和黄启兵博士、上海交通大学的熊静博士、南京大学的王元博士和谢彦红师妹给予了诸多帮助，广西师范大学的同事何媛博士利用出国访学和罗淇同学利用赴台做交换生的机会为我提供或查找了重要资料。在毕业后的第二年，我的毕业论文有幸获得中国高等教育学会第十一届"高等教育学"优秀博士学位论文，论文评审专家的肯定加强了我潜心治学的信心。在毕业后的第三年,我的毕业论文有幸得以在商务印书馆出版,这离不开广西师范大学孙杰远教授的鼎力支持和杨茂庆博士的沟通联络!商务印书馆的朱广华编辑字斟句酌,对书稿进行了认真细致的修改,他的敬业精神让人感动;张艳丽编辑从著作和论文不同风格的角度,对书稿提出了诸多宝贵的修改建议。在此,我要对他们的辛勤付出一并致以诚挚谢意!

我先生是最理解我的人。正因为先生最能体会我的付出和执着,所以他总是默默支持我。为了让我有更多的时间完成学业和修改书稿,先生尽可能包揽家务和照顾女儿,而且毫无怨言。

尽管我反复修改书稿,但囿于研究资料的限制、自身学术涵养的不足,加上有时未能领会老师和编辑的建议,致使本书存在缺憾,恳请方家批评指正!

李红惠
2017 年 5 月 30 日